2019年卷
总第3辑

企业合规论丛（第3辑）

华东师范大学企业合规研究中心 / 编

中国法制出版社
CHINA LEGAL PUBLISHING HOUSE

目　录 CONTENTS

专题研讨　公司法专题

论文争鸣

专题研讨

公司法专题

我国公司股东派生诉讼成本承担的法律解释

——基于《公司法司法解释（四）》实施以来38个司法裁判的实证研究

郑锡龄

内容摘要 诉讼成本高昂是阻碍股东提起派生诉讼的重要因素。司法裁判表明，股东派生诉讼中原告股东的诉讼成本主要包括法院费用和律师代理费用，但《公司法司法解释（四）》第26条仍未充分发挥减轻原告股东诉讼成本负担的作用。合理费用应当包括法院费用和律师费用。对于法院费用，当原告股东部分胜诉并为公司赢得诉讼利益时，法院应当裁判由公司承担该部分法院费用，且无须原告请求。对于律师费用，不论原告股东胜诉或是部分胜诉并为公司赢得诉讼利益的，股东都可请求法院裁量由公司承担其为诉讼而支出的合理律师费用。

关键词 股东派生诉讼 诉讼成本 胜诉或部分胜诉 合理费用

一、问题的提出

党的十八大以来，中央就完善公司治理结构、加强投资者保护作出了一

作者单位：中国人民大学法学院。

系列重要部署。2017年颁布实施的《最高人民法院关于适用〈中华人民共和国公司法〉若干问题的规定（四）》[以下简称《公司法司法解释（四）》]的目的之一也是加强股东权利的司法救济，依法保护投资者的积极性。[1]《公司法司法解释（四）》第23条至第26条对我国《公司法》第151条有关股东派生诉讼规则加以解释明确，其中第26条规定，胜诉或部分胜诉的股东因参加诉讼支付的合理费用由公司承担。诚然，该条站在适度鼓励派生诉讼的立场上，明定了公司承担股东全部或部分胜诉而发生的合理费用，[2]在一定程度上改变了以往股东派生诉讼费用承担主体混乱的局面，为公司作为受益人承担合理费用提供了立法层面的依据。但该条所称"合理费用"具体包括的内容不详，司法实践中股东提起派生诉讼的费用分担裁判结果不一。股东派生诉讼的诉讼成本过高成为困扰公司股东请求司法救济的一大难题。一定程度上，股东派生诉讼制度的核心问题即如何解决诉讼成本的承担。[3]在"杭州瑞立房地产集团有限公司与杭州欣盛房地产开发有限公司、叶朝生等损害公司利益责任纠纷案"[4]中，原告股东瑞立公司预交了一审案件受理费323684元，并经二审后原告最终负担一审案件受理费141801元。实践表明，股东派生诉讼中的原告股东不仅需要预先交纳较大数额的案件受理费用，而且即便原告部分胜诉也仍须承担部分法院费用。其结果是很多股东即便符合派生诉讼的主体资格条件，但也可能因诉讼成本、诉讼风险和诉讼可获得的直接收益不成比例而怠于维权。

合理确定股东派生诉讼中诉讼成本费用的分担规则，关涉鼓励股东提起派生诉讼以维护公司合法权益与避免引发恶意诉讼使公司陷于不当诉讼之间的

[1] 参见贺小荣、曾宏伟：《关于适用〈中华人民共和国公司法〉若干问题的规定（四）》的理解与适用，载《人民司法·应用》2017年第28期。

[2] 参见叶林：《股东派生诉讼规则之司法解释的逻辑和要点》，载《人民法院报》2017年9月5日，第2版。

[3] See R. Baxt, What is the Real Fuss about Foss v. Harbottle, (1994) 12. CSLJ.178, 180.

[4] (2014) 杭滨商初字第640号民事判决书、(2014) 浙杭商终字第2590号民事判决书。

平衡。结合《公司法司法解释（四）》实施以来全国各级法院有效裁判的 38 个案件，本文分析司法实践中股东派生诉讼的成本分担现状及存在问题，探讨我国公司股东派生诉讼成本承担规则的解释路径，以期对我国股东派生诉讼制度适用及完善贡献智识。

二、我国股东派生诉讼成本承担的司法实践状况

（一）数据来源与检索情况

《公司法司法解释（四）》正式实施以来，笔者使用威科先行数据库收集审判日期自 2017 年 9 月 1 日起至 2018 年 8 月 31 日止的所有与股东派生诉讼（股东代表诉讼）相关的裁判，最后检索时间为 2018 年 10 月 1 日。以“股东代表诉讼”为关键词进行检索，搜索范围限定为“裁判理由及依据”，共得相关裁判文书 50 件，其中 14 件与股东代表诉讼无关，予以剔除。[5] 剩余 36 件有效案件，其中仅涉及非金钱利益的裁判 15 件，涉及金钱利益裁判 21 件。再以“股东派生诉讼”为关键词进行检索，搜索范围限定为“裁判理由及依据”，共得相关裁判文书 5 件，其中 3 件与股东代表诉讼无关，[6] 予以剔除。有效裁判 2 件，均涉及金钱利益裁判。综合以上，本次研究共收集研究区间一年内的有效裁判共 38 件。总体而言，我国股东派生诉讼每年裁判案件量并不算少。

---

[5] (2017) 京 0107 民初 20608 号民事判决书、(2017) 湘 0121 民初 5717 号民事判决书、(2017) 京 01 民终 4548 号民事判决书、(2017) 湘 0105 民初 6393 号民事判决书、(2017) 湘 0105 民初 6392 号民事判决书、(2017) 青 01 民初 146 号民事判决书、(2018) 鲁 01 民终 2582 号民事判决书、(2017) 皖 01 民终 5878 号民事判决书、(2015) 深宝法民二初字第 4792 号民事判决书、(2015) 佛南法民三初字第 1041 号民事判决书、(2016) 内 2525 民初 444 号民事判决书、(2017) 闽 01 民初 212 号民事判决书、(2017) 粤 0605 民初 7657 号民事判决书、(2017) 苏民终 1328 号民事判决书。

[6] (2017) 浙 0602 民初 13980 号民事判决书、(2018) 苏 02 民终 656 号民事判决书、(2017) 浙 0203 民初 4844 号民事判决书。

（二）有关诉讼成本的裁判结果类型化分析

1. 涉及金钱利益的裁判分析

结合《公司法司法解释（四）》第 26 条的规定，本文的研究主要围绕原告胜诉或部分胜诉的裁判展开。[7] 在 38 件有效的股东派生诉讼裁判中，涉及金钱利益的裁判共计 23 件，原告股东胜诉或部分胜诉的裁判 22 件，仅 1 件因原告股东提起诉讼不符合前置程序要求而败诉[8]。根据原告胜诉或部分胜诉、原告是否请求被告或第三人公司承担法院费用、原告是否承担法院费用、原告是否承担律师费用、被告是否承担法院费用、被告是否承担原告律师费用、第三人公司是否承担法院费用以及第三人公司是否承担律师费用的不同，对 22 件有关金钱利益的法院费用及律师费用承担的裁判结果类型化区分如下。

第一种类型，原告胜诉，法院裁判由被告承担全部法院费用，没有对律师费用作出裁判。[9] 第二种类型，原告部分胜诉，由被告承担全部法院费用，没有对律师费用作出裁判。[10] 第三种类型，原告部分胜诉，原告与被告分担法院费用，没有对律师费用作出裁判。[11]（2016）苏 05 民终 8949 号民事判决书判决一审案件受理费 16616 元由被告上海伟劲陶瓷科技有限公司、黄剑克负担 13064 元，原告计鸿琪负担 3552 元；二审案件受理费 16616 元，由被告负担 13064 元，原告计鸿琪负担 3552 元，其中一审、二审中原告计鸿琪负担案件受理费占比 21.38%。第四种类型，原告部分胜诉，法院驳回原告请求被告

[7] 原告败诉的案件并非《公司法司法解释（四）》第 26 条规定的适用对象，不属于本文的研究范围。

[8]（2017）沪 01 民终 7489 号民事判决书。

[9]（2016）湘 07 民初 28 号民事判决书、（2017）陕 01 民终 12820 号民事判决书和一审（2017）陕 0104 民初 3060 号民事判决书、（2017）沪 01 民终 11225 号民事判决书和（2017）粤 03 民终 11526 号民事判决书。

[10]（2018）鄂 0117 民初 210 号民事判决书、（2017）鄂 0111 民初 3848 号民事判决书和（2017）浙 0108 民初 5641 号民事判决书。

[11] 另可参见（2018）湘 0702 民初 1433 号民事判决书。

承担律师费用的请求，原告与被告分担法院费用。在“陈余胜与郑松华、上海徐行资产经营有限公司损害公司利益责任纠纷案”中，法院裁判上诉人陈余胜承担法院费用 109551 元，占案件受理费总额的 30.33%，对陈余胜提出的律师费用不予支持。[12] 第五种类型，原告部分胜诉，法院驳回原告请求被告承担律师费用的请求，案件法院费用由被告承担。这种情况涉及同一法院作出的 11 个相关裁判，[13] 四位原告以《个人借款合同》和《保证合同》均约定了亿德小贷主张权利所产生的律师费应由被告承担为由，主张其为本案诉讼所产生的律师费应由被告承担。但法院认为：“因本案系股东代表诉讼，诉讼利益应归于第三人亿德小贷，而四位原告所主张的律师费亿德小贷并未实际支出，其请求律师费损失赔偿无事实依据，而四位原告取得律师费的赔偿无合同依据，且与股东代表诉讼利益归于公司的制度设定相悖，故四位原告请求被告向其支付律师费，本院不予支持。”第六种类型，原告部分胜诉，法院支持原告诉请，裁判由公司承担律师代理费用，但案件受理费用由原告和被告分担。[14]

表 1　涉及金钱利益的裁判分析

裁判类型 / 裁判内容	类型一	类型二	类型三	类型四	类型五	类型六	总计
原告胜诉 / 部分胜诉	胜诉	部分胜诉	部分胜诉	部分胜诉	部分胜诉	部分胜诉	
原告是否请求被告 / 公司承担律师费用	否	否	否	请求被告	请求被告	请求公司	

[12] (2017) 沪 02 民终 8899 号二审民事判决书。

[13] (2017) 渝 0110 民初 9690 号民事判决书、(2017) 渝 0110 民初 9694 号民事判决书、(2017) 渝 0110 民初 9703 号民事判决书、(2017) 渝 0110 民初 9687 号民事判决书、(2017) 渝 0110 民初 9679 号民事判决书、(2017) 渝 0110 民初 9688 号民事判决书、(2017) 渝 0110 民初 9689 号民事判决书、(2017) 渝 0110 民初 9692 号民事判决书、(2017) 渝 0110 民初 9685 号民事判决书、(2017) 渝 0110 民初 9681 号民事判决书、(2017) 渝 0110 民初 9677 号民事判决书。

[14] (2016) 苏 0312 民初 5115 号民事判决书判令第三人徐州支点知识产权代理有限公司支付原告韩鲲律师代理费 20000 元，案件受理费 7483 元，由原告韩鲲负担 3616 元，占比 18.08%。

续表

裁判内容 \ 裁判类型	类型一	类型二	类型三	类型四	类型五	类型六	总计
原告是否承担法院费用	否	否	是	是	否	是	
原告是否承担律师费用	是	是	是	是	是	否	
被告是否承担法院费用	是	是	是	是	是	是	
被告是否承担原告律师费用	否	否	否	否	否	否	
公司是否承担法院费用	否	否	否	否	否	否	
公司是否承担原告律师费用	否	否	否	否	否	是	
案件数量	4	3	2	1	11	1	22

对以上裁判有关费用承担的结果总结如下：其一，原告胜诉的4个案件中均由被告承担法院费用。符合我国诉讼费用负担的一般规则。其二，在原告部分胜诉的18个案件中，判决原告分担法院费用的裁判4件，不承担法院费用的14件，承担律师费用的裁判17件；判决被告分担法院费用的裁判18件，被告承担原告律师费用的0件；判决第三人公司分担法院费用的裁判0件，判决第三人公司承担原告律师费用的裁判1件。

2. 涉及非金钱利益的裁判分析

非金钱利益的股东派生诉讼共计15件，根据原告胜诉与否及其法院费用承担的不同，区分为不同情况。第一种，原告胜诉，合同无效，被告承担了100元以内法院费用。[15]第二种，原告部分胜诉，合同无效，原告、被告分担

[15]（2018）鄂1126民初551号民事判决书、（2016）京0109民初4016号民事判决书。

案件受理费 100 元。[16] 第三种，原告胜诉，被告及第三人公司承担案件受理费。[17]第四种，原告败诉，原告承担法院费用。[18]同时，这 15 件裁判无一例提及律师费的承担问题。

三、我国股东派生诉讼中合理费用的解释原则

（一）应以激励正当股东派生诉讼为主旨

股东派生诉讼是指，当公司合法权益受到不法侵害且公司怠于起诉时，为维护公司利益，符合法定条件的股东有权以自己名义向法院提起的诉讼。股东派生诉讼首创于英美判例法国家，目的是制约公司内部人，保护少数股东权利。也是对付公司中那些滥权、浪费和盗窃行为的最后一道防线。[19] 如同美国将派生诉讼视为改善公司治理的工具一样，英国政府也认为，派生诉讼是股东确保董事审慎履行义务的一个重要机制。[20] 当公司被控股股东和实际控制

[16] (2018) 粤 0112 民初 1077 号民事判决书。

[17] (2017) 苏民终 460 号民事判决书、(2017) 苏民终 666 号民事判决书、(2017) 苏民终 958 号民事判决书。提请注意的是，这三个裁判中原告起诉时将本应作为第三人的公司列为被告，法院竟也依其诉请认定为股东派生诉讼，令“二被告”承担法院费用，故此次的公司承担法院费用是以“被告”身份亮相，而非《公司法解释（四）》规定的“第三人”。针对原告股东将原应作为第三人的公司错列为被告的情况，(2018) 京 01 民终 284 号民事判决书指出“首特钢公司、首运物流公司作为报废车公司的股东，可以提起股东代表诉讼，代报废车公司行使权利，但其起诉的基础源于报废车公司，代表的是报废车公司的利益，将报废车公司列为本案被告，不符合股东代表诉讼的基本特征，其在形式上仍是股东直接诉讼”。随后驳回了撤销北京市门头沟区人民法院 (2016) 京 0109 民初 4016 号民事判决，并驳回原告的起诉。

[18] (2017) 粤 0605 民初 11508 号民事判决书、(2017) 苏 0206 民初 3810 号民事判决书、(2017) 粤 01 民终 17746 号民事判决书、(2017) 鲁 16 民终 1911 号民事判决书、(2017) 豫 0902 民初 7270 号民事判决书、(2017) 鲁 0103 民初 5017 号民事判决书、一审 (2016) 沪 0117 民初 20217 号民事判决书和二审 (2017) 沪 01 民终 13408 号民事判决书、一审 (2017) 粤 0512 民初 234 号民事判决书和二审 (2018) 粤 05 民终 144 号民事判决书。

[19] 参见胡滨、曹顺明：《股东派生诉讼的合理性基础与制度设计》，载《法学研究》2004 年第 4 期。

[20] 参见钱玉林：《英国的股东派生诉讼：历史演变和现代化改革》，载《环球法律评论》2009 年第 2 期。

人控制并受其侵害时，因公司实际上难以形成有效的自我保护决议，公司无法自我救济的结果是最终损害了股东利益。基于公司之人格独立而完全剥夺股东对受到损害的公司利益寻求救济的权利，对于股东而言显然是不公平的，因此法律应当赋予股东一定的诉权。[21]鼓励股东派生诉讼对于防止公司控制人等滥用权利损害公司利益并最终完善公司治理的意义重大。

诉讼成本是股东提起诉讼的客观主要障碍。我国民事诉讼采混合主义模式，诉讼关系表现为法院与当事人之间以及双方当事人之间两类法律关系。有学者提出，民事诉讼成本包括诉讼的公共成本和私人成本两大部分。[22]股东派生诉讼中，股东负担的法院费用（公共成本）和律师费用（私人成本）共同组成了股东提起诉讼的费用成本。有学者曾指出，对于股东而言，高额的诉讼成本以及缺少由公司对其进行补偿的规定往往实质上阻碍了其提前代表诉讼，因为其提起诉讼的成本很高，却无直接受益。[23]诉讼成本过高对股东维护公司合法权益积极性的压制是显而易见的。股东派生诉讼的胜诉利益归属于公司，但股东往往要预先负担高额的法院诉讼费用和律师费用。一些股东考虑到收益与成本不成正比，出于趋利避害的理性人考量或是搭便车的心理，往往缺乏提起股东派生诉讼的动力，导致股东派生诉讼制度仅停留于纸面。正是考虑到激励股东诉讼维权，《公司法司法解释（四）》第26条规定，股东诉讼请求部分或者全部得到人民法院支持的，公司应当承担股东因参加诉讼支付的合理费用。因此，不仅是制度设计，在解释适用我国股东派生诉讼制度的具体规则时，也应当以鼓励正当股东派生诉讼为要旨，尽可能减轻原告的诉讼成本。

（二）以诉讼费用的公平负担为要件

股东派生诉讼制度不仅是维护不同利益平衡的有效手段，其有关诉讼费

---

[21] 参见郝磊：《股东诉讼的实施问题研究》，中国法制出版社2012年版，第216页。

[22] 参见傅郁林：《诉讼费用的性质与诉讼成本的承担》，载《北大法律评论》2001年第1期。

[23] 参见李小宁：《公司法视角下的股东代表诉讼——对英国、美国、德国和中国的比较研究》，法律出版社2009年版，第288～289页。

用的制度适用也应当体现足够的公平性。股东派生诉讼不同于一般的民事诉讼，股东代表诉讼本质上具有“代位性”和“代表性”，股东提起诉讼的目的在于维护公司的合法权益，股东胜诉或部分胜诉的直接受益人是公司。[24]“股东代表诉讼是一种典型的、通过维护公司利益而维护股东共同利益的行为，故应当将股东代表诉讼提起权界定为股东共益权。”[25]当原告胜诉或部分胜诉时诉讼利益归属于公司，股东并无直接利益，如果此时因诉讼产生的合理费用仍由股东自身承担，原告股东所得利益与其所负担的费用并不相称，这不仅有失公允，也不利于实现激励正当股东派生诉讼的目的。实际上，有一些国家已有对原告胜诉时诉讼费用的补偿制度，如《美国商事公司示范法》第7.46条第1款规定：“可以命令公司向原告支付在程序中发生的合理费用（包括律师费用），如果法院认为该程序使公司获得实质性的利益。”[26]我国股东维权意识近年来逐渐提升，但整体水平仍然较低。如果不能使诉讼费用合理、公平地分担，股东怠于提起股东派生诉讼，最终难以发挥股东派生诉讼监督公司控股股东、实际控制人等的积极作用，也不利于改善我国公司治理状况。

四、我国股东派生诉讼中的合理费用应当包括法院费用

（一）我国公司股东派生诉讼中法院费用的承担问题

法院与当事人之间分担诉讼公共成本的纵向关系，集中表现为当事人支付法院诉讼费用。法院费用属于我国诉讼费用制度的调整范围。民事案件的法院费用一般由提起诉讼的当事人预先交纳，最终费用的负担依诉讼结果而定。[27]如果原告胜诉，一般由被告负担；如果原告部分胜诉，人民法院根据案

---

[24] 参见胡滨、曹顺明：《股东派生诉讼的合理性基础与制度设计》，载《法学研究》2004年第4期。

[25] 范健、王建文：《公司法》，法律出版社2015年版，第285页。

[26] 王建文：《我国股东代表诉讼制度评判与适用——兼评〈公司法解释（二）（征求意见稿）〉的相关规定》，载人大复印资料《诉讼法学、司法制度》2007年第12期，转引自范健、王建文：《公司法》，法律出版社2015年版，第295页。

[27] 参见《中华人民共和国民事诉讼法》第118条、《诉讼费用交纳办法》第29条。

件的具体情况决定当事人各自负担的法院费用数额。[28]因股东派生诉讼也多涉及财产性利益，股东须预交的诉讼费用往往数额较大。[29]这一立法设置令原告预先承担交纳法院诉讼费用的义务，将一些可能的滥诉案件拦在法院大门之外，同时考虑到公平原则，根据裁判结果的不同将费用负担的裁量权赋予法院。目前股东派生诉讼的司法实践表明，原告部分胜诉时法院费用的分担问题并未得到妥善解决。原告不仅需要预先交纳诉讼费用，还要在部分胜诉时仍承担部分诉讼费用。在原告部分胜诉的 19 件裁判中，14 件裁判认定由被告承担法院费用，而由原告分担法院费用的有 5 件，数额由几千元到十几万元不等，无一例是由公司负担法院费用。与西方国家相比，我国法律关于诉讼费用的规定更加不利于股东提起代表诉讼，因为原告股东往往要承担高昂的诉讼成本。[30]这违背了鼓励正当股东派生诉讼的目的，也有失公允。

（二）我国股东派生诉讼中法院费用的解释适用

《公司法司法解释（四）》第 26 条规定的合理费用应当包含法院费用。当原告部分胜诉并为公司赢得诉讼利益时，法院应当判决公司承担原告部分胜诉时应负担的法院费用。

当原告部分胜诉并为公司赢得诉讼利益时，若仍由原告承担法院费用，不利于激励股东提起派生诉讼。在法院费用方面，多国有关股东派生诉讼的制度设计都以鼓励股东提起诉讼为要旨。美国《标准示范公司法》和法院的判例确认了诉讼费用补偿制度，只要诉讼结果给公司带来实质性的财产利益或避免了公司可能遭受的损失，原告股东就派生诉讼所支出的包括律师费用在内的合理费用可以请求公司给予补偿。[31]日本为了减轻当事人提起股东派生诉讼的

[28] 参见《诉讼费用交纳办法》第 29 条。

[29] 参见《诉讼费用交纳办法》第 13 条。

[30] 参见李小宁：《公司法视角下的股东代表诉讼——对英国、美国、德国和中国的比较研究》，法律出版社 2009 年版，第 286 页。

[31] 参见金晓文：《中国公司法原理与适用》，中国法制出版社 2017 年版，第 183 页。

负担，在 1993 年公司法改革时将股东派生诉讼的案件受理费改为一个较低的固定费用，而不再根据诉讼金额按比例计算。[32] 对此，国内有学者建议我国借鉴日本立法经验，将股东代表诉讼案件受理费按照非财产案件处理，即按件征收而不是按诉讼标的额的比例征收，以保障股东提起派生诉讼的积极性。[33] 笔者认为，如果可以通过法律解释达到保护股东提起派生诉讼积极性的目的，则无须通过改变制度本身进行立法完善。

当原告部分胜诉时，往往已为公司赢得了诉讼利益，此时要求公司承担部分诉讼费用也符合公平原则。所谓“诉讼利益”，不仅包括积极的财产增加带来的金钱收益，也包括一些非金钱利益，如阻止了不当行为而避免给公司带来损失等。结合上文原告部分胜诉的 19 件司法裁判实践可知，原告股东都为各自公司赢得了财产金钱收益，或是确认损害公司利益的合同无效等诉讼利益，但是其中 4 件裁判仍由原告承担部分诉讼费用，原告承担的法院费用数额在几千元到几十万元不等，占总法院费用的比例也在五分之一至三分之一，这些数据表明原告部分胜诉时确实承担了数目不小的法院费用。实际上，原告诉讼索赔请求与法院生效判决完全一致是极不常见的例外情况。[34] 如果苛求原告必须完全胜诉才能由公司承担诉讼费用，有失公允，也无法减轻诉讼费用对原告股东起诉的抑制作用，不利于鼓励正当股东派生诉讼。

当原告部分胜诉并为公司赢得诉讼利益时，不论原告在提请诉讼时有无请求公司承担可能的法院费用，法院均应当判令公司承担该部分法院费用。股东派生诉讼具有共益权的性质，其法院费用属于公共成本，具有固定性和客观性。从激励正当股东派生诉讼的角度看，应当将法院费用的负担规则理解为不

---

[32] See Tomotaka Fujita, Transformation of the Management Liability Regime in Japan in the Wake of the 1993 Revision, in Hideki Kanda et al. ed., Transforming Corporate Governance in East Asia (Routledge, 2008) 16.

[33] 参见刘凯湘：《股东代表诉讼的司法适用与立法完善——以〈公司法〉第 152 条的解释为中心》，载《中国法学》2008 年第 4 期；范健、王建文：《公司法》，法律出版社 2015 年版，第 295 页。

[34] 参见耿利航：《论我国股东派生诉讼的成本承担和司法许可》，载《法律科学》2013 年第 1 期。

需原告请求，法院即可根据《公司法司法解释（四）》第26条的规定裁判由公司承担。司法实践表明，因个别法院对法院费用采取不告不理的态度，造成法院费用和律师费用的负担结果自相矛盾。在“韩鲲与魏铭雯损害公司利益责任纠纷案”[35]中，法院认为原告部分胜诉应当承担部分法院费用，但因原告起诉时请求第三人公司承担律师费用，法院认为“原告因本次诉讼支出律师费20000元，其计算标准未超出有关律师费收费规定，且提供了相应支出的证据证实，本院对此主张予以支持，该款项由支点公司负担”。同样是原告部分胜诉，法院裁判公司承担律师费用，而法院费用却由原告股东承担。

五、我国股东派生诉讼中合理费用应当包括律师费用

（一）我国公司股东派生诉讼中律师费用的承担问题

我国民事诉讼制度有关诉讼费用负担部分主要调整的是法院与当事人之间产生的法院费用，未将各方当事人支付的律师代理费用作为调整对象。《公司法司法解释（四）》第26条也未明确合理费用是否包括律师费。[36]在我国，当事人律师费用一般由各方当事人各自负担，若当事人双方在先前协议中约定律师费用由败诉方承担，或在著作权侵权、专利侵权、人身损害赔偿、不正当竞争、法律援助、担保权诉讼、商标侵权、合同纠纷中债权人行使撤销权诉讼和仲裁九种特殊情况下，因有法律或司法解释规定，[37]胜诉一方的律师费用才

---

[35]（2016）苏0312民初5115号民事判决书。

[36] 实际上，有关《最高人民法院关于适用〈中华人民共和国公司法〉若干问题的规定（四）》截止日期为2016年5月13日的征求意见稿中，第35条第3款曾明确列举过律师费用。该款规定，股东胜诉后，请求公司承担合理的律师费以及为诉讼支出的调查费、评估费、公证费等合理费用的，应予支持。

[37] 参见《中华人民共和国著作权法》第48条、《中华人民共和国反不正当竞争法》第20条、《最高人民法院关于适用〈中华人民共和国合同法〉若干问题的解释（一）》第26条、《最高人民法院关于审理专利纠纷案件适用法律问题的若干规定》第22条、《最高人民法院关于审理商标民事纠纷案件适用法律若干问题的解释》第17条等。

可能由败诉方承担。司法实践表明，上文提到的28件原告胜诉或部分胜诉的案件中，27件是因原告或未提出或被法院驳回律师费的诉请，律师费用均由原告承担；仅有1件是因原告请求第三人公司承担律师费用，原告部分胜诉后法院判令公司承担原告律师费用。

（二）我国股东派生诉讼中律师费用的解释适用

世界各国立法关于民事诉讼中律师费的承担有不同规定，也有国家单独规定了股东派生诉讼中律师费用的负担规则。德国等大陆法系国家规定胜诉方聘请律师的代理费用应由败诉方偿付，[38]这与我国现行律师费用负担规则相差较大。也有立法规定律师费用原则上各自承担，特殊情况的当事人须提出特别申请，对于律师费的请求，美国法院根据认定的事实、得出的法律结论单独作出判决。[39]为解决原告股东胜诉或部分胜诉时律师费用的承担问题，美国法院确立了公司支付律师费用的“共同基金规则”和“实质利益规则”，如果股东胜诉给公司带来了财产金钱收益，则原告有权从公司所获收益中得到合理律师费用补偿；如果原告在非财产利益案件中胜诉，该诉讼给公司带来了实质性好处，那么原告仍有权从公司获得律师费补偿。[40]换言之，美国股东代表诉讼中公司给予原告律师费用补偿不以公司实际获得赔偿为前提，只要公司获得实质利益即可。[41]也有立法采取各自承担为主，明确例外规定的模式。《日本公司法典》第852条第1款规定，在提起责任追究等之诉的股东胜诉（含部分

---

[38] 参见《德国民事诉讼法典》第91条规定，败诉的当事人应该负担诉讼的费用，尤其是应该偿付对方当事人因达到伸张权利或防卫权利的目的而支出的必要费用。可参见《德意志联邦共和国民事诉讼法典》，谢怀栻译，法律出版社2001年版。

[39] 参见《美国联邦民事诉讼规则证据规则》，白绿铉、卞建林译，中国法制出版社2000年版，第93～94页。

[40] 参见〔美〕美国法学会：《公司治理原则：分析与建议（下卷）》，楼建波、陈炜恒等译，法律出版社2006年版，第775～777页。

[41] 参见李小宁：《公司法视角下的股东代表诉讼——对英国、美国、德国和中国的比较研究》，法律出版社2009年版，第181页。

胜诉）的情形下，就有关该责任追究等之诉的诉讼，支出必要的费用（除诉讼费用），或应向律师、律师法人支付酬薪的，可请求该股份有限公司支付该费用数额范围内或该薪酬范围内被认为适当的金额。[42]

相比美国的做法，澳大利亚和英国则是将律师费用分担的决定权赋予法官自由裁量。由法院根据具体情况，确定原告与被告之间的费用分担以及公司对于原告股东的费用报销。[43]这使得原告股东在最终法院判决前都无法预测自己是否须承担以及最终支付律师费用的数额大小，导致少有股东愿意提起诉讼。有研究统计，澳大利亚自 2001 年至 2007 年股东派生诉讼案件共计 31 件，[44]平均每年仅 4.5 件；而美国的特拉华州仅在 1999 年至 2000 年一年时间里就有 137 件派生诉讼。[45]与澳大利亚相似，英国法院在最终判决结果出来后才作出费用补偿决定，这使得原告一直处于诉讼费用的压迫之下，直到诉讼终结才能确定法院是否判决公司偿付诉讼费用，[46]原告的诉讼费用负担和压力并没有得到缓解。为尽可能减轻股东派生诉讼的原告成本负担，原告为诉讼而支出的律师费用应当属于合理费用。

我国《公司法司法解释（四）》第 26 条规定的合理费用应当解释为包含律师费用。原告胜诉或部分胜诉的，法院可经原告请求后，自由裁量公司应承担的律师费用的具体数额。首先，从鼓励正当股东派生诉讼的主旨出发，如果对于原告合理的律师费用不能明确由公司承担，显然不利于鼓励派生诉

---

[42] 参见 2005 年《日本公司法典》，吴建斌、刘惠明、李涛译，中国法制出版社 2006 年版，第 446 页。

[43] See Lang Thai, How Popular are Statutory Derivative Actions in Australia? Comparisons with United States, Canada and New Zealand, (2002) Australian Business Law Review 118, p. 136.

[44] See Ian M. Ramsay & Benjamin B. Sauners, Litigation by Shareholders and Directors: An Empirical Study of the Statutory Derivative Action (Research Report, Centre for Corporate Law and Securities Regulation , The University of Melbourne) (2006).

[45] See Robert B. Thompson and Randall S. Thomas, The Public and Private Faces of Derivative Lawsuits (2004) 57 Vand. L. Rev. 1747 , p. 1762.

[46] See Zhong Zhang. Making Shareholder Derivative Actions Happen in China: How Should Lawsuits be Funded? Hong Kong Law Journal, Vol. 38, 2008.

讼。本文分析的裁判中大部分没有对律师费用的承担作出裁判。结合司法实践，我国股东派生诉讼中涉及金钱利益的律师费用往往数额较大，标的额越高，律师费用也相应增加。这笔费用对于上市公司中的小股东根据持股比例而获得的间接收益而言是一个沉重的负担。[47]同时，因律师费用属于私人成本，由原告与律师之间的代理合同决定，具有不确定性和私密性。结合我国司法实践现状，可以有条件地赋予原告股东律师费用请求权。原告起诉时有权诉请由公司承担律师费用，如果原告胜诉或部分胜诉，因原告的诉讼给公司带来了实质性的利益，法院可裁判公司补偿原告合理的律师费用。至于多少数额的律师费才算合理，由法官在具体案件中综合考虑律师费的数额。在前文提及的28件原告胜诉或部分胜诉的案件中，仅有1件裁判中的法院认为律师费用属于原告因参加诉讼支出的合理费用，判令公司承担原告律师费用的诉讼。[48]为了实现鼓励正当股东派生诉讼的立法目的，维护不同利益主体之间的利益平衡和公平，法院在适用法律时应当将律师费用作为合理费用之一，但考虑到律师费用的私人成本属性，应经原告诉请后，由法院裁量公司承担的具体数额，以保公正。

六、结论

我国《公司法司法解释（四）》第26条首次有条件地赋予原告股东要求第三人公司承担合理费用的权利，但目前该条规定的合理费用承担规则在很大程度上还处于纸面，对激励股东派生诉讼效果甚微。为充分发挥股东代表诉讼的制度价值，在解释合理费用时，应当认定该合理费用至少包括法院费用和律

[47] 参见黄辉：《中国股东派生诉讼制度：实证研究及完善建议》，载《人大法律评论》2014年第1辑。

[48] （2016）苏0312民初5115号民事判决书。分析其缘由，我国律师费用一般是各自承担。在股东派生诉讼中，如果原告未明确诉请公司承担律师费用，加之《公司法司法解释（四）》第26条又未明确合理费用所包括的具体内容，法院倾向于不告不理。

师费用。原告胜诉虽无须承担法院费用，但可请求法院裁量由公司承担合理的律师费用。原告部分胜诉并为公司赢得诉讼利益时，若原告须承担部分法院费用，法院应当裁判由公司承担该部分法院费用诉讼；原告部分胜诉的，还可请求法院裁量由公司承担合理的律师费用。这对鼓励股东派生诉讼，保护中小股东合法权益，改善公司治理有促进意义。

股东优先购买权问题研究

——从传统理论检讨到制度再设计

徐剑锋

内容摘要 通过对合同效力问题的实证研究可发现优先购买权制度存在立法与实践的偏差，进行更进一步的检讨可知传统优先购买权理论过于重视对公司人合性的保护，而忽视其作为股权转让制度有机组成部分的意义，导致了整个体系在价值取向上产生偏差。本文对权利性质、行权模式、合同效力等争议较大的问题进行了研究，通过对学说的总结，结合实践经验对相关制度进行了再设计。设计中贯彻促进股权转让、保护当事人利益的立法目的，保证各个具体制度有机结合，兼顾人合性、转让自由性、便利性，在为人合性提供必要保护的同时可促进股权自由有序流转。

关键词 优先购买权 权利性质 行权模式 合同效力

一、问题的提出

我国《公司法》第 71 条、第 72 条规定了优先购买权制度，简略的条文造成了实践中与学理上的许多争议。为此，最高法院在 2016 年年底颁行的《最

作者单位：青岛大学法学院。

高人民法院关于适用〈中华人民共和国公司法〉若干问题的规定（四）》（以下简称《解释（四）》）对原规定进行了补充和细化，丰富了我国股东优先购买权制度。然而学理上的争议并未因此而停息，实践中法院也未完全贯彻《解释（四）》的精神。

以侵害优先购买权合同效力问题为例，虽然《解释（四）》并未明确进行规定，但在发布会上，最高人民法院的工作人员表示“此类合同原则上有效”[1]。本文选取63个相关案例进行分析，[2]其中认定股权转让合同无效的4例、合同效力待定的3例、可撤销的4例、以其他股东未在期限内以同等条件行使优先购买权而认定股权转让合同有效的17例、认定侵害优先购买权的股权转让合同有效的35例。

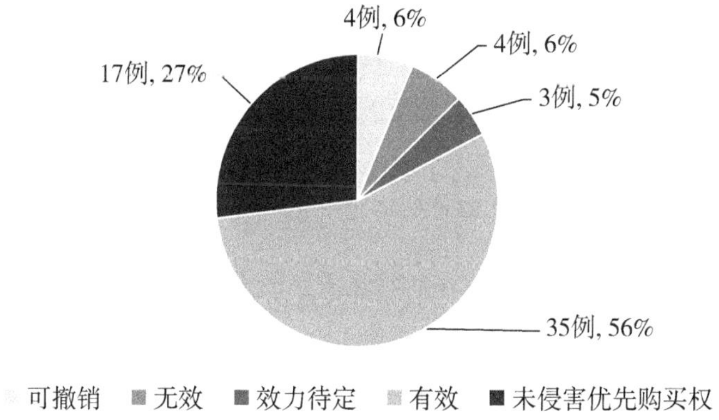

图1　涉及侵害股东优先购买权的合同效力案例判决结果统计

可以看到17%的判决未认可合同有效，即使是承认合同有效的判例中，也有近三分之一是以未侵害优先购买权而肯定其效力的，能够直接肯定股权转

[1]《最高人民法院发布公司法解释（四）》，载 http://www.court.gov.cn/zixun-xiangqing-57552.html，2018年11月25日访问。

[2] 数据来源于北大法宝司法案例数据库。以“股东优先购买权”为关键字以精确模式检索相关民事判决书，2017年9月1日《解释（四）》实施后至2018年12月31日共有169个相关案例，排除与合同效力问题无关的、法院认定合同因构成恶意串通而无效的案例，并对合并审理的判决书进行合并，共63个案例。

让合同有效的判例仅有 56%。

可见立法立场与司法实践存在较大的偏差，相关学理争议也从未停止，法院不认可此种合同效力实际上是对此问题本身乃至行权模式、优先购买权性质、立法目的有不正确的认识，如在行权模式上，过于重视同意制度；性质上坚持形成权立场；立法目的上仅着眼于对人合性的保护。本文将对传统优先购买权理论进行研究，探究实践偏差背后的原因，从根源上阐明争议所在，并对相关制度进行再设计。

二、传统优先购买权理论检讨

合同效力问题并非孤立的，表面上看其仅涉及合同当事人利益保护，实际上与行权模式、权利性质乃至立法目的上的争议息息相关。透过对其分析可以发现传统优先购买权理论存在价值取向上的巨大错位，设计上存在问题。

（一）股东优先购买权立法目的检讨

传统观点认为优先购买权系对转让股东的限制，是为公司人合性与保护其他股东期待权而存在的，[3] 近年有学者对此提出质疑，认为“不如说是为了维护股东对其出资产权的需要”，依这一思考进路，“其他股东的优先购买权并不限制股权转让的本身，即在不受限制的、可以自由转让的前提下，对受让方的选择予以了限制”。[4]

一方面，股权转让系股东自由，应予保障。另一方面，有限责任公司人合性更强，若股东可随意转让股份，则公司人合性会遭到破坏，确有限制的必要。因此，有限公司股权转让既要保证人合性，又要保证自由性和便利性，有学者指出，对股权转让的限制“均须在合同自由、资本多数决与降低代理成

[3] 参见于华江：《有限责任公司股东优先购买权问题研究》，载《政法论坛》2003 年第 4 期。

[4] 高永周：《有限公司股东优先购买权的产权逻辑》，载《南京大学学报》（哲学 · 人文科学 · 社会科学）2015 年第 3 期。

本之间求取适当的平衡"[5]。落实到优先购买权的设计上，则表现在寻求转让股东、受让人、其他股东、公司之间利益平衡。

传统优先购买权理论中，对于人合性的重视过多，造成因保护人合性而牺牲股权转让效率、股东转让股权自由的问题。健全的优先购买权制度应在必要限度内保护公司人合性，不应因过度保护而阻碍股权的流通。有限责任公司股东通过转让股权可以达到获取投资利益、改进公司治理的目的，以人合性的名义为股权转让人为设置障碍不仅会增加股权转让成本，也会造成对中小股东利益的损害，使股东被过度锁死在公司中，这绝不应该是优先购买权的立法目的。

对人合性的过度重视体现在优先购买权问题的各种争议中，如合同效力问题中有法院将法条视为效力性强制规范而认定合同无效，在权利性质、行权模式上也有体现。这种错误的立场赋予股东优先购买权过多的强制色彩，与保障交易公平、促进股权转让的公司法理念背道而驰，未从法经济学的角度进行分析，导致现行优先购买权制度在利益衡量上明显偏向于其他股东，对转让股东、受让人乃至股权流转市场产生了较大的影响。

（二）股东优先购买权性质检讨

股东优先购买权的性质不同会导致其行使效果有较大区别，对当事人利益影响甚巨。据学者归纳，较有代表性的学说有期待权说、请求权说、绝对形成权说与相对形成权说几种。[6]其中区分请求权说、相对形成权说与绝对形成权说的意义更大，争议也更大。

请求权、相对形成权与绝对形成权三种学说的争议意在解决其他股东主张行使权利是否立即产生效力、转让股东是否有权拒绝的问题。绝对形成权说认为优先购买权一经主张即产生效果，倾向于绝对维护其他股东的利益。相对形成权说与请求权说均承认行使权利与权利变动相分离，效果上既认此种分

[5] 罗培新：《抑制股权转让代理成本的法律构造》，载《中国社会科学》2013 年第 7 期。

[6] 参见赵旭东：《股东优先购买权的性质和效力》，载《当代法学》2013 年第 5 期。

离，又保证优先购买权的行使，对其他股东与转让股东的利益保护较为平衡。这一分歧在反悔权的存废上表现明显。

反悔权即出让股东在其他股东行使优先购买权时可放弃股权转让的权利。支持者认为“优先购买权下赋予出让股东反悔权可能是一个较有效率的制度安排”[7]。反对者认为“优先购买权系绝对形成权，反悔权将导致优先购买权不复存在”[8]。另有观点认为“反悔权的行使实际上增加了交易成本”[9]。分歧根源于双方对优先购买权制度的立法目的理解不同，赋予这一制度的期望也完全相反。

在股权转让中，转让股东若行使反悔权，可以依照自己的意愿放弃股权转让，既不会给其他股东造成经济上的损失，也无损于公司的人合性。这一安排有力地保障了股东的转让自由，允许转让股东依自己的意愿决定是否将股权出让给其他股东，应该认为是较为合理的。承认反悔权的请求权说与相对形成权说均认可人合性应当得到保护，也同样看重在优先购买权行使过程中股权转让的自由性与便利性，能够综合考虑转让股东与其他股东、第三人的利益。

反观绝对形成权说，坚持行权即变动、否认反悔权，这是将维护人合性作为立法目的的传统思想的体现。在此语境中，转让人本人的意思是无足轻重的，不会对法律效果产生任何影响。对股权转让自由性、便利性的忽视将导致股权转让渠道被阻塞，股东被过度锁死在公司中，这一结果是与优先购买权立法目的背道而驰的。更深刻的影响是，对权利性质的界定错误，会导致行权模式设计发生改变。

（三）股东优先购买权的行使模式检讨

我国优先购买权行权模式很明显地受到了维护人合性的立法目的、形成权性质学说的影响，依据我国《公司法》第 71 条的规定，优先购买权行使可

[7] 杜军：《公司法第七十二条蕴含的商业逻辑及其展开》，载《人民司法》2013 年第 11 期。
[8] 蒋大兴：《股东优先购买权行使中被忽略的价格形成机制》，载《法学》2012 年第 6 期。
[9] 罗培新：《抑制股权转让代理成本的法律构造》，载《中国社会科学》2013 年第 7 期。

被划分为两阶段，一是征求其他股东意见，不同意转让的股东可行使优先购买权，不行权的视为同意；二是在过半数股东同意转让的基础上其他股东可优先购买。此种行使方式被学者总结为“双重限制模式”,[10]简单来说第一重限制为“同意＋反对股东行使优先购买权”，第二重限制为所有股东行使优先购买权。

支持者认为在半数股东不同意转让且行使优先购买权时，对于人合性保护应更被看重，双重限制模式允许评估产生公平价格供股东购买。[11]然而采价格评估模式的日本与法国也未采双重限制模式，可见即使要采评估定价方式，双重限制模式也不是逻辑必然结果，支持者的主张并无充分论据支持。

这一设计为充分保护人合性而设置了两次同意机制，又根据形成权性质说将同意与行权相分离，赋予其他股东两次行权权利，明显是建立在传统立法目的与形成权学说上的。仅考虑其他股东利益使这一制度有明显缺点，一是程序重复：两重限制中均有要求股东行权的程序，增加了交易成本；二是存在“事先同意股权对外转让与事后行使优先购买权之间的矛盾”[12]的逻辑冲突。与传统理论的其他部分一样，双重限制模式无端增加了股权转让的交易成本，复杂的制度设计也导致实践中其他股东认为转让股东未完全履行通知义务的情况较多，产生大量关于侵害优先购买权的纠纷，反而不利于对其他股东的保护。

《解释（四）》终稿未能改变原有双重限制模式，而是丰富了第一重限制的规定，通过扩大通知方式的范围加强了对转让人的保护，有利于实践中对于转让股东已尽义务的认定；又增设了转让股东反悔权，一定程度上平衡了对转让股东的过度限制，但无法很好回应对其程序重复与逻辑冲突的批评，可见这一制度仍值得重新设计。

---

[10] 参见甘培忠、刘兰芳:《新类型公司法诉讼疑难问题研究》，北京大学出版社2009年版，第240页。

[11] 参见王东光:《论股权转让的双重限制及其效力》，载《公司法律评论》2010年。

[12] 葛伟军:《股东优先购买权的新近发展与规则解析：兼议〈公司法司法解释四〉》，载《中国政法大学学报》2018年第4期。

（四）侵害优先购买权合同效力检讨

回到最初提出的合同效力问题上，可以发现立法目的、性质、行权模式上积累的偏差导致这一制度中不同观点间产生了极大的差异。根据学者总结，有代表性的学说包括无效说、有效说、效力待定说、附条件生效说、可撤销说。[13] 学理上的争议、实践中的不同处理方式、司法解释制定中立场摇摆不定，这些都造成了混乱局面。

认定合同无效立足于维护公司人合性的立法目的，绝对禁止转让股东对优先购买权的侵害，其缺陷也十分明显，即无论其他股东是否主张购买均会造成合同无效，增加交易成本并使转让股东不得不重复缔约。这一设计的低效率与高成本使得其已经被《解释（四）》立法在一定程度上否定，然而实践中法院基于在性质、行权模式上一贯的传统立场，很容易推导出否认合同效力的结论，可见这一问题绝非孤立的，唯有对整个优先购买权体系进行重新认识才能避免立法与实践上的偏差。

《解释（四）》颁布后的主流争议是可撤销说与有效说的取舍，前者主张将合同认定为“相对无效合同”而允许撤销[14]，后者则认为可“只阻碍或者否定股权变动的效果发生，而不否定股权转让合同的效力”[15]。两者均可避免重复缔约问题，似乎都符合现行法律规定，实践中也均有支持者。这意味着两者更有辨析的必要，支持可撤销说的观点未认识到两者对合同当事人利益维护不同，系仍受传统观点影响的产物。

通过对优先购买权传统理论的层层检讨，可以发现传统理论中对人合性的过度重视导致整个制度忽视转让股东与受让人的利益、立法目的单一化片面化、权利性质不明确、行权模式过于冗杂、否认转让股权合同效力。这些问题不仅导致优先购买权行使复杂、易引起纠纷，还使股权流转成本增加，削弱了

---

[13] 参见赵旭东：《股东优先购买权的性质和效力》，载《当代法学》2013 年第 5 期。

[14] 刘俊海：《论有限责任公司股权转让合同的效力》，载《法学家》2007 年第 6 期。

[15] 赵旭东：《股东优先购买权的性质和效力》，载《当代法学》2013 年第 5 期。

股东转让股权的自由，对于公司治理、股权流转均有不利影响。随着学理讨论的逐渐明晰与股权市场的成熟，有必要对优先购买权制度进行再设计，使其目标多元、利益保护更为周全、促进股权流转。

三、优先购买权制度的再设计

通过对传统优先购买权理论的检讨，可以发现这一理论从立法目的、价值取向上都存在偏差，本文认为欲纠正这一问题，不能局限于《解释（四）》式的小修小补，而应从更高层面明确优先购买权制度的立法目的，以其为起点对整个制度进行重新建构，使每一项具体制度成为贯彻立法目的的有机组成部分。

具体而言，本文认为优先购买权制度应在转让股东、受让人、其他股东与公司之间寻求利益平衡，在保障公司必要人合性的同时维护股权转让自由与交易便利、安全。从这一立法目的出发，应仅在必要情况下对转让进行限制，不人为增加股权转让成本，若能贯彻这一理念，则优先购买权制度将摆脱传统理论的影响，真正成为股权转让制度的一环。

（一）明确优先购买权请求权性质

通过上文检讨可以发现，绝对形成权说对股权转让锁定程度过大，不应予以承认，立法认可反悔权的大方向是正确的，而相对形成权说与请求权说虽然在反悔权问题上立场一致，仍然在与立法目的契合程度、对其他制度影响上不同，本文认为明确优先购买权请求权的性质更符合立法目的与对优先购买权制度的定位。

从维护人合性的角度出发，请求权说一般认为在其他股东行权时转让股东负有强制缔约义务，法院也可以股权登记方式保护其他股东购买的权利，从而维护人合性。而在转让股东行使反悔权的情况下，股权并未对外转让，仍由原股东所有，此时无第三人进入公司，其他股东的优先购买权未被破坏，公司人合性未受到实质上的损害。可见请求权说足以对人合性进行适度保护。

从保护股东转让自由、完善股权流转制度的角度出发，在相对形成权语境下，权利的主张与行权之间存在一定的时间差，且一般认为形成权不可被侵害，因此对形成权如何保护存在逻辑上的疑问；更重要的是形成权的强制色彩较浓，与促进股权转让的初衷相悖。请求权则更符合立法目的，赋予其他股东请求权能够在更大程度上保护股东的转让自由。而其他股东仅享有请求权，则后续制度设计上对于行权模式、合同效力问题的调整将更好进行，也标志着对于其他股东不进行无条件的保护，这对于法院对优先购买权制度重新认识是有必要的。

权利性质系对立法目的的直接体现，也是行权模式等其他制度的基石，对其的选择不能仅考虑反悔权等具体问题，作为基础性问题，其代表的立法价值取向有十分重要的意义。请求权说既能在保护人合性上起到必要作用，又可以放松对转让股东自由的限制、保护交易安全，兼顾对各方当事人的利益平衡，是突破传统理论的第一步，也是必要的一步。

（二）简化优先购买权行权模式

我国双重限制行权模式存在种种问题，而针对双重限制模式不合理之处，学者设计出以法国模式[16]、台湾模式、日本模式[17]为原型的方案。本文认为参考其他模式实有必要，但需与我国实际情况、相关法律制度相适应，尤其是应与立法目的、权利性质等有机结合。

1. 取消同意制度

我国双重限制模式一个重要特点是将同意制度与行权相分离，这一点与我国台湾地区制度较类似，台湾地区“公司法”在第111条[18]中规定“如其不

[16] 参见张其鉴：《我国股权转让限制模式的立法溯源与偏差校正——兼评〈公司法司法解释（四）〉第16—22条》，载《现代法学》2018第4期。

[17] 参见黄晓林：《日本非公开公司股权转让制度立法理念解析——股权转让自由原则的实现》，载《日本问题研究》2013年第2期。

[18] 我国台湾地区“公司法”第111条规定：股东非得其他股东过半数同意，不得以其出资之全部或一部，转让于他人。不同意转让之股东有优先受让之权，如其不承受，视为同意转让，并同意修改章程有关股东及其出资额事项。

承受，视为同意转让”的目的在于“为解决出资转让时之股东同意及变更章程时之股东同意，二种同意人数互有出入之问题”。[19] 即台湾地区制度不允许未获过半数股东同意时的股权对外转让，因此有同意与行权相互分离的设计，此处的同意仅为同意修改章程。

受传统观念影响，许多观点认为同意权不应被取消，然而早有学者指出，同意权并无存在必要，优先购买权本身才是制度的核心[20]。法国制度规定：“公司不同意转让的，应由公司其他股东购买或由公司通过减资回购；否则转让股东即可对外转让。”[21] 其他股东要么接受转让要么由自身、公司购买，我国也采取了不行使优先购买权时同意转让的推定，这一规定下仅表示不同意并无实际意义，还需要行权方可达到阻碍股权流转的效果，即实际起效的并非不同意，而是行权。这导致现有同意机制仅有形式意义。

本文认为，同意权制度的独立是造成双重限制模式程序冗杂、产生反对转让者可行权逻辑矛盾的重要原因，在未来的设计中应取消这一制度，代之以“同意转让或行权”的一次性行权模式，其他股东仅有行使优先购买权与同意转让两个选项，程序上也仅有一次行权机会，这将极大简化行权的复杂程度，也无害于其他股东权利。毋宁说，行权模式的简化将使征询其他股东意见的程序简化，便于法院对于转让人未尽通知义务的认定，对其他股东保护也更加有力，以达到综合保护各方当事人利益的目的。

2. 坚持股权价格市场形成模式

部分学者主张学习法、日，以评估定价方式确定股权转让价格。[22] 本文认为这一观点实际上违背了股权转让的初衷，我国应坚持市场价格形成机制。

---

[19] 参见王文宇:《公司法论》，元照出版有限公司 2005 年版，第 569 ～ 570 页。

[20] 参见徐琼:《论有限责任公司股东的同意权与优先购买权》，载《河北法学》2004 年第 10 期。

[21] 张其鉴:《我国股权转让限制模式的立法溯源与偏差校正——兼评〈公司法司法解释（四）〉第 16—22 条》，载《现代法学》2018 第 4 期。

[22] 参见张其鉴:《我国股权转让限制模式的立法溯源与偏差校正——兼评〈公司法司法解释（四）〉第 16—22 条》，载《现代法学》2018 第 4 期。

首先应认识到，评估确定股价的实际执行效果未必乐观，一是股权价格的确定缺乏合理的依据，无明确定价标准，不同主体对于公司未来的判断、对风险的偏好都会极大影响股权价格的确定；二是我国并无相关的成熟机制与经验；三是价格评估的方式不能完全杜绝舞弊行为出现；四是对有限公司每项股权对外转让进行评估，增加的交易成本也不容忽视。

而市场定价模式，更确切地说，以转让股东与受让人谈判形成行权价格这一机制与反悔权结合，形成了一种“朝高竞争”的机制，而“朝高竞争所内含的价格形成机制，可以发现拟转让股权的真正价值”[23]，即通过市场的有效作用，可以将股权价格真正表现出来，这一机制比评估定价更为公平，且成本由转让人承担，较为合理。

若市场形成的价格低于、等于其他股东预期，则其他股东可通过行权方式以低价购买股权；若第三人出价更高，则转让股东亦有权利以此价格转让股权，切不可因对公司人合性的保护而忽视优先购买权中对“同等条件”的要求，一个明显错误的观点是认为市场定价机制可能产生畸高价格而破坏公司人合性，可能导致野蛮人入侵，[24]这一认识很典型地将对人合性的追求凌驾于市场机制与转让股东利益之上，违背了立法目的，有舍本逐末之嫌。因此，以转让股东与受让人间谈判所形成的市场价格定价明显是更加合理可行的选择，不仅可以充分保护转让人的利益，也可以促进股权市场的成熟。

3. 整体设计

根据对以上两个问题的具体分析，本文已勾勒出行权模式的轮廓，即由转让人与受让人谈判，确定包括价格、数量在内的细节并将相关信息通知其他股东，其他股东选择以同样条件行使优先购买权或放弃行权同意转让。若转让人未尽到通知义务或存在转让人与受让人恶意串通的情形，其他股东可向法院提起诉讼以此保证自己的正当利益不受侵害。这一设计贯彻了立法目的，与请

[23] 蒋大兴：《股东优先购买权行使中被忽略的价格形成机制》，载《法学》2012 年第 6 期。

[24] 参见张其鉴：《我国股权转让限制模式的立法溯源与偏差校正——兼评〈公司法司法解释（四）〉第 16—22 条》，载《现代法学》2018 第 4 期。

求权学说相符，足以为促进股权流转提供帮助。

（三）肯定侵害优先购买权合同的效力

侵害优先购买权的合同效力如何规定是一个更加具体，也更能体现立法价值取向的问题，如果说传统理念下否认合同效力有其逻辑必然性，在对立法目的、权利性质与行权模式进行澄清后，坚持合同有效便是优先购买权理论的题中之义了。

首先，有效说与民法契合程度较高，只要认为《公司法》第 71 条、第 72 条为管理性强制规范即可，无其他无效情形，股权转让合同当然即为有效，这也是实践中大多数法院所采观点，可以认为这一学说有较好的学理基础，推广难度低。

其次，我国主流股权变动模式理论不认可债权意思主义[25]，认为股权不因合同生效而立即产生变动。在这一语境下，转让股东与受让人之间签订股权转让合同并不会对其他股东产生实际影响，其他股东向法院主张自身优先购买权受到侵害而要求以同等条件行权时亦无须以否认股权转让合同为前提。主张否定合同效力的观点或者未注意到股权与物权的区别，或者囿于传统理念，将合同本身看作对优先购买权的侵害。实际上在本文对权利性质、行权模式进行重新设计后，仅在未通知其他股东的情况下与受让人订立股权转让合同不仅无害于优先购买权，还是为其他股东提供股权参考价格的重要途径，只是在其他股东主张行权时这一合同不应得到实际履行，已进行股东登记变更的，其他股东有权利要求法院对登记进行更改。可见认定合同有效足以保证其他股东利益。

就受让人利益进行考察可以发现有效说的优点更为明显。无论是认定合同无效还是撤销转让合同，受让人都将面临无法要求转让股东承担违约义务的风险，依现行法律仅可要求对方承担缔约过失责任，然而若法律否认此种合同

---

[25] 参见李建伟：《有限责任公司股权变动模式研究——以公司受通知与认可的程序构建为中心》，载《暨南学报》（哲学社会科学版）2012 年第 12 期。

效力，则受让人在缔约时已明知存在此风险，其能在多大程度上得到保护存在疑问。受让人与转让股东进行谈判确定股权价格，为其他股东行权提供了重要参考，自身却面临无法受让股权也无法得到充分赔偿的风险，这无疑会为有限公司股权转让设下重重障碍，阻止第三人进入市场，而缺乏足够竞争的市场无法支撑价格形成机制，更无法保护股东乃至公司的利益。

肯定股权转让合同的效力，既无害于优先购买权的最终行使，又能保护第三人的利益、参与谈判的积极性，这一设计在保证各方当事人利益的同时最大限度地促进了股权转让市场的繁荣与稳定。为达到这一目的，不能止步于《解释（四）》所做的含混描述，而应以明文对此进行规定，并对立法理由进行充分说明，防止实践中混乱状况的持续。

四、结论

通过对优先购买权传统理论中立法目的、性质、行使模式与合同效力问题的检讨，可以发现传统理论中存在过于重视人合性维护而对当事人利益考虑不周的情况，《解释（四）》试图完善优先购买权制度，然而受制于司法解释本身权限和对不同学术观点平衡的立场，并无一贯的立法目的，虽然做出了规定反悔权与确认股权转让合同有效的尝试，但对于双重限制模式并未修改，有效说观点也并未明显体现在条文中，导致司法实践中出现了较大的分歧。

可见解决这一分歧需要对整个制度进行再设计，减少对股权转让自由的不合理限制、对交易成本的人为增加、对受让人利益的漠视，为此，本文将优先购买权视作股权转让制度的有机组成部分，在对人合性进行合理保护的同时追求对股东转让股权自由的保障、交易安全与便利的促进，以期能够在我国建构市场化的、兼顾安全与效率的股权转让机制。

具体而言，需要明确优先购买权的请求权性质，请求权说不仅可以为反悔权提供有力的支持，还在当事人利益界定上有宣示意义，明确地体现了优先购买权对各方当事人利益的平衡，对其他股东仅进行必要的保护，从根本上展示了优先购买权理论的转变。在请求权基础上，取消同意制度、坚持市场定价的行权模式则可以简化行权、降低交易成本，并能激活优先购买权作为定价机制的作用。坚持合同优先则可较好地顾及受让人的利益，保证其有参与股权价格谈判的动力。

更应该认识到的是，以上几个问题是相互之间有机联系的，对其进行整体重新设计可以更好地体现出立法目的并发挥各自的作用，如请求权性质的确定为行权模式简化、合同有效的认定提供了理论基础；行权模式的简化体现了请求权的优势，为厘清合同效力问题扫清了障碍；确认合同有效则明显需要前两个问题的铺垫，并再次证明了请求权说与简化模式的优势。这几处改动缺一不可，只有进行全方位的、多层次的改动，才能解决传统优先购买权理论遗留的问题，贯彻正确的立法目的。

对优先购买权进行再设计不能仅考虑某一具体问题，而应着眼于整个制度的运行，关注优先购买权作为股权转让制度的有机组成部分所起到的作用。通过一系列的制度安排，在保证优先购买权制度发挥效力的同时，为股权转让提供便利，改变传统理念仅关注一方当事人利益、忽略市场作用而导致种种问题的现象，使优先购买权成为兼顾各方当事人利益，促进股权流转的完善制度。

企业环境合规：自制与他制互动型环境合作治理模式

邓可祝

内容摘要 企业环境合规制度，通过建立企业内部环境管理制度来预防和发现环境违法行为，以更好地促进企业环境守法，保证企业环境利用行为最大限度地保护环境。这一制度整合了政府、企业、中介机构和社会公众在环境保护上的不同作用，是一种自制与他制相结合的环境合作治理模式。目前我国已经开展了企业环境合规制度建设，在环境合规制度中，不仅要重视企业和社会中介组织的作用，还要发挥政府在企业环境合规方面的作用，实现自制与他制的互动，体现环境合作治理的价值，提高全社会的环境治理绩效。

关键词 企业环境合规 合作治理 合作理性 自我规制 外部他制

一、引论

为了落实企业的主体责任，我国许多行业已经开展了合规建设工作，并在 2017 年 12 月 29 日发布了《合规管理体系 指南》（GB/T 35770–2017）国

作者单位：安徽工业大学公共管理与法学院。

家标准，对各类组织（包括以企业为主体的经济组织）的合规问题进行了规定。可以预见，在今后相当长的时间里，合规建设将成为企业发展与治理的一个重要方面。同时，我国学术界也开始重视企业合规制度的研究，如企业反垄断合规制度、企业犯罪预防合规制度等方面的研究。这些研究将视角从如何惩罚企业违法转移到如何预防企业违法以及如何指导企业预防违法方面，体现了法学研究的新面向。遗憾的是，现有研究集中于反垄断领域和犯罪预防领域，并且主要研究的是企业合规制度的基本原理，对于企业合规的具体制度，研究还不够深入。

企业合规制度与企业守法制度存在一定的差异。守法，即遵守法律，是指各级组织或个人严格依照法律规定去从事各种事务和行为的活动。[1] 环境合规制度是在环境守法基础上发展起来的。两者存在区别：一是合规义务的来源不仅包括合规要求（法律法规等），并能包含合规承诺；[2] 二是环境合规制度不仅包括守法行为，而且也包括建立相应的合规体系与合规文化等。

在环境治理方面，企业环境合规制度对于加强环境保护，提高整个社会环境保护绩效具有关键性作用。这在发达国家已经得到了普遍的实施。我国实际上也存在许多企业环境合规的实践，但环境法学对这方面的研究还非常薄弱。在企业环境合规制度中，不仅需要企业作出努力，也需要政府和中介组织甚至是公众发挥相应的作用，前者体现了企业的自我规制（也称为“自制”），后者体现了行政机关和中介机构等对企业合规行为的影响性措施，是一种他制。这种自制与他制的互动，体现了环境合作治理理念，促进了企业环境合规制度的发展，保障了这一制度的实效性。基于这些考虑，本文将从自制与他制的视角来研究企业环境合规制度发展与完善的原理，为我国环境合规制度的建设作出理论上的贡献。

---

[1] 参见张文显：《法理学》，法律出版社 1997 年版，第 254 页。

[2] 参见国家标准经国家质量监督检验检疫总局、国家标准化管理委员会：《合规管理体系　指南》（GB/T 35770–2017），中国标准出版社 2017 年版，第 5 页。

二、企业环境合规制度的兴起

合规制度，又称为“合规计划”（compliance program），没有统一的定义。在犯罪预防领域，我国有学者认为：合规计划，是指企业或者其他组织体设立一套违法及犯罪行为的预防、发现及报告机制。[3]就一般合规而言，美国“合规与道德领导委员会”（Compliance and Ethics Leadership Council）将合规计划定义为：“企业对相关法律、法规和企业政策的遵守……企业必须有旨在促进遵守法律、法规、规则以及政策的配套程序和政策。”而美国司法部将合规计划定义为：“企业管理部门确立的旨在预防和发现不法行为，确保企业活动符合刑事法律、民法法律、法规和规则的制度。”[4]这两者都是对企业合规计划的界定，只是前者强调的是企业对相关法律的遵守，而后者不仅强调遵守法律，还重视不法行为的发现和报告制度，更加符合合规制度的原意。本文主要从后者的角度来界定企业环境合规制度。

本文的企业环境合规制度，指的是企业建立预防和发现环境违法体系，遵守合规要求和承诺，并及时报告环境违法的一系列的制度。主要包括：企业的环境管理制度、企业的环境违法问责制度、环境的环境违法发现制度、企业的环境违法或者环境事故的报告制度等。而这一制度的核心，是发现与报告潜在的环境违法，对企业员工和高级管理人员进行相关的合规培训。[5]

在现代企业社会中，企业管理越来越复杂，仅仅依靠行政机关的执法已经很难满足法律的要求和社会治理的需要，企业的自我守法受到了越来越多的

---

[3] 李本灿：《合规计划的效度之维——逻辑与实证的双重展开》，载《南京大学法律评论》2014年春季卷。

[4] 李本灿：《企业犯罪预防中国家规制向国家与企业共治转型之提倡》，载《政治与法律》2016年第2期。

[5] See Carol Dinkins & Sean Lonnquist, The Belt and Suspenders Approach: The Advantages of a Formalized Environmental Compliance Program, 4Utah Law Review.1129 (2009).

重视。企业环境合规制度，有利于预防和发现企业生产经营中可能出现的环境污染或破坏问题，更好地遵守环境法律，实现企业在环境管理上的自我管理、自我监督与自我报告，将国家环境治理行为内部化，大大提高企业环境守法程度、提高环境保护水平。欧洲国家和美国都较早实施了这一制度。例如，1990年荷兰开始推行企业内部环境管理制度，[6]欧盟在1993年推行生态管理审计计划（Eco-Management And Audit Scheme，EMAS），这被视为最接近现行自律性法的制度。[7]美国也早在20世纪80年代就开展了相关制度的建设，2012年美国环保局又开展了“下一代合规计划”（Next Generation Compliance）运动，提出了更有效的规制与许可（More Effective Regulations and Permits）、更先进的监督（Advanced Monitoring）、电子报告（Electronic Reporting）、透明度（Transparency）、创造性的实施（Innovative Enforcement）等方面的环境合规建设要求，这是美国联邦环保局为适应信息时代新的特点，在大数据时代对环境合规制度的新探索。

为了促进企业环境合规制度的建设，各国政府也重视帮助与激励企业建设环境合规制度。以美国联邦环保局为例，其在1996年到1999年就颁布了2000多个指南文件（Guidance Documents），[8]这些文件中就包括了大量的合规文件，这些指南性的文件都对企业环境合规起到了有效的指导作用。

我国也一直重视企业在环境守法上的作用，政府在促进企业自主守法和建立环境管理制度方面都作出了积极努力，也取得了一定的成效。最典型的是我国环保部制定了大量的“企业环境守法导则”（以下简称“环境守法导则”）这样的指导性文件。例如，在2015年5月29日，环境保护部（现已改为“生态环境保护部”）印发了《制浆造纸企业环境守法导则》，这些文件内容全面、针对性强，对于企业的环境合规制度起到了综合指导作用。可以说，我国政府

[6] 参见金瑞林、汪劲：《20世纪环境法学研究评述》，北京大学出版社2003年版，第364页。

[7] 参见王慧编译：《美国环境法的改革》，法律出版社2016年版，第102～103页。

[8] See Nina A. Mendelsont，Regulatory Beneficiaries and Informal Agency Policymaking，92Cornell Law Review.397（2007）.

发布“环境守法导则”的做法，就是在尝试建设我国的企业环境合规制度。与此类似，环保部在2018年1月11日发布了《船舶水污染防治技术政策》，也是帮助企业建立环境合规制度的一种尝试。

可见，企业环境合规制度的兴起，不仅是企业自我规制的结果，也是政府积极推动的结果，与此同时，其他社会力量，如审计机构和环境认证机构及社会公众，也在其中发挥了不同的作用，可以说是自制与他制共同作用的产物。企业环境合规制度，实际上是政府与企业以及社会力量的相互合作、共同参与环境治理的产物，是环境多元治理的一种体现。

三、企业环境合规制度的中国实践

在环境法领域，我国也一直重视企业在环境守法上的作用，法律要求企业制定相应的管理制度，环境保护部门也开展了大量的示范工作来引导企业的环境管理与环境守法建设。在强化企业的环境保护主体责任的当下，这已经不仅仅是单纯的守法问题，提高企业的环境合规制度建设，也开始成为环境治理的组织部分。我国环保部门发布“环境守法导则”的做法，就是推动企业建设环境合规制度的一种尝试。[9]

本部分将对我国环境合规制度实践进行探索，为未来环境合规制度的发展提供实践与分析的样本。

（一）刚柔相济——法律规范的要求

我国法律规定了企业开发利用环境中的义务，企业必须遵守这些义务。这些义务包括行为义务，如遵守环境排放标准、使用或者禁止使用一定的技术；也包括制度建设义务，如建立相应的环境管理制度。在环境法律中，对企

[9] 参见邓可祝：《环境守法导则：一种新型环境合作治理模式》，载《厦门大学法律评论》2016年春季卷。

业的行为义务规定得较为明确，而对企业的制度建设义务规定得较为原则，体现了刚柔相济的特点。其表现形式主要有：第一，原则性规定。此类规范只规定企业应达到的目标，并没有规定制度建设要求。例如，《公司法》第 5 条要求公司要承担社会责任，这只是一个原则性的规定，对企业的环境合规制度具有指引作用，但并没有具体的制度建设要求。第二，概括性规定。此类规范规定企业应进行环境制度建设，但并没有规定具体制度建设的内容。例如，《环境保护法》第 42 条规定：排放污染物的企业事业单位，应当建立环境保护责任制度，明确单位负责人和相关人员的责任。第 47 条要求企事业单位做好突发环境事件的风险控制、应急准备、应急处置和事后恢复等工作。而如何建设这些制度，还有赖于其他的规范，或者有赖于企业自身的探索和实践。第三，具体性规定。这类规范一般都对企业的环境管理制度有明确的要求，是判断企业环境管理制度是否完善的主要依据。这类规范主要包括一些国家标准，例如，《纺织工业企业环境保护设计规范（GB 50425–2008）》，对纺织企业规定了大量环境管理制度要求；也包括各类"企业环境守法导则"和环境技术政策。从法律效力上看，这些标准和各类导则是行政规范性文件，其中推荐标准和守法导则、环境技术政策只具有指导性，而不能作为行政处罚等不利行政行为的依据。第四，处罚性规定。此类规范规定违反相应制度的处罚，这也是对企业环境管理制度的规定，当然往往在上位法或者其他法律中有建立相关制度的要求。例如，《医疗废物管理条例》第 7 条和第 8 条明确了医疗废物的管理责任制和医疗废物安全处置有关的规章制度和在发生意外事故时的应急方案等管理制度的要求，这是对医疗废物管理制度的明确要求。而《医疗废物管理行政处罚办法》第 2 条和第 3 条，对企业医疗废物管理制度、监控部门或者专（兼）职人员设置方面、废物登记、检测、评价效果存档、报告等方面设置了处罚条件，实际上是要求企业建立这些管理制度。

（二）自主实践——企业的觉醒

企业环境管理制度，是企业环境合规的基础。"随着社会的发展，国际上出现了一种基于管理体系的制度，这一制度是要求企业建立一套自我管理的程序，从而能够形成内部的自我纠正机制。”[10]基于企业社会责任的要求，根据法律的规定或提高环境保护绩效的需要，我国越来越多的企业开始重视环境保护，一些企业在合规制度的建设上也取得了良好效果。为了实现环境保护的制度化，就必须建立环境管理制度。一些企业已经建立了完整的环境管理制度，例如，江苏油田公司制定了一系列环境管理制度。企业建立的环境管理制度虽然并不是真正意义上的环境合规制度，却包含了大量环境合规制度的内容。例如，山东省滕州新源公司建立环保监测站，从水、气、危废、固废等方面全面规范环保监督管理。完善、细化环保监督管理制度，实现环保各项工作规范化、常态化。加强环境风险排查，强化企业自行监测、信息公开、突发事件应急处置管理。[11]可以说，该公司的行为，已经具备了环境合规制度的基本内容。目前，我国企业在环境合规方面的主要做法有以下四个方面。

首先，企业将环境保护要求纳入企业决策之中。这包括两个方面：第一，在企业中建立管理决策机构，为了加强环境保护的力度，形成制度化的环境保护力量，一些企业建立了专门的环境管理决策机构。例如，2015 年，宝钢加强能源环保管理的顶层设计，成立集团层面的能源环保管理委员会，并按照分层管理的原则，确定三层组织体系架构，明确各层级的管理职能与所承担的责任。[12]有了这些环境决策机构，企业管理层在作出决策时，会更多地考虑到企业环境守法情形，甚至会作出更加积极的环境保护决策，超出国家环境标准来履行环境义务。第二，企业管理层重视在环境保护方面履行企业的社会责任，增加环境保护的基金和科研方面的投入。现在我国的一些企业越来越重视全社会的环境保护，建立各种基金来投入环境保护方面。例如，在阿里巴巴公

[10] 杨炳霖:《回应性管理——以安全生产为例的管制法和社会学研究》，知识产权出版社 2012 年版，第 65 页。

[11] 参见张冬梅:《环境守法，全员在行动——华电滕州新源热电有限公司环保工作纪实》，载《齐鲁晚报》2015 年 5 月 22 日，第 6 版。

[12] 参见宝钢集团有限公司:《宝钢集团有限公司 2015 年度社会责任报告》。

益基金会的支持下，2015 年 1 月自然之友发起成立了环境公益诉讼行动网络和环境公益诉讼支持基金。[13] 因此，企业在经营决策中重视环境保护，也是企业环境合规制度的一个方面，并且在一定程度上促进了企业在更多方面强化了环境保护的职能。

其次，企业建立环境管理制度。为了保证遵守环境法律，企业需要建立一系列的环境管理制度。环境管理制度是企业经营管理制度的重要组成部分，有助于企业预防环境事故发生、避免环境损害。企业环境管理制度非常多，包括环境设施的运行管理制度、三同时制度等。例如，在《印染企业守法导则》中，环保部门提出了非常多的环境管理制度，在《甘肃省工业企业环境保护标准化建设基本要求及考核评分标准（试行）》中规定的“建立污染治理设施巡查制度、实施污染治理设施、设备登记牌（卡）管理制度、管理人员与管理制度”等。这些主要包括两大类：一类是环境法律明确要求制定的制度，另一类是企业根据自身生产经营需要而建立的环境管理制度。无论是哪一类，都是保证企业环境守法的必要条件。

再次，企业建立环境监督制度。为了保证环境法律和企业自身的环境管理制度得到有效的遵守，我国企业还建立了环境管理监督制度，除企业的负责人承担总监督责任外，我国还建立了企业环境监督员制度。我国企业环境监督员制度肇始于 2003 年。2003 年 5 月，国家环境保护总局下发了《关于开展企业环境监督员制度试点工作的通知》（环办函〔2003〕199 号），企业环境监督员制度试点工作正式开始。[14] 虽然最近环保部废除了相关的文件，但企业仍然可以自主地建立这一制度。企业环境监督员的主要职能在于实施污染源的监控和污染的监测。不仅如此，由于企业环境监督员通过事前污染监测和环境信息收集所取得的资料，还可以作为企业发生环境事故后应急救援的依据和事后

[13] 参见陈媛媛：《公益项目，钱景广阔否》，载《中国环境报》2015 年 2 月 3 日，第 8 版。

[14] 参见郑少华：《论企业环境监督员的法律地位》，载《政治与法律》2014 年第 10 期。

环境责任追究的依据。[15]可见，企业环境监督员制度是企业内部环境合规制度的重要组成部分。环保部门无法完全掌握企业环境管理制度的运行状态，而企业环境监督员可以起到一个动态的、全方位的监督，对于强化企业环境合规具有举足轻重的地位。当然，企业环境监督员的法律地位问题也值得关注，这一地位会影响到其作用的有效发挥。

最后，企业建立环境应急制度。无论采取如何有效的合规制度，企业都无法杜绝环境事故的发生，因此，需要防患于未然，制定企业环境应急制度。现在越来越多的法律明确要求企业建立环境应急制度。这一制度包括应急预案制度、应急处置制度、应急上报制度、环境事故信息公开制度等。从一些企业的现状来看，许多企业已经建立了相关的应急制度，例如，在《甘肃省工业企业环境保护标准化建设基本要求及考核评分标准（试行）》中，就将企业的环境应急制度作为一项重要的指标来进行考核。

（三）积极引导——行政机关的探索

企业的环境合规意识和能力不能仅仅依赖企业通过自生自发秩序而形成，还需要政府帮助与引导。我国环保部门一直在积极地培养企业的合规意识，提高企业的合规能力。具体而言，环保部门主要从以下方面引导企业建立环境合规制度。

首先，改变执法方式引导企业合规。环境执法并不仅仅是为了检查与处罚，还可以改进执法方式，更加积极地引导与帮助企业合规。例如，一些地方环保部门探索严格执法和柔性执法有机统一的途径，逐步从封闭式执法转变为开放式执法，从“查违法”为主到与“帮治理”并重。[16]这时，行政机关不仅仅是单一的执法，而且将执法与守法、执法与服务结合起来，这就是环境执

[15] 参见鄢斌：《从政企合作看中国企业环境监督员制度的完善》，载《中国人口·资源与环境》2011年第12期。

[16] 参见韩菁、周辉峰：《泰兴环保局："柔性执法"促企业环保自律》，载 http://jsnews.jschina.com.cn/system/2013/07/11/017925165.shtml，2018年2月5日访问。

法的一种转型。第一，扩展执法经验。行政机关在执法中，可以更好地发现企业在环境合规上存在的问题，同时也可以发现一些企业合规经验。环保部门经过总结，可以发现企业守法成功与失败的规律，并通过各种培训的方式，将这些规律加以扩展，以引导企业的合规建设。例如，我国环保部曾经组织了多次"企业环境责任培训班"，这样的培训既可以提高企业的环境合规意识，也可以提高企业环境合规建设能力。第二，发现守法的榜样并加以推广。通过企业的示范作用来促进环境治理的效果，也是国外环境治理的经验，例如，美国开展的"最佳实践活动"（Best Practices Scheme），"这一项目是要求一些企业设计一些实践以遵守一般的规制要求。然后，将这些实践经验加以选择和出版，以供其他企业借鉴吸收"[17]。我国近年来开展的环保领跑者制度，也是鼓励企业在环境保护方面（也包括环境合规制度）发挥领先与示范作用。第三，构筑守法学习平台。政府可以建立守法学习平台，借助企业交流平台，促进企业之间的相互学习，不仅提高了环境合规的意识，也提高了企业环境合规的能力。例如，安徽省环保厅选取了15家试点示范单位，以现场观摩、经验交流等形式，为其他企业提供了一个借鉴交流的平台，学习之后，相关企业制定了一系列的企业内部环境管理制度等。这些也是环境合规制度的重要组成部分。

其次，通过软法方式引导企业合规。在环境治理中，软法发挥了重要的作用，企业在环境合规方面具有其特殊性，无法通过硬法的形式加以强制性规范，而软法在其中就起到了基础性的作用。我国在环境合规方面的软法，主要是各类的守法导则和环境技术政策。就前者而言，守法导则按行业制定，主要包括三大部分，即企业环境法律与政策要求、企业技术指南、企业内部环境管理制度。可以起到如下作用：第一，明确企业环境法律规范。以帮助企业掌握我国的环境法律体系，明确法律的含义，避免因对法律的误解而违法。第二，明确国家环境政策。以帮助企业了解国家环境政策和环境政策的发展趋势。第三，明确环境技术要求。以帮助企业引进和完善相关的生产经营技术，促进技

[17] David Zaring, Best Practices, 81New York University Law Review.294（2006）.

术上的环境保护。第四，帮助企业建立自己的环境管理制度。企业内部环境管理制度是企业环境合规制度的重要组成部分，政府可以在这方面为企业建立相应环境管理制度提供帮助。[18]可以说，我国目前的环境守法导则，是一种典型的企业环境合规制度的尝试，是行政机关在对企业环境合规制度的有力指导，说明我国行政机关在威慑的同时，也注意对企业的合规指导，体现了企业合规中的政府作用。

与此类似的是，环保部还制定了一些行业的污染防治技术政策，如《白酒制造业污染防治技术政策》。这些虽然没有守法导则那么详尽和全面，但也是在技术层面上对企业的合规指导。作为一种专业性的机关，环保部门利用自己的专业知识来指导企业，可以节省企业的环境成本，避免企业因为守法能力不足而导致的违法，这对于企业而言也是非常必要的。另外，《甘肃省工业企业环境保护标准化建设基本要求及考核评分标准（试行）》实际上也是一种合规指引示范文本，可以让企业依据这些标准来建设合规制度。

最后，通过激励方式引导企业合规。行政机关对企业环境合规的引导，主要依赖于软法规范，并不具有强制力，是一种行政指导性质的方式。为了促进企业环境合规制度的建立，行政机关通过种类激励方式来引导企业环境合规制度建设。一类是环保部门对于企业合规的守法激励。这类激励指的是环保部门鼓励企业建立合规制度，例如，美国守法激励政策是对能够建立相关制度、积极预防污染、报告污染事故的企业，不予处罚或者减轻处罚的激励。[19]另一类是其他组织的激励制度，主要是金融机构和其他政府机构。目前我国现有的制度主要有企业信用制度、绿色金融制度等，这些制度主要是金融机构针对企业的守法状况而在金融上采取的措施，对企业的合规行为具有较强的激励和威慑效果。当然，在我国这两类激励都是政府部门负责统一实施的，例如，环保部制定的《关于加强企业环境信用体系建设的指导意见》（环发〔2015〕161

[18] 参见邓可祝：《环境守法导则：一种新型环境合作治理模式》，载《厦门大学法律评论》2016年春季卷。

[19] 参见张建宇等：《美国环境执法案例精选》，中国环境出版社 2013 年版，第 35 页。

号)。自2013年起，江苏省就出台了企业环保信用评价标准和评价办法，建立污染防治类、环境管理类、社会影响类三大类21项指标体系。一旦企业因环保信用极差，会被集中曝光从而将在其他方面受到贷款等方面的限制，并将接受相应的惩戒。[20]与环保部的规定相比，江苏省的规定更为细致，对企业的影响也更直接和明显。而且其评价标准和评价办法，也与环境合规制度具有更多的重合性。

当然，政府通过执法对没有建立相应制度的企业进行更加严格的执法，加强威慑，也是一种激励机制(负激励)。

(四)监督促进——中介组织的介入

在企业环境合规制度建设中，不仅需要政府和企业的相互合作，还需要社会力量的参与。随着现代社会力量的兴起，环境中介机构在促进企业环境合规方面开始发挥作用。这些专业性环境中介机构，如环境审计机构、环境认证机构、社会环境监测机构，以其专业性、技术性来对企业环境合规制度进行评估与认定，为企业环境合规建设提供了评价标准体系，监督、促进、帮助企业建立环境合规制度。

首先，环境审计制度。根据一些学者的定义，环境审计是指对环境管理进行检查、检验、核实和监督，通过对环境组织和环境管理是否发挥作用进行系统和定期的客观评价。[21]从这一定义可以看出，环境审计是由专门审计组织来对企业的环境管理制度进行审查并评价的制度。这一制度的目的是通过第三方审计组织的参与，来确认评价企业的环境管理水平，以监督、帮助企业加强与改进环境管理。从历史上看，现在各国都非常强调环境审计工作，认为环境审计在企业的环境管理中发挥了巨大的作用。在美国，“为了满足公司的要求，联邦环保局通过公司环境审计的方式来帮助企业守法并及时发现所有

[20] 参见邢飞龙:《一处失信，处处碰壁，“要我改”变成“我要改”——江苏探索环保信用联动机制》，载《中国环境报》2016年8月30日，第6版。

[21] 参见宋子义、白雯雯:《关于企业环境审计问题的研究》，载《中国内部审计》2011年第1期。

不守法的行为”[22]。美国环境审计体制创设了能够确定企业环境绩效的标准和程序，它覆盖的范围不仅包括企业遵守现行规制要求的情况，而且包括企业所削减的残留物高于法律要求和程度，或者企业针对法律尚未规制的残留物进行规制。[23] 在欧洲，环境审计也大量地展开，并且取得了相当可观的效果。而环境审计制度，其实质是利用中介组织的力量来发现企业环境管理中存在的问题，参与到环境治理过程中。

其次，环境认证制度。国际标准化组织（International Standards Organization）1993 年通过了“新环境管理与审计指南”（New Environmental Management And Auditing Guidelines），即通称为 ISO14000 标准，希望能通过这样的环境认证标准来引导企业建设环境管理体系。[24] 其中的 ISO14001 标准指的是“环境管理体系—规范及使用指南”，该标准不是排放污染物的限制指标，而是环境管理体系的规范化标准，但 ISO14001 中最主要的要素（如环境方针、环境因素、环境目标和指标、法律、法规要求及运行控制及监测）都要符合国家或地方的法律、法规、标准，特别是对尚未达标的企业来说，建立环境管理体系的首要目的就是促使组织完善各项管理措施使组织尽快达标。[25] 因此，环境认证是对企业是否具备环境管理制度以及是否符合环境法律要求的基本评判标准，参加这一标准的认证是对企业合规的一个重要考验。

从环境合规的角度看，这些认证工作是企业的自愿行为，一旦企业获得了这种认证，对于企业的社会声誉、商业信誉和与政府的关系都具有非常正面的评价。因此，企业特别是一些大企业有足够的动力来申请这种环境认证。这也会促使这些企业加强自身的环境管理体系的建设，提高环境管理水平和环境

---

[22] Ridgway M. Hall, The Evolution and New Directions in Environmental Auditing and Compliance Management, 24Natural Resources & Environment.3 (2009) .

[23] 王慧编译:《美国环境法的改革》，法律出版社 2016 年版，第 101 页。

[24] 参见邓可祝:《环境守法导则：一种新型环境合作治理模式》，载《厦门大学法律评论》2016 年春季卷。

[25] 参见汪劲:《环境法学》，北京大学出版社 2014 年版，第 156 页。

守法水平，而这些都是合规制度的应有之义。

最后，环境影响评价制度。环境影响评价制度是对企业的生产经营行为的环境影响进行评估的一种制度，本来与环境管理制度没有太大的关系，但是在现实生活中，环保部门为了提高企业环境保护水平，一般会在环境影响评价阶段就对企业的环境管理制度提出要求与建议，这样可以强化企业的环境管理水平，从而保证其环境合规。环境影响评价机构，在环境影响评估报告中，也会针对企业环境管理问题提出相应的要求，这也是一种合规制度要求，包括企业环境技术方面的要求和企业环境管理要求。

四、企业环境合规制度的合作理性

从制度演进的背景看，企业环境合规体现了不同主体共同参与环境治理的思想，是一种环境合作治理新模式，标志着环境管制向环境治理的转变。在环境管制阶段，政府是执法者，企业是被规制者。而在环境治理阶段，不能仅仅依赖政府单方面实施环境法律，还需要社会其他主体发挥不同的作用。而企业环境合规制度，就是在企业的自我规制之下，再由政府、中介机构和社会公众共同作用的一种合作治理，属于自制与他制的统一，具有环境合作治理的显著特征。

（一）自制与他制的原理

企业自制，又称为企业的自我规制（self-regulation），是国家利用社会私人主体的自律性行为间接达成规制目的的手段，用以协助国家完成公共任务。[26] 传统的环境规制，虽然对解决环境问题起到了良好的作用，但环境规制也面临“规制失灵”的困境，存在规制僵化、规制成本过高、规制俘获等现象，导致了环境法的低效。随着回应型法理论、反身性法理论、治理理念、基

[26] 参见高秦伟：《社会自我规制与行政法的任务》，载《中国法学》2015 年第 5 期。

于管理的规制等理论的兴起，企业的自制不仅成为企业的一种追求，而且也成为理论关注的对象，企业管理制度得到了极大的重视。企业环境合规制度，是企业自制的体现。在自制理念与制度之下，企业合规制度得到建立并发挥着作用。但这种自我规制也不完全是一种自愿的，现代的自我规制是一种“强制性自我规制”（enforced self-regulation），[27]既有法律对企业合规性的要求，也有合规性的具体标准，从而形成了一种相对系统的规制体系，以克服纯粹自我规制的不足。

外部他制是针对企业自制而言的。除了企业的自制，外部一些因素也对企业自制产生了有效的作用，可以弥补单纯企业自制在实效性方面的弊端。外部他制主要包括政府规制和中介组织及社会公众的影响，之所以出现这些外部的他制，是因为现代环境规制出现了新的发展形式。就政府环境规制而言，传统环境规制是一种命令控制型的规制，具有强制性和刚性的特点，随着环境规制的转型，环境规制出现了新的变化，出现了弹性规制，即规制手段和规制方式都在变得更加灵活。环境规制不再局限于行政许可与行政处罚，而是出现了诸如劝告、指导、协助、公共警告等弹性规制方式。就中介组织的规制来看，中介组织也可以凭借其专业技术性获得规制能力和规制资格，这是一种社会规制的方式；社会规制是现代社会的普遍现象，环境领域的中介组织规制是督促与帮助企业合规的一种方式。

（二）环境合规制度的企业合作理性

企业是生产经营者，对于环境的影响也是最直接的，从合规制度上来看，企业之所以投身于环境合规，是由于以下因素导致的。

首先，企业具有环境保护的意愿。威慑模式认为企业作为一个理性污染者，在环境保护上并没有一定的价值偏好，他们只是纯粹的成本效益计算者。但实际上，随着社会的发展，企业的观念也在不断地发生变化，企业环境保护

[27] 高秦伟：《社会自我规制与行政法的任务》，载《中国法学》2015年第5期。

意愿不断增强，企业社会责任理论已经成为许多现代企业的行为指南，甚至出现了企业环境主义理论。企业社会责任理论要求企业必须善待员工、社会和环境，积极投身于环境保护事业。基于这一背景，一些企业保护环境的意愿在不断提高，建立企业环境合规制度已经成为许多企业的共识和积极的行动，许多企业建立了环境合规制度，并且每年发布的企业社会责任报告，环境保护都是其重要的内容。

其次，企业环境合规也会受到外部条件的影响。企业面临的外部环境保护压力，也会促进其产生合规的需求。随着社会环境意识的不断增强和环境规制的日益严格，企业面临日益增强的环境守法压力，为了更好地应对社会的压力，企业会主动积极地改进自身的环境保护水平，而环境合规就是提高环境保护水平的一项重要工作。而且，就环境合规制度而言，政府和其他社会主体在这方面的努力也是一种外部条件：一方面，企业自身也存在环境合规能力不足的问题，政府和其他组织可以提供相应的帮助与指导，对其合规制度建设形成促进作用；另一方面，政府通过激励机制，也引导、鼓励企业建立企业环境合规。在政府和其他主体的积极作用下，企业更有动力来建立环境合规制度。

最后，企业环境合规是环境法律的一种内化。一种法律制度只有内化，才能真正发挥其效果。在环境法历史上，由于单向的命令控制模式存在局限，出现了反身性环境法，因为“法社会学上的反身法理论承认法律认知能力的局限，强调受规制的自我规制，为突破当前环境规制的瓶颈提供了一个新路向”[28]，而“反身法的主要功能在于运用有效的内部控制结构，取代外在的干涉控制”[29]。具体而言，“反身性环境法的目标是在商业内部建立自我反应的程序，鼓励如何减少环境损害和最大化环境利益”[30]。反身性环境法的基本表现就是企业针对本企业的具体问题，根据环境法的要求建立相关环境管理制度，以预防、减少和发现环境违法，确保企业的行为符合环境法律的要求。随

[28] 谭冰霖：《环境规制的反身法路向》，载《中外法学》2016 年第 6 期。

[29] 高秦伟：《社会自我规制与行政法的任务》，载《中国法学》2015 年第 5 期。

[30] Eric W. Orts, Reflexive Environmental Law, 89Northwestern University Law Review.1227 (1995).

着生产技术的日益复杂化与多样化，“企业比政府更了解工作的风险与控制方法”[31]。环境法方面更是如此，企业最了解自己生产经营过程中可能出现的环境问题，也能够更有效地发现自身环境问题产生的环节，建立相应的制度来预防与填补这些漏洞，真正起到事先预防的作用。企业环境决策与环境管理制度，可以更好地进行环境决策与管理，体现了环境法的预防为主的原则，有利于在企业环境决策和环境管理的前期形成预防和发现环境违法的制度性力量。在反身性环境法下，环境治理超越了单向性命令控制模式，取得了良好效果，即“反身性环境法将工业和其他中间组织纳入，共同为环境保护而奋斗。一些工业已经开始积极地解决环境问题，超出了实体规制的守法要求”[32]。

（三）环境合规制度的政府合作理性

首先，政府需要企业建立环境合规制度。从理想状态而言，政府通过严格的环境执法就可以发现所有的环境违法，保证环境法的实施，实现环境保护目标。但实际上，这只是一种幻想，在现实中很难实现。因为环境执法要投入相应的人力物力，需要耗费大量的社会成本。而从目前现实来看，虽然我国环境执法力量已经有了长足的进步，但仍然面临执法力量不足的困境，尤其是当前环境执法的任务不断扩大，环保部门可以说是疲于奔命，执法疏漏就在所难免。从最理想的状态来说，即使完成了环境法的规定目标，也不一定能保证良好的环境。一方面，要保护环境，就必须使污染排放控制在环境容量之内，即环境法应该是一种总行为控制模式，而我国环境法虽然已经有部分总行为控制模式的特点，但主要依然存在大量的行为控制模式，而且总行为控制制度也缺乏一定的制度支撑，因而环境保护效果欠佳。[33]另一方面，制定环境法时，必须考虑到大量的中小企业的技术水平，环境保护标准不能过高，一些企业守法也不能保证环境保护水平。而且，严格环境执法，会导致执法中行政机关与企

---

[31] 高秦伟：《社会自我规制与行政法的任务》，载《中国法学》2015 年第 5 期。

[32] Eric W. Orts，Reflexive Environmental Law，89Northwestern University Law Review.1227（1995）.

[33] 参见徐祥民：《论我国环境法中的总行为控制制度》，载《法学》2015 年第 12 期。

业之间的强烈对抗，实践证明过度的对抗性会造成双输的结局，即导致规制者与被规制者在立场上呈现对立的僵局，影响治理效果。[34]在美国国家绩效评估委员会看来，传统命令—控制规则制定的根本性失败在于，这一模式存在太过“对抗性”的缺陷。[35]如果企业能强化环境合规制度，不仅可以实现政府与企业的双赢，也可以提高环境保护水平，因为合规制度可以预防和及时地发现环境违法，避免环境污染事故的发生，而一旦发生污染事故会造成不可逆转的环境破坏。因此，政府通过与企业的合作，实现企业环境合规，是将环境执法的力量部分转移到企业环境合规制度建设上，是一种预防性的思维，更符合环境法这样坚持预防为主原则法律的特点。

其次，政府具有促进企业环境合规的条件。企业环境合规，并不完全是企业的一种自主行为，而是政府在制度设计上有意识地引导的结果。各国政府在环境合规方面都发挥了有效的作用。例如，在1986年美国联邦环保局就发布了环境合规的政策声明，后来这样的政策声明与指引大量出现、不断完善，直到最近发布的“下一代环境守法”这样的政策声明。政府的作用方式主要有：一是指导的方式，即帮助企业在合规方面的制度建设，由于环境法律数量巨大，对于企业来说是一项沉重的负担，政府在这方面可以向企业提供大量的指导，帮助企业更好地掌握环境法律和政策，避免企业因为不了解环境法律而违法。二是激励的方式，在环境合规制度中，会出现一个悖论，即企业如果严格地进行合规制度建设和环境审计，并及时报告企业环境违法，就会导致自身的违规行为被行政机关或者是社会发现，从而导致受到惩罚，这实际上是一种自证其罪的行为，一些企业会因此产生顾虑，不愿意建立合规制度特别是不愿意公开自身的违法行为。为了鼓励企业建立合规制度，一些国家建立了合规豁免制度，即当企业建立了环境合规制度后，如果企业存在一定的违规行为并公开的话，可以减轻或者免于处罚，这样就提高了企业建立合规制度的积极性，是

[34] 参见高秦伟：《社会自我规制与行政法的任务》，载《中国法学》2015年第5期。

[35] 参见〔美〕基恩·韦哈恩：《行政法的“去法化”》，宋华琳译，载罗豪才、毕洪海编：《行政法的新视野》，商务印书馆2011年版，第21页。

一种非常有效的激励制度。三是威慑的方式。威慑作为一种执法手段，虽然不是万能的，但也是必不可少的。威慑手段的运用，表现为对未能建立合规制度的企业，加强执法强度，对于发现的问题，不予减轻或者是豁免，而是加大其处罚，通过这样的威慑，也可以促进企业有效地建立合规制度。运用这些不同方式，可以从不同的方面来促进企业建立环境合规制度。

（四）环境合规制度的第三方合作理性

在现代社会，各类中介组织大量出现，在环境治理中也发挥着越来越重要的作用。在企业环境合规制度中，中介组织可以对企业的环境合规进行评估、提出建议并进行审查，对企业环境合规制度起到了监督、审查与帮助的作用。这类的社会中介组织有许多，如环境审计机构、环境认证机构、环境评估机构和环境监测机构等，下面主要研究环境审计机构与环境认证机构在企业环境合规方面的功能。

环境审计机构，主要是一些专业会计师事务所，他们进行的是一种环境审计，通过环境审计，可以发现企业环境管理和环境行为中存在的问题，从而帮助企业改进环境管理、促进企业合规。而环境认证主要是ISO14001环境认证，是由专门的环境认证机构来对企业是否符合环境管理要求而作的评价。这两类机构对于企业的环境合规的作用体现在：一是评估机构的中立性。评估机构是一种社会中介组织，其对于企业的环境评估主要依据比较严格的评定标准和程序进行，这样的中立性机构，独立性与权威性相对较高，其结论相对更为可靠，通过审计和认证的企业更容易在国际贸易中获得优势地位。二是评估机构的专业性。在现代社会，各类的环境审计方法已经较为成熟，而评估机构在这方面的专业性非常明显，他们可以迅速而有效地作出评估结论，对企业的环境合规制度作出评价。三是市场选择性。这些专业评估机构，都是市场的组成部分，要经过市场的竞争考验，更具有灵活性。可见，专门的环境审计和认证机构，对于企业的环境合规制度，具有监督和促进作用，是社会力量对企业环境合规的积极作用。这些审计和认证，对于企业的生产经营活动也具有相当的正面作用，例如获得了 ISO14001 环境认证的企业会获得良好的社会评价和市场优势，这些审计与认证有利于形成企业环境合规氛围，促进企业环境合规制度建设。

总之，企业环境合规制度，体现了一种环境合作治理的思想，即这一制度是政府规制、企业自我规制和社会其他主体的规制相互作用的体系。在这一体系中，不同的主体共同发挥作用，体现了在环境法治中的沟通与协商，是一种生态实践理性在企业环境合规制度中的体现。正如柯坚教授所言：生态实践理性来自环境与资源开发、利用和保护的社会实践活动，特别是社会主体之间以社会对话、沟通与协商为基础的社会建构。[36]在这样的社会建构过程中，不同的主体共同发挥作用，以合作共治代替了行政管制，是环境法发展的一个重要趋势。

五、通过自制与他制的互动实现企业环境合规

综上所述，企业环境合规制度对于提高企业环境管理能力和企业环境守法能力，都具有重要的作用。但在我国，环境合规制度还只是初具雏形，企业环境合规制度的全面建设还面临一系列问题。目前，我国企业环境合规制度建设还非常薄弱，需要发挥其自制与他制的互动来促进环境合规制度的建设，并保障其实效性的实现。

在企业合规制度建设中，需要发挥企业自制和社会他制的作用。企业的自制，需要企业有建立和实施合规制度的意愿，同时也有建设合规制度的能力。而他制，则通过对企业的作用也发挥引导、帮助、监督的功能，促进企业的合规建设。因此，本部分将围绕企业这一中心，来研究自制与他制对企业环境合规意愿和能力的作用。

---

[36] 参见柯坚：《环境法的生态实践理性原理》，中国社会科学出版社 2012 年版，第 7 页。

（一）增强企业的环境合规建设意愿

首先，提高企业的环境意识与社会责任意识。合规制度不仅是建立一套静态的制度，而且是要求这一制度能够得到有效的遵守，形成合规文化，从而保证这一制度得到良好的实施。这些都有赖于企业树立强烈的环境意识，主要是现代企业的社会责任意识。现在许多企业已经建立了企业管理体系，并得到了有效的实施。[37]能做到这一点，主要是基于企业的社会责任意识。因此，增强企业环境合规意愿，在企业内部树立社会责任意识是企业环境合规制度的重要环节。

其次，强化法律在合规建设上的要求。在环境法中，应重视企业环境合规建设。目前，我国企业环境合规方面的法律对企业环境合规制度的要求还比较零散，需要对这些法律规范加以整合，形成系统性的企业环境合规法律规范。从理想状态来说，应该通过立法，明确企业环境合规建设义务，并对企业环境合规制度的内容作出全面规范，主要包括：企业环境保护机构与人员方面、企业生产经营环节环境管理制度、治污设施运行管理制度、法律规定的节能减排与清洁生产管理制度、应急预案制度、环境违法发现与报告制度等。但制定这样的立法是非常困难的：一是不同企业环境合规制度的内容存在区别；二是企业的类型不同，环境合规制度的建设能力是不同的。因此，需要根据企业的类型、规模进行差异化的立法（详见下文）。

最后，强化环境执法。环境执法，不仅可以对企业形成威慑，促进其建立合规制度；而且可以确保企业之间的公平竞争。企业建立环境合规制度的意愿不足主要是两个原因：一是环境合规制度的建立和运行，会提高企业的生产经营成本；二是建立环境合规制度可能会在同行竞争中处于不利局面，虽然企业环境合规成本可以在企业的产品中加以列出，但由于这一制度并不是强制性制度，与没有建立合规制度或者不严格执行合规制度的企业相比，实行合规制

---

[37] 参见邓可祝：《管理导向的企业自我环境规制研究》，载《郑州大学学报》2017 年第 4 期。

度企业的成本会高于其他企业，会导致劣币驱逐良币的后果。而强化环境执法，一是可以提高企业的违法成本，避免企业因违法而获利，迫使企业重视环境合规制度；二是可以加大没有建立合规制度的企业的违法成本，保证企业之间的公平竞争。这些都可以提高企业环境合规建设的意愿。更为关键的是，为了激励企业建立环境合规的意愿，政府可以在对建立合规制度的企业进行豁免，而加大对没有建立合规制度的企业的检查与处罚的力度，这样可以从正反两方面增强企业建立合规制度的意愿。

（二）提高企业环境合规建设的能力

首先，保证合规法律的可行性。由于合规制度和合规文化在我国还是一个比较新型的制度，而且一些中小型企业在这方面的能力有限，所以法律在规定企业建设环境合规制度时，应注意其可行性。第一，法律只规定一些有重要环境影响的行业必须建立合规制度，其他行业或者产业由环保部门或其主管机关根据需要来加以规范。第二，先对重要行业或者企业建立环境审计制度，通过环境审计制度来加强企业的环境合规建设，将环境审计作为环境合规制度的突破口。具体的步骤可以是：一方面，加强环境审计法律、法规建设；另一方面，补充立法，尽快补充原有法律中未作规定和授权的内容，适当扩大审计部门的权限。另外，制定具有可操作性的环境审计工作细则，使环境审计内容、范围、程序和方法等制度化，提高环境审计工作质量。[38]

具体而言，企业环境合规制度建设方面应分阶段、分步骤进行：第一，根据企业的类型作出不同的要求。对于大型企业和对环境有较大的潜在危险的企业，应进行强制性的合规要求，而对于中小企业特别是小型企业，则不强制其建立环境合规制度，只要其保证行为合法就可以，中小型企业主要是对违法行为的制裁，但鼓励其进行合规制度建设。通过类型化的处理，可以激发不同企业的积极性，既有可行性又有必要性。因为“有效的中小企业环境规制政策

[38] 参见宋子义、白雯雯：《关于企业环境审计问题的研究》，载《中国内部审计》2011年第1期。

应是既能对企业提供充分激励，又能帮助中小企业克服治污能力约束的政策，即同时满足参与约束和激励相容约束的政策”[39]。对其采取较为灵活的政策，有利于其发展。第二，对于必须建立环境合规制度的企业，也应该有步骤地逐步实施合规建设，可以先从有条件、有影响力的企业开始，然后向其他企业拓展，这就具有了试点的性质，可以在实践中积累经验，以更好地解决在实践中出现的问题。

其次，重视政府对环境合规制度的指导。在合规制度建设中，应特别加强政府的作用。“随着新《环保法》的颁布实施，绝大多数企业的环境保护意识都有所增强，环境守法情况趋好”[40]，但企业对于合规制度的建设还存在能力不足的问题。合规建设是一个非常复杂的工作，不仅涉及专业技术，而且涉及法律政策和管理制度，对于绝大部分的企业来说都是一个考验，需要政府发挥指导与帮助作用。在现代行政法中，政府不仅具有维持社会秩序这样的消极功能，还有积极向社会提供福利与服务的积极功能。第一，政府制定体系化的合规制度样本，通过合规制度样本来帮助企业在这方面的发展，目前我国的守法导则已经具备了这样的雏形，但还不是完整的合规指南。在其他领域，例如反垄断法领域，政府作出了许多的反垄断的指引，这些指引告诉企业什么是垄断，如何避免产生垄断，并避免受到反垄断处罚。而在环境法领域，政府的主要工作就是告诉企业，企业在环境保护上的权利义务是什么、企业如何去做、企业如何开展环境管理制度建设等，通过这些做法，企业可以减少环境合规建设的成本，在环境合规建设方面更加有积极性。第二，提供政策声明和技术政策，所谓政策声明，指的是政府对于环境守法与环境违法的态度，这可以作为企业合规制度的背景和动力；而技术政策是一种专门性对某些专业技术提供的指导，这对于企业了解专门技术的发展方面，无疑具有重要的指引作用，可以提高企业的合规效率。第三，根据需要及时进行法律解释。在社会发展过程

---

[39] 郭庆:《治污能力制约下的中小企业环境规制》，载《山东大学学报》2007 年第 5 期。

[40] 童光法:《企业环境守法的进展与问题分析》，载《中国高校社会科学》2016 年第 4 期。

中，对于一些行为，需要通过解释来向企业告知，以避免其因为不知法律的具体含义而违法，因此法律解释也是保证企业环境守法的一种方式。例如环保部在（环函〔2008〕308号）对"其他规避监管的方式排放水污染物"的认定，这一解释不仅可以帮助基层环保部门的执法，而且也可以帮助企业充分理解这一行为在行政机关的真正含义，有利于今后在这方面的合法。由于这些守法导则、技术政策、法律解释等会逐渐增加，会逐渐形成一个繁杂的体系，这就会增加检索上的困难，为了提高检索的便捷性，行政机关应对这些规范及时地进行立、改、废，并形成一个数据库，便于企业迅速地检索到相应的资料，提高其环境合规能力并减少其建设环境合规制度的成本。

最后，加强环境中介组织的建设。目前我国环境中介组织的发展较快，一些组织的规模和能力也得到了提高，但需要加强监管。特别值得注意的是，环境审计无论在规模还是能力方面都不能满足社会的需要，"由于我国企业环境管理的落后，作为环境管理重要组成部分的内部环境审计几乎没什么发展，企业环境审计目前多处于试点阶段"[41]。存在的问题主要有：第一，我国在环境审计和环境认证上刚刚起步，对于整体的环境审计与环境认证能力还有限，无法满足我国大量企业的审计与认证的要求，正如有学者指出的：我国还缺乏一支由复合型专业人员组成的环境审计队伍。[42]第二，环境审计和环境认证机构具有较强的趋利性，他们能否公正、客观地进行环境审计和环境认证，如何加强对这些中介机构的监管也是非常迫切的一个任务。这些因素都会制约环境合规制度的建设。

因此，政府还需要加强环境中介机构的建设与监督。一方面，加强对各类环境中介组织的监督与帮助，保证其中立性与公正性，防止市场失灵演变为中介组织的失灵；另一方面，加强对中介组织的帮助，特别是环境审计方面，需要加强我国环境审计队伍的建设，促进环境审计事业的迅速发展，以满足企

[41] 王晶晶：《我国企业内部环境审计的问题探讨》，江西财经大学2009年硕士学位论文。

[42] 参见狄雅肖、傅尧：《借鉴外国先进经验完善环境审计制度》，载《经济论坛》2016年第10期。

事业环境审计的发展。当然，同时也应保证环境审计依法独立、公正客观地开展环境中介服务，加强对环境审计的监督，防止其进行虚假审计、误导社会，对环境合规制度造成不利影响。

（三）完善合规制度的激励机制

首先，重视对合规行为的守法激励。在没有环境合规制度之前，企业的违法行为如果没有被行政机关发现，就不会受到处罚，而在企业建立合规制度特别是环境审计制度后，企业应主动报告或者公开环境违法行为，这样企业的违法行为被处罚的概率就会大大增加。但是，这会减弱企业建立环境合规制度的意愿。针对这一现象，政府应建立激励机制，通过激励来提高企业建立环境合规制度的意愿。

这种激励包括多种形式：一种是对于建立环境合规制度的企业，可以通过减少执法次数的方式来激励；另一种是对于在环境审计中发现环境违法行为，可以给予责任豁免。以美国企业犯罪的罚金刑为例，法院对于设有有效合规计划的企业可减轻高达 95% 的罚金。我国也可以借鉴这方面的经验，对于主要发现问题并及时纠正问题的企业，即使存在违法的情形，也可以不予追究或者是减轻追究其法律责任，这是对企业环境审计的激励。还有，豁免企业主动报告的环境违法行为，在企业环境合规制度中包括违法发现报告制度，即企业自主地报告环境违法，如果这作为处罚依据，则企业实际上是在自证其罪（违法），也是不公平的，因此，可以对这些企业的主动报告违法行为的预防免于处罚或者减轻处罚的激励。

其次，重视对合规行为的经济激励。企业也可以将环境合规作为一种商业策略，通过公布自己的合规计划或者是合规记录，向社会宣传在环境合规方面的成就，从而获得商业利益，这也是一些企业重视其社会责任、积极开展合规建设的原因。随着全社会环境意识的增强，人们也会利用经济行为来对环境合规的企业进行激励，这种激励也对企业合规制度的建立起到了促进作用。主要的消费激励方式有政府采购、商业采购、普通消费者的购买。

为了保证这一激励方式的有效性，需要政府部门加强绿色采购，商业部门重视绿色供应链，消费者重视绿色消费，通过这些方式，可以提高企业建立合规制度的积极性。当然，要做到这一点，应保证两个方面的要求：一是全社会提高环境保护意识，政府和企业建立绿色采购制度，而消费者树立绿色消费意识。二是重视环境信息公开制度。这里的环境信息公开，主要公开企业的环境合规信息，从而形成整个社会对企业环境合规的预期与压力。通过环境信息公开，在消费者中产生一定的影响，最终影响到企业的生产经营和利益。

论文争鸣

债权让与通知主体界定的逻辑演进

扈艳　王湘淳

内容摘要　债权流转的相关规则应与本国的物权变动模式相适应。我国采债权形式主义的物权变动模式，该原则在债权让与中的体现即区分债权让与合同与债权让与（债权转移）。债权形式主义模式要求权利变动需通过一定方式进行公示，在债权让与中即为通知。债权的核心权能是给付请求权，《合同法》第 80 条中“对债务人不发生效力”导致的实际效果即债权未发生转移，通知是债权转移的生效要件。受让人依据债权让与的合同权利有权通知债务人，这在我国具备解释论上的可行性，同时回应了以债权转让为基础的交易模式激增的现实需求，顺应了债权让与的发展趋势，也在一定程度上抑制了债权人肆意毁约、一债数卖的倾向，维护了诚实信用原则。

关键词　债权让与　债权让与合同　区分原则　通知主体　受让人

我国现行关于债权让与通知主体的界定规则集中体现在《中华人民共和国合同法》（以下简称《合同法》）第 80 条第 1 款之中：“债权人转让权利的，

作者单位：教育部人文社科重点研究基地中国人民大学民商事法律科学研究中心，中国人民大学法学院。

应当通知债务人。未经通知，该转让对债务人不发生效力。”[1]在不进行扩大的文义解释下不难得出，我国债权让与的通知主体仅限于债权人（让与人）的结论。然而在资产证券化及债权作为融资支付工具流转日益频繁、经济效能日益显著的当下，将债权让与中通知的主体仅限定于债权人无论从当事人保护利益的角度还是从促进交易的现实需求来看，都已显得越发捉襟见肘。本文拟从现实案例出发，揭示债权让与通知主体仅限于债权人（让与人）的重大弊端，反映现实对于扩大债权让与通知主体的需求，并以此为起点，以债权让与和债权让与合同的区分、通知效力的认定为节点，试图展现合理界定债权让与通知主体的逻辑演进过程。

一、问题的提出

2014 年 12 月 28 日，Z 银行与甲公司签订《流动资金借款合同》及补充协议，约定 Z 银行向甲公司提供借款 29160 万元，自然人杨某为借款提供连带责任担保。后甲公司未能按时还款，2015 年 3 月 27 日 Z 银行向人民法院提起诉讼。2015 年 6 月 29 日，Z 银行与 S 省金融资产管理股份有限公司（以下简称资产管理公司）签订《不良资产批量转让协议》，将上述债权转让给资产管理公司。2015 年 7 月 2 日，资产管理公司与乙公司签订《债权转让协议》，约定将上述债权转让给乙公司。2015 年 6 月 24 日，乙公司与 Z 银行签订《债权委托清收协议》，约定乙公司委托 Z 银行协助对其上述债权进行管理清收。2015 年 9 月 6 日，乙公司与 Z 银行再次签订《债权清收协议》，内容与之前一份基本一致。2015 年 7 月 23 日，Z 银行以自身名义向甲公司及自然人杨某的共同住所地法院提起诉讼，诉讼中，甲公司及杨某表示虽然 Z 银行未通知其债权让与事务，但乙公司已在此期间进行了通知，且其已知晓该债权被让与，

[1] 有学者从解释论的角度指出该条款存在开放和隐藏的法律漏洞，并论证应对该条款进行扩大解释，参见方新军：《合同法第 80 条的解释论问题——债权让与通知的主体、方式及法律效力》，载《苏州大学学报》（哲学社会科学版）2013 年第 4 期。

遂其以债权转移已经生效，Z 银行系非适格当事人为由进行抗辩。Z 银行则认为债权让与因未通知债务人而未生效，自己系本案适格当事人，甲公司及杨某仍应向自己清偿债务。

本案焦点简单而明确：Z 银行是否是本案适格原告，该债权让与是否有效。对于该问题的判断需要经过一系列的价值判断选择与解释论上的逻辑推演。要判断该案中的债权让与是否有效，即判断债权是否已经发生转移，则需返寻债权让与的生效要件，尤其是债权让与通知是否影响以及在何种程度上影响债权让与的效力。要确定债权让与通知的效力，则还需返寻债权让与的性质、厘清债权让与的法律构造。一般情况下，债权让与的现实构造可根据发生时间先后以下图表示。

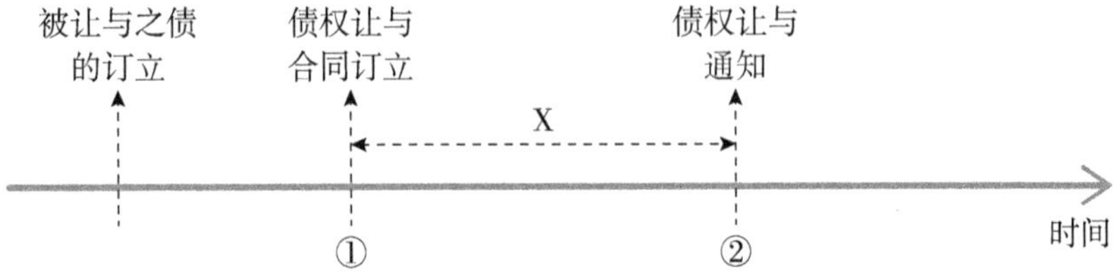

图 1　债权让与的现实构造

根据图 1 可知，债权让与过程中重要的时间节点有①②两个。若不区分债权让与和债权让与合同的概念，则在①处，债权让与合同生效旋即发生债权让与；若区分债权让与和债权让与合同且通知作为债权让与生效要件，则在②处发生债权让与。是故，若要确认本案中债权让与是否已经发生，需要解决以下三个问题：第一，是否区分债权让与与债权让与合同；第二，债权让与通知是否是债权让与的生效要件；第三，债权让与通知的主体范围如何。行文依此展开。

二、债权转移过程中应贯彻区分原则

（一）区分原则的适用范围

区分原则最初是物权变动中的重要规则。其主要内容是：“将负担行为

（债权行为）与处分行为（物权行为）区分开来，他们二者是分离的，是两个相互独立的法律行为，有各自的成立与生效要件。”[2] 在我国债权形式主义的物权变动模式下，其演化为区分物权变动的原因行为与物权变动行为：以物权变动为目的的原因行为，自合法成立之时生效，该原因行为本身不直接导致物权变动，物权变动需要有效的原因行为和相应的公示方法共同作用，[3] 并在我国《物权法》第15条得以规定。[4]

此后，区分原则逐渐在我国的权利转让（变动）方面得到广泛运用。在股权方面，由我国《公司法》第71条[5] 的规定可知，我国区分股权转让协议与股权转让，股权转让协议生效并不当然导致股权变动。同时最高人民法院于2011年发布的《关于适用〈中华人民共和国公司法〉若干问题的规定（三）》确立的股权善意取得规则、外商投资企业法和金融法创设的有关股权转让的限制规则以及《公司登记管理条例》等规定的股权变更登记的具体规则，都以股权转让协议与股权转让区分为前提。在知识产权方面，以商标法为例，由我国《商标法》第42条[6] 及《商标法实施条例》第31条、第32条[7] 之规定可以看出，我国区分商标转让协议与商标转让，商标转让协议生效并不必然导致商标权转让，只有在经过公示程序登记后，受让人才享有商标专用权。由此可见，区分

[2] 马俊驹、余延满：《民法原论》，法律出版社2009年版，第298页。

[3] 参见崔建远、韩海光：《债权让与的法律构成论》，载《法学》2003年第7期。

[4]《中华人民共和国物权法》第15条：“当事人之间订立有关设立、变更、转让和消灭不动产物权的合同，除法律另有规定或者合同另有约定外，自合同成立时生效；未办理物权登记的，不影响合同效力。”

[5]《中华人民共和国公司法》第71条第2款：“股东向股东以外的人转让股权，应当经其他股东过半数同意……”

[6]《中华人民共和国商标法》第42条：“转让注册商标的，转让人和受让人应当签订转让协议，并共同向商标局提出申请。……转让注册商标经核准后，予以公告。受让人自公告之日起享有商标专用权。”

[7]《中华人民共和国商标法实施条例》第31条第1款：“转让注册商标的，转让人和受让人应当向商标局提交转让注册商标申请书。转让注册商标申请手续应当由转让人和受让人共同办理。商标局核准转让注册商标申请的，发给受让人相应证明，并予以公告。”第32条第3款：“商标移转申请经核准的，予以公告。接受该注册商标专用权移转的当事人自公告之日起享有商标专用权。”

原则区分权利变动的原因行为（一般为转让合同）与权利变动本身的规则设计在我国立法上得到广泛认可，若在债权让与领域贯彻区分原则，被区分的对象应为债权让与合同与债权让与（转移）本身。另外，需要说明的是，本文所指称的债权让与，一般为指名的债权让与，商事规则有特别规定的遵循特别法优先原则，适用商事规则，不在本文讨论范围之内。

（二）学界对债权转移过程中区分原则适用的态度

学界关于债权转移过程中区分原则的态度，与对债权让与性质的认识密切相关。关于债权让与的性质，较有代表性的有以下观点。

1. 合同说。该说认为债权让与本质是以债权转让为内容的合同，不承认债权让与合同与债权让与的区分，并认为债权让与中债权因让与合同的生效而直接发生转移。[8]该种认识秉持的是债权意思主义的物权变动模式，合意达成直接债权直接转移。立法例上以法国法为代表，其将债权转让合同作为买卖合同的特殊形式，规定在《法国民法典》“买卖”分编中，以专章（第八章）特别规定，适用与物权变动共同的权利移转模式。

2. 准物权合同说。[9]该说认为债权让与中债权移转的效果基于债权让与协议而发生，但是这里的“债权让与协议”并非我国通说意义上让与人与受让人实际签订的以债权转移为内容的债权让与合同，而是在区分负担行为与处分行为的语境下德国法意味十足的准物权合同。它意味着在让与人通过买卖或赠与等合同关系（原因行为）将其债权转让给受让人的同时，让与人与受让人之间又达成了一个合意，即债权让与协议，该协议独立于其原因行为，且有无因性，即便原因行为被宣告无效或被撤销，该协议仍然有效。该说秉持的是物权形式主义的物权变动模式，合意达成并不导致债权转移，必须有类似物权行为理论中的物权行为亦即此处的“债权让与协议”生效才发生物权变动。此种学

[8] 参见崔建远、韩海光:《债权让与的法律构成论》，载《法学》2003 年第 7 期。

[9] 参见尹飞:《论债权让与中债权转移的依据》，载《法学家》2015 年第 4 期。

说以德国和我国台湾地区为代表，如“谓不害债权之同一性，而以其移转为内容之准物权契约”[10]。在该说之下，无疑是承认区分原则的，诚如我国学者指出的：“他们所谓‘债权让与契约（协议）’对应着中国现行法上的‘债权让与’，他们所谓的‘原因行为’或‘基础行为’对应着中国现行法上的‘债权让与合同’。”[11]显然，该学说在与我国不同的物权变动模式语境下展开，对于处分行为与负担行为的学术路径依赖严重，可以说在我国《物权法》制定过程中就已然对此种学说选择了摒弃。

3. 债权让与通知说。[12]该说在一定程度上受准契约说的影响，较为充分地接受了区分原则，并与我国的物权变动模式更为契合。该说特别强调：“就《合同法》第 80 条第 1 款的文义而言，其一，关于债权移转的时点，我国法并未如《德国民法典》第398条等那样，明确宣示为债权让与协议生效时；其二，债权让与对债务人发生效力，以通知为要件；其三，债权让与通知的主体为债权人。”[13]

（三）债权转移过程贯彻区分原则的正当性

综观以上三种学说可以发现，虽然他们对于区分原则的接受程度不同，但是他们的逻辑演进中却遵循着一个共同的原则：债权让与规则设计应与本国的物权变动模式相适应。这种协调并非出于学者体系化思维的理论偏好，亦非类型化思维的路径依赖，而是基于债权物权化、财产性质日益突出的客观现实。

随着近代继受罗马法的大陆法系各国资本主义经济勃兴，“债权财产化”的现象逐渐普及，债权（尤其是金钱债权）成为完全而独立的纯粹财产权，具

[10] 史尚宽：《债法总论》，中国政法大学出版社 2000 年版，第 701 页。

[11] 崔建远：《合同法》，北京大学出版社 2016 年版，第 243 ～ 244 页。

[12] 参见尹飞：《论债权让与中债权转移的依据》，载《法学家》2015 年第 4 期。

[13] 尹飞：《论债权让与中债权转移的依据》，载《法学家》2015 年第 4 期。另，虽然该说承认了区分原则，但就此得出的债权让与通知主体仅应为债权人（让与人）的结论，笔者并不赞同，留待后文详解。

有高度流通性。[14]“如果有人问我们是谁完成了对人类财富最为影响深远的发现，我们认为，在深思熟虑之后，我们可能会较有把握地回答，是首次发现债权是一种可流通商品的那个人。”[15]这无疑形象地揭示了债权的财产性与债权流转的重要意义，所以债权转让规则应与物权变动模式相适应。此外，《最高人民法院关于审理买卖合同纠纷案件适用法律问题的解释》第 45 条的规定，即“法律或者行政法规对债权转让、股权转让等权利转让合同有规定的，依照其规定；没有规定的，人民法院可以根据合同法第一百二十四条和第一百七十四条的规定，参照适用买卖合同的有关规定”也印证了我国司法实践对于债权让与性质与物权变动性质相似的判断结论。我国《物权法》选择了债权形式主义的物权变动模式，承认原因行为与物权变动的区分，如上文所述，区分原则已然被广泛地应用于股权、知识产权等权利转让领域，如此推演可知，在债权转移过程中区分债权让与合同与债权让与是适宜的。同时，在债权让与领域贯彻区分原则，为平衡当事人之间的利益提供了更加灵活的处理途径。[16]

三、通知是债权让与的生效要件

区分债权让与和债权让与合同，并不当然意味着通知是债权让与的生效要件。针对此，可将学界观点分为否定[17]与肯定两类。

（一）通知不是债权转让合同的生效要件

在讨论通知是否是债权让与生效要件之前有必要强调通知与债权让与合同的关系。原因在于：其一，在不承认的区分原则的学说下，论证通知是债权让与的生效要件，即意味着通知亦是债权让与合同的生效要件，这显然有悖当

[14] 参见谢潇:《债权让与性质斟酌及其类型化尝试》，载《政治与法律》2015 年第 3 期。

[15] 杨桢:《英美契约法》（第四版），北京大学出版社 2007 年版，第 339 页。

[16] 详见本文第四部分。

[17] 此处的否定说中包含对抗说，即凡认为通知不是债权让与生效要件的学说均可归于此类。

事人的意思自治和现行《合同法》关于合同生效要件的规定，这也是相关学者论证通知成为债权让与生效要件的理由之一，在此有必要澄清。[18]其二，这与通知规则的演进有关，通知规则在我国经历了由同意主义到通知主义的变化。在《合同法》实施前，《民法通则》对债权让与做了简单规定，其第 91 条规定："合同一方将合同的权利、义务全部或部分转让给第三人的，应当取得合同另一方的同意，并不得牟利……" 今天看来，这样的规定已然与市场经济的发展不再匹配，但是对于该条文的解读仍有贻害——"通知是债权让与合同的生效要件"残存。必须明确的是，合同是当事人自由意志的体现，判断合同的效力应依照《合同法》第 44 条与第 52 条之规定，具体于债权让与中则意味着，债权让与通知与否均不影响债权让与合同效力，在没有其他效力瑕疵的情况下，债权让与合同成立即生效（但不意味着发生债权让与的效力）。其三，通知不是债权让与合同的生效要件是区分债权让与和债权让与合同的应有之义，且有利于限制债权人（让与人）权利的过分自由，维护诚信原则，维持当事人之间的利益平衡。正如文首案例所示，如果债权让与通知成为债权让与合同的生效要件（且主体仅限于债权人），那么债权人（让与人）相当于拥有了单方决定合同效力的权利。如果让与对其有利，其就进行通知，使得合同生效；反之如文首案例所示，其就恶意不履行通知义务，使得合同无效，如此其至多对受让人承担缔约过失责任。这样的规则相当于鼓励债权人的"一债二卖"，是对诚信原则的违反。

（二）从回归债的本质与功能看"对抗"之误读

对于通知对债权让与的影响，学界的观点可以分为否定说与肯定说两类。肯定说认为："债权让与通知除了对债务人产生影响之外，对受让人也将产生影响，如果没有通知的，受让人就不是债权人，债权仍然在原债权人的手

[18] 参见王利明、崔建远：《合同法新论总则》，法律出版社 2000 年版，第 415 页。

中。”[19]否定说认为：“债权让与通知只是对债务人产生对抗效力的要件，没有通知的并不影响受让人的法律地位，在债权让与合同生效时，受让人即取得债权成为新债权人。”[20]

2000 年以来否定说基本为学界通说，但是随着民法研究的深入，尤其是 2007 年《物权法》颁布以来，支持肯定说的学者也日益增多。从制度设计目的来看，债权让与通知的规则设计意图对债务人和受让人进行双重保护。一方面，债权具有相对性，其公示性较弱，一般情况下，让与人和受让人之间关于债权让与的约定如果不进行通知，债务人无从知晓；另一方面，在债权让与合同生效之后，受让人基于债权让与合同享有合同权利，此时进行债权让与通知使得债权发生转移，债务人知晓债权转让的事实，从而不对原债权人进行清偿，而改为向新债权人进行清偿。由此可见，债权让与通知制度本身具有重要意义，所以即便是否定说也未完全否定通知作用，只不过其强调否认“对抗性”为其生效要件。其和肯定说之所以看似得出了截然相反的价值判断结论，并将这种差异体现于债权转移的时间点上，其实质是对“发生效力”的理解不同，所谓对抗债务人是一种误读，其实质上就是债权让与（转移）的完成。

在问题的讨论过程中，有学者提出很多问题的产生是由于“混淆了债权让与效力与债权让与对债务人产生约束力的问题”[21]，但笔者认为问题的提出本身就是对“发生效力”的误读，因为所谓法律效力本身就是对当事人的约束

[19] 方新军：《合同法第 80 条的解释论问题——债权让与通知的主体、方式及法律效力》，载《苏州大学学报》（哲学社会科学版）2013 年第 4 期。参见申建平：《债权让与制度研究——以让与通知为中心》，法律出版社 2008 年版，第 154 ～ 167 页；尹飞：《债权让与通知的主体及效力》，载《判解研究》第 3 辑，人民法院出版社 2002 年版，第 136 ～ 137 页；张雪忠：《通知：债权移转的生效要件》，载《法学》2005 年第 7 期。

[20] 方新军：《合同法第 80 条的解释论问题——债权让与通知的主体、方式及法律效力》，载《苏州大学学报》（哲学社会科学版）2013 年第 4 期。参见崔建远：《债权：借鉴与发展》，中国人民大学出版社 2012 年版，第 126 ～ 128 页；韩世远：《合同法总论》，法律出版社 2008 年版，第 418 页；张谷：《论债权让与契约与债务人保护原则》，载《中外法学》2003 年第 1 期；徐涤宇：《债权让与制度中的利益衡量和逻辑贯彻》，载《中外法学》2003 年第 1 期。

[21] 杨明刚：《合同转让论》，中国人民大学出版社 2006 年版，第 119 页。

力。在如何对《合同法》第80条第1款中的“未经通知，该转让对债务人不发生效力”进行理解的问题上，笔者认为探讨不应该仅仅停留在概念和逻辑演绎的浅层，应该深入细致地剖析概念内涵。相比宣示性的法律规定，更重要的实质标准是：关注债权人与债务人的实际权利义务配置发生了何种变化。要系统理顺权利义务的变化，就需要回溯到债权的功能与权能的基本问题上。

一般认为债权是“债权人请求特定的债务人依据债的规定为特定的给付行为的权利”[22]。债权的基本功能为给付请求的请求力、受领给付的保持力和债权保护的强制执行力，对应在权能上则主要体现为给付请求权、接受受领权、保全债权请求权、保护请求权及处分权五种。[23]在我国通说中，权利概念在理论上具有被进一步分解的可能性，[24]现实中亦同样呈现出分解后作为被交易对象的样态；权利冲突和权利位阶的存在源于权利项下利益类型的多元化，这在一定程度上也佐证了权利具有可被分解性。从债权让与的事实构造可以发现，在债权让与过程中，债权不同权能的转移是呈现一定分离样态的。具体而言，在债权让与合同生效之时，受让人仅从让与人处获得了债权的处分权能。主张债权让与和债权让与合同无须分离的学者的主要理由之一就是债权本身是无形财产，无须交付，在合同订立之际可视为已经转移。[25]

这种主张的确关注了债权让与的特性，但是其忽视了该特性作用的范围界定。在让与人与受让人之间，让与合同成立生效时，不涉及第三人（即债务人）的处分权能可以因债权的特殊属性而旋即转移，涉及第三人的权能基于权利变动所需遵守的公示原则，需要在通知后才能转移，此即所谓“对抗”的应有内涵。在区分债权让与和债权让与合同的基础上，判断债权是否转移，应以受让人是否获得了标的债权的全部权能或至少核心权能为标准。根据债权的概念性质可知，其核心权能为支付请求权与接受受领权，所以当其二者没有发生

[22] 杨立新：《债与合同法》，法律出版社2012年版，第23页。

[23] 参见杨立新：《债与合同法》，法律出版社2012年版，第23页。

[24] 简言之，权利的本质可视为被主体所追求的并在立法选择中得以支持的利益集合。

[25] 参见王利明：《合同法研究》（第二卷），中国人民大学出版社2014年版，第202页。

转移之时，很难认定债权已经发生了让与（转移）。“作为对人权的债权如果对债务人的效力都没有发生，不可能认为债权已经发生变动。因而通知债务人应是债权变动的要件”[26]，当债权让与通知完成后，公示已完成，债权让与（转移）完成，受让人至此获得了完整的债权。以上变动情况可见表1。

表1　变动情况

	让与人①	受让人①	让与人②	受让人②
给付请求权	有	无	无	有
接受受领权	有	无	无	有
保全债权请求权	有	无	无	有
保护请求权	有	无	无	有
处分权	无	有	无	有

除以上关于债权权能的阐述外，持肯定说的学者亦从以下两个层面提出了对否定说的反驳：其一，若债权让与合同有效成立，债权即发生移转的解释成立，则在我国法上不会有多重让与的可能，但是事实并非如此，这有悖生活常识；其二，从时效的角度看也存在矛盾，如果债权让与合同生效债权即发生移转，此时原债权人已不是真正的债权人，他对债务人的请求不能导致中断时效，而受让人尽管是真正的债权人，但是在通知债务人之前，受让人对债务人的请求也不能中断诉讼时效。[27]笔者对此表示赞同。综上，通知是债权让与的生效要件。

四、受让人应为债权让与通知主体

既然债权让与通知为债权让与的生效要件，那么确定何种通知是有效的

[26] 叶金强：《公信力的法律构造》，北京大学出版社2004年版，第4页。

[27] 参见方新军：《合同法第80条的解释论问题——债权让与通知的主体、方式及法律效力》，载《苏州大学学报》（哲学社会科学版）2013年第4期。

通知则显得至关重要，其核心在于确定通知主体。确定债权让与的通知主体，应该建立在以上逻辑演进得出的结论之上，必须综合可行性、现实需求与历史趋势等因素综合界定。

（一）现有分析思路局限的破解

值得注意的是，学界现有关于受让人是否应该作为通知主体的论证中，一般可以简化为两种思路。一种以通知不为生效要件为逻辑起点，认为债权让与合同成立生效就发生债权让与（转移），既包括了不区分债权让与和债权让与合同的情形，也包括了虽然区分但仍认为债权转移完整发生于合同生效之时的情形。此种逻辑下，由于债权已然发生转移，所以受让人作为新债权人有权依据该被转移的债权向债务人进行通知。[28]另一种思路与之相反，建立在以通知为债权让与为生效要件的基础上，进而认为在通知之前债权未发生转移，所以受让人尚未进入被转移的债权之中，从而得出通知主体只能是让与人的结论。[29]这两种思路在债权让与是否完成与受让人是否应作为通知主体之间建立了无形的关联，从而隐秘地隔断了虽然债权让与未完成，但是受让人仍可作为通知主体的思考进路。

然而这样的阻隔是不能成立的。当以通知为债权让与生效要件时，虽然在通知前受让人没有获得被让与的债权，无法基于新债权人的身份向债务人主张权利，但是，受让人可以基于其和让与人之间的债权让与合同向债权人主张权利，这也正是区分原则应该在债权让与中得以贯彻的原因之一。在通知之前，让与人与受让人订立的债权让与合同，其权利义务构造类似由第三人履行的合同，[30]但比由第三人履行的合同中负有履行义务的第三人和接受履行方的

[28] 参见刘浩：《债权转让通知研究》，载《暨南学报》（哲学社会科学版）2014 年第 2 期。

[29] 参见尹飞：《论债权让与中债权转移的依据》，载《法学家》2015 年第 4 期。

[30] 此处只能界定为类似，其法律构造并不完全相同。例如，甲乙之间订立由丙向乙履行的合同，甲自始至终不退出合同关系，且负有履行义务的第三人丙是基于其和甲之间的其他关系向乙履行，其本身和乙之间没有债权债务关系。

关系更为紧密。举轻以明重，受让人完全可以基于债权让与合同向债权人进行通知，告知债务人履行债务的对象。以上过程如图 2 所示。

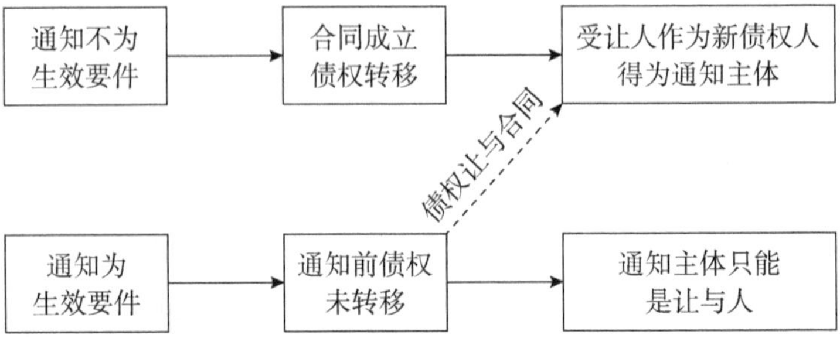

图 2　通知主体逻辑演进图

此外，反对受让人作为通知主体的另一多数理由，即赋予受让人通知权利，会给债务人苛加履行和辨别通知真伪的义务，增加虚假通知致使财产受损的风险。[31]但此理由并不充分，债权让与并非债务免除，对于债务人而言，对其只有履行对象的影响而无履行内容的变动（这也是我国对债务人采取通知主义的原因之一），所以苛加履行义务的说法不能成立。同时，辨别真伪是民事主体参与经济交易时理应保持的能力与态度，只要受让人的通知达到类似表见代理中让债权人有理由相信的程度，通知的效力就应该被认可。

（二）受让人作为通知主体具有解释论上的正当性且顺应趋势

除了以上逻辑推演的结论之外，受让人作为通知主体具有解释论上的正当性且顺应趋势。

有学者从立法解释的角度出发，试图否定受让人的通知主体地位。其指出我国《合同法（试拟稿）》中曾经将受让人作为通知主体，但在定稿中将其删去的事实，以说明立法者意图明显地将受让人排除于让与通知主体之外。[32]立法解释固然应该受到尊重，但在社会客观情况发生变化的情况下，关注配套

[31] 参见刘燕：《债权让与通知的效力》，载《政法论坛》2003 年第 2 期。

[32] 参见尹飞：《论债权让与中债权转移的依据》，载《法学家》2015 年第 4 期。

现行法并以历史的视角探寻事物发展规律从而进行解释显得更为科学。

有学者考证，在我国大清民律草案、民国民律草案和中华民国民法的规定中，受让人均被作为债权让与的通知主体。[33]同时我国现行多部司法解释也间接表明了我国的债权让与通知是观念通知的态度，强调债权人对债权让与结果的知晓，故受让人成为通知主体不存在理论障碍。[34]同时《联合国国际贸易应收款转让公约》第 13 条规定，转让人或受让人均有向债务人发出债权转让通知的权利，但发出通知后只有受让人可发出偿付指示，转让人和受让人之间另有约定的除外。由此推之，该条将通知的主体确定为让与人和受让人，且双方可以对由谁发出通知进行约定，无约定则双方都可以向债务人发出让与通知，此亦为债权让与通知主体扩大趋势的又一佐证。因此，亦有学者提出可以通过扩大解释的方式将受让人纳入通知主体范围之中。

五、结论

综上，在文首的案例中，Z 银行与资产管理公司签订债权让与合同后，资产管理公司虽获得处分权能，但债权的真正转移于乙公司处始于乙公司的通知，故债权转让已经完成，甲公司并非本案适格原告。基于债权本身的财产性，其自身在流转中的相关规则应与本国的物权变动模式相适应。我国采取债权形式主义的物权变动模式，区分原因行为与物权变动，该原则在债权让与中的体现即区分债权让与合同与债权让与（债权转移）。债权形式主义模式要求权利变动需具备一定的公示手段，在债权让与中即为通知，其与动产物权变动

[33] 参见申建平：《债权让与制度研究——以让与通知为中心》，法律出版社 2008 年版，第 29 ～ 31 页，转引自杨立新点校：《大清民律草案·民国民律草案》，吉林人民出版社 2002 年版，第 51 ～ 53 页，第 248 ～ 249 页。

[34]《最高人民法院关于审理涉及金融资产管理公司收购、管理、处置国有银行不良贷款形成的资产的案件适用法律若干问题的规定》第 6 条第 1 款规定：“金融资产管理公司受让国有银行债权后，原债权银行在全国或者省级有影响的报纸上发布债权转让公告或通知的，人民法院可以认定债权人履行了《中华人民共和国合同法》第八十条第一款规定的通知义务。”

中的交付与不动产物权变动中的登记地位相类似。债权的核心权能是给付请求权,《合同法》第 80 条中“对债务人不发生效力”导致的实际效果即债权未发生转移，需通知后得以实现。债权让与通知的主体不应仅规定为债权人（让与人），受让人依据债权让与的合同权利有权通知债务人。这在我国具备解释论上的可行性，同时回应了包括保理业务在内的以债权转让为基础的交易模式激增的现实需求，顺应了债权让与发展的必然趋势，也在一定程度上抑制了债权人肆意毁约、一债数卖的倾向，维护了诚实信用原则。

民营企业融资难的法律破解

唐子明

内容摘要 目前，民营企业已拥有巨大规模，是社会主义市场经济中不可或缺的一部分，在市场中发挥着重要的作用。但由于其自身条件不能够达到标准，股权及债券市场较高的准入门槛，各大金融机构对于发放贷款拥有着严格的审批制度，以及缺乏专门的法律法规等因素，大多数民营企业往往难以顺利融资，从而阻碍其健康发展。本文通过分析民营企业融资难的当下现状，找出其内外部的各个角度的原因分析，结合国外的经验与教训，为民营企业融资提出相应的解决方案，以供借鉴参考。

关键词 民营企业 融资难 法律对策

随着社会主义市场经济的不断发展、社会主义新时期政策的不断探索，我国的民营经济为构建中国经济结构、维护国内经济秩序、创造更多就业、推动科学技术创新做出了不可磨灭的贡献。民营企业在 GDP、税收以及就业方面所占据的地位逐步提升。但民营企业，特别是中小型民营企业，却一直无法跨越融资难这道障碍，企业的健康发展不断受挫。

作者单位：天津工业大学人文与法学院。

一、民营企业融资难的具体表现

（一）我国目前的资本市场体系还不太成熟

我国资本市场的起步时间相对于世界其他比较发达的国家更晚，条理单一，相干轨制还欠完美。中美贸易战的持续发酵，造成宏观经济环境不断恶化，在这种大背景下我国民营企业的生存环境也变得恶劣，融资难度提高。目前我国对股市采取的是核准制，民营企业若要进行上市融资，必须经过相关部门的审核。其苛刻条件意味着民营企业从资本市场上进行融资还存在一定困难。体系中也存在部分民营的贷款公司和担保公司，但因为其数量有限，提供或者担保的资金也有限，对于如此大规模的企业融资问题束手无策。[1]2015 年国家实施相应的降息措施以减少民营企业的融资成本，但民营企业规模较小，往往取得不了长期贷款，而多次的短期贷款申请也会产生大量时间成本。另外，短期贷款往往利率波动较大，且不能适用于长线投资的项目，这更是提高了资金交易时产生的风险。

（二）银行对民营企业具有更高的融资前提与限定

事实上，我国部分金融机构对民营企业，尤其是中小型的民营企业制定了过于苛刻的条件。民营企业受到规模小、资金不足、金融体系不规范的制约，往往缺乏融资条件。银行贷款时，需要企业提供相应的担保，但一些民营企业缺少取得担保的渠道。若民营企业可以得到担保，其相对于国有企业的高风险性也会成为银行放贷的考量因素之一。另一方面，金融机构也不能够提供对于民营企业融资的配套服务，如金融机构本身缺乏专门对应的金融产品、信用评级、审批制度、激励机制。

（三）融资渠道狭窄且受限制

从内源融资的角度来看，我国民营企业大多还在扩张规模阶段，只存在

---

[1] 参见雷雨：《民营企业融资难的现状、成因与对策分析》，载《财会学习》2018 年第 10 期。

范围较小的内源融资。一旦企业经营出现问题，就会导致资金链的崩溃、扩张的失败甚至企业破产。若股东利益分配不合理，不仅会在股东之间产生不必要的摩擦，也会对企业的发展产生不利影响。金融机构对民营企业贷款的种种限制使其处处掣肘，导致民营企业往往利用民间融资这一非正规渠道获得资金。反观民间融资，其利率与风险往往都高于正规的金融机构甚多，若假以时日这种损耗累积起来也是一笔不容忽视的开支。

二、民营企业融资难的原因分析

（一）直接融资难的原因分析

我国法律目前规定合法的直接渠道主要分为两种：一种是股权融资，另一种是债券融资。这两个方式所需要的民营企业的资格要求较高，对于中小型的缺乏资金的民营企业来说往往较难达到。我国虽重新修改了《证券法》，但法律法规修改后众多民营企业依旧达不到规定的要求。近年来兴起的风险投资拥有较高的风险，亦不能作为民营企业的理想融资方式。此外，还有处于灰色地带的民间借贷，其凭借着简易要求和便利程序，成为许多民营企业的首选融资方式，但民间借贷的不规范性会带来许多法律问题，对于这种风险还需进行慎重考量。

首先，民营企业达不到股权融资的标准。随着股票市场的快速发展，股权融资在协助民营企业成长方面将发挥更为重要的作用。但这常常不适用于大多中小型的民营企业。由于我国需要融资的民营企业往往具有规模小、生产资金少、盈利能力弱的特点，达不到股权融资的标准。2009 年，我国股市增设了创业板块，但由于相关法律制度不健全，导致民营企业不能依赖发行股票来获得投资，满足其生产经营需要。对于民营企业来说，对股权融资的流程、内容与风险都需要有相当熟悉的认知，但事实上成长阶段的民营企业缺少接触条件，导致所知甚少，而又缺乏足够资金去聘请有关专家来协助解决问题。当投融资人对项目达成共识后，双方往往在股权协商问题上会产生博弈。由于法律在该方面没有专门的救济措施，就会导致现实中普遍存在大股东对公司享有较大的控制权，其他小股东的利益可能就会因此而受损。

其次，民营企业难以进行债权融资。对于涉及债券融资的问题，由于我国经济发展迅速，《企业债券管理条例》已经不能很好地与当前经济发展状况相适应。2015 年，我国出台政策放松了发行信用债的条件，希望能够通过这一举措助力企业融资，改善民营企业的生存与发展环境。但自 2016 年以来，公司债券的发行规模呈下降态势。为了避免金融危机，政府采用去杠杆手段来稳定经济，因法律规制的不完善，有关民营企业的债券信用违约事件层出不穷，经济主体的资金使用更加谨慎，导致民营企业债券融资的成本上升，成为目前我国民营企业债券融资规模逐步下降的原因。企业债券也是公司债券，是一种信誉凭据，一种持久的债务证书，是企业遵照法定程序刊行，且商定在一定期限内还本付息的债券。从总体上看，有资格进行债券融资的企业，往往不缺少资金来源且经营状况良好；而规模较小，需要融资来获得支持的民营企业达不到债券融资的要求，于是就形成了无法调和的矛盾。

最后，民营企业进行民间借贷具有高危性。一部分民营企业因为其自身结构不合理、发展规模小、缺乏信用担保等原因，无法在正规金融机构成功融资，致使金融机构对该类民营企业产生刻板印象，使之不得不投身于民间借贷。民营企业对资本的大量需求促使民间借贷市场极速成长，使民间融资所占比例在市场经济中不断扩大。[2]这种融资行为挑战了以往正规金融机构一家独大的局面，为民营企业的生存与发展另辟蹊径。民间借贷缺少明确的法律规范规定，其便利性与高风险性并存，若企业在民间借贷后由于种种原因无法继续运转下去，那么很可能难以支付民间借贷产生的利息，由此产生的资金问题和信用问题都难以解决，更严重者甚至导致破产。民间借贷最大的问题在于融资风险与经济利益之间的协调性问题，政府对于民间融资行为的大力规制导致民营企业在考虑自身经营风险的同时还需兼顾法律风险。

---

[2] 参见刘小韩、李同彬、菅海平：《民间借贷融资对民营中小企业的影响研究》，载《经济界》2018 年第 1 期。

（二）间接融资难的原因分析

我国的商业银行因为要考虑到自身的利益最大化与风险承担问题，其对象多为国有或公有的大中型企业。此外，其贷款的审批手续纷繁复杂，提高了企业进行贷款的成本，让本就需要通过融资获得资金的民营企业望而却步。从社会方面看，专门服务于民营企业融资的金融机构目前还比较少，生存环境也较为艰难，无法很好地规范民营企业的内部结构、财务管理等行为。

税收征管的约束。在进行税收征管时如果不够规范，则可能会加大民营企业在融资方面的约束，若地方政府的财政压力过大，也可能会加剧对于税收的征管行为。政府方面对企业的税收活动也可能限制企业的融资行为。税务部门在税收征管活动中有一定可进行自由可量度的范围，这种权力直接影响了企业的经营活动。即便是大型正规的民营企业，在面临税收征管活动的时候也不免承担高额成本。我国在这方面的法制建设环境亦不完善，例如企业在征管活动中除了缴纳正常税费外，由税务部门掌握的可能的罚款与企业为了应对检查所付出的人力成本与时间成本也不能忽视。这种活动将减少企业该时期的现金流，削弱企业的内部融资能力，增加企业融资难度，这种情况对于本就缺乏外部融资能力的中小型民营企业可能更为严重。由于民营企业本身基础薄弱，加之没有良好而稳定的保障，税收征管更容易约束到民营企业的融资。虽然税收征管作为一种公司的外部治理机制，其能够引导公司朝良性方向发展，从长远来看是有助于民营企业的。但值得注意的是，征管产生的征税效应也会降低公司的留存收益，实际上提高了公司税负，导致其经营会有一定的负面效应，实际上阻碍了民营企业的融资。

短贷长用，转贷困难。一方面，由于部分民营企业在初步发展过程中，对于厂房的建设、设备的购置等促进再生产的硬条件存在着较长期限的融资需求，但银行相对缺乏中长期限的融资计划以及产品，对于已有的融资产品适用门槛较高，在供求方面容易导致短期贷款长期占用的情况。另一方面，由于部分小微企业规范性较差，存在信用记录的缺失情况，不能完全做到财务透明，从而使银行对相关信息的获取难度加大、成本提升。在外部经济下行的环境下，大型企业的现金周转速率放缓，挤压了交易市场上小规模民营企业的贷款时间，这一定程度上也提高了民营企业融资的难度。

担保制度不够完善。企业贷款必须以拥有可供抵押的资产作为前提条件。但银行放贷所要求的担保，如土地、资金、仪器设备，是大多需要融资的民营企业所难以具备的，以致民营企业往往融资失败。如今国内企业的法律意识普遍较高，为民营企业提供担保的企业不愿承担过多风险，这使得那些无法获得有力保障的民营企业基本上丧失了融资的资格。因此，民营企业在我国现有担保体系中受到限制，无法顺利获得贷款。由于我国实行民营企业担保制度较晚，在社会上也比较缺乏专为中小民营企业服务的担保公司，现存的民营企业担保机构受自身规模限制，只能对一些短期的、金额较小的融资行为予以担保，这同样限制了担保制度的进步。

信用评级制度不健全。我国目前的信用评级制度还未普及，还是以给大型的国有企业以及央企进行评级为主，相应的对众多民营企业进行信用评级更为费时费力，所以对于信用评级制度的普及一直不受重视。随着经济的不断发展，企业的信用在市场中也变得不容忽视，但我国目前未能形成完整的信用体系，也没有法律法规对其予以支撑。民营企业若缺乏评级机构以及专业有效的信用审计评估服务，则易由于自身实践经验与知识储备不足而做出不规范行为，从而使自身的信用状况变差。在实践当中，企业失信赖账所付出的代价往往小于其所获利益，这就导致有些企业不能得到惩罚，大胆地无视风险，肆意违背诚信原则。

企业自身问题。随着互联网时代的发展，若企业不进行创新，不了解与时俱进的市场动态与行业信息，便很容易落后于其他企业。民营企业虽然总量大，但划分到个体来看，情况就变得复杂，其中大多数的民营企业还是处于上升阶段。此外很多民营企业法律意识不足，容易在不经意间触碰法律红线，缺乏科学的管理与指导，无法正确有效地对企业进行管理和完善，还有一些企业不将财务信息对外公开，使投资者不能够全面了解企业从而丧失对企业的投资兴趣。[3]近年来民营企业有关融资的违约事件频发，部分民营企业发现问题之后就只顾逃避责任而不是解决问题，如此理念难以获得金融机构的信任。

三、民营企业融资难的法律对策

（一）直接融资难的法律对策

健全民营企业融资的金融市场。良好的金融市场秩序及规则能够使民营企业更加便利地融资，促进企业发展和国家经济发展。就目前来看，我国在金融行业的法律法规相对西方发达国家还不够健全。应该多从外国管控民营企业融资的方法中汲取经验，并结合国内现状，对当下的法律法规进行完善，使其能够更好地与实践相结合，保障民营企业能够更简单、便利地进行融资。在资本市场上，民营企业因其各方面限制，难以通过股票发行的繁杂程序。应当在金融市场法律法规的框架内，简化股票发行程序，实行股票发行登记制度，使发行股票成为民营企业融资的主体。自国务院颁布《关于全国中小企业股份转让系统有关问题的决定》以来，上市融资的标准放低，我国众多民营企业得以通过金融市场进行融资。[4]在今后的发展过程中，相关政府部门可设立多种金融债券品种，以满足民营企业的不同需要，并将交易所中的金融产品结构不断完善以适应时代需要。民营企业也需要适应金融市场的融资规则，提高自身创新能力，推行以开放基金为主的融资方式，来为自身实力打下基础，逐渐获得更多融资。在政府方面，要促进民营企业内部技术创新，提高民营企业的竞争力，并为民营企业提供担保资金，帮助民营企业融资。对于自身条件优良，且具有较大潜力的民营企业，政府可通过合资、合作等方式为企业提供更多资金支持。此外，政府可对社会各界在援助民营企业融资方面实行税收优惠。例

[3] 参见梅传强、李璐：《民营企业民间融资法律风险探析——以“刑民界分”为切入点》，载《扬州大学学报》（人文社会科学版）2016 年第 1 期。

[4] 参见王文福、赵志刚：《破解泉州市中小民营企业融资难的法律研究》，载《经济研究导刊》2016 年第 23 期。

如，对给民营企业提供担保的机构实行一定时期一定比例的免税政策，或者对于投资民营企业的企业可按其一定比例的投资额抵扣企业所得税。德国通过设立中介组织的方式保护民营企业进行融资。此外，德国设立中小企业局，来专门对中小民营企业进行帮助，从内部为企业提供技术指导，帮助企业提高员工质量，从外部监督相关法律法规的落实情况。通过设置专门的机构对民营企业融资进行服务管理，能够有效落实关于民营企业的相关法律和政策。专门机构也可作为中间部门，在民营企业进行融资活动中起到承上启下的作用。

对证券行业相关制度的填补加以重视。债券和股票是良好的直接融资的渠道，其优点在于降低了融资成本与融资风险，提高了融资效率。对于企业而言，适当地承担一部分风险有利于促进企业的进步与升级。但《企业债券管理条例》自颁布以来，未进行必要的修订与完善，不能与迅速发展的经济环境相适应。一方面应拓展企业刊行债券的种类，以顺应各类投资者的要求。简化民营企业上市流程对于民营企业的直接融资大有裨益，由此可提高民营企业通过债券和股票融资的效率，保证其在证券行业的活跃度。此外，应对债券的发行进行改革，使众多民营企业成为债券发行的主体。政府应取消对债券发放额度的限制，完善公司债券的审批制度，缩小公权力的干预范围，使民营企业获得更多自由和权限。这样既可提高民营企业的融资活力，又可增强公信力，给予民营企业和投资者双方一个更宽广的市场。与之相辅，要完善相关信息披露制度，并专门制定相关标准与规则，为民营企业的直接融资提供法律层面上的援助和保障。

规范民间借贷。首先应着眼于民间借贷的产生源头，帮助民营企业提高自身素质能力，建立合理的财务管理制度，规划好各个时期的预算调节与风险规制情况，降低从银行等正规金融机构进行融资的难度来间接避免民间借贷带来的风险。还要加强对民营企业在该方面的法律指导，这一方面可借鉴日本的做法：日本设立了国家财政部、工商结合部、中小企业财政部等专门的财务管理机构。为了帮助中小型民营企业更加便捷、高效地融资，日本还设立了小规模事业金融公社，创立了专门面向中小民营企业的特别贷款制度。同时，日本政府还将倡导建立中小企业集团、工会、信用合作社等，为民营企业提供服务。在银行贷款中，可对符合条件、运营良好的民营企业实施政策优惠，放大对其的授信比例。国内民间借贷规模庞大，但不受我国法律保护，缺乏相关法律法规管控，导致在该领域秩序混乱，在司法方面也难有统一标准。因此，应尽快制定有关民间借贷的法律法规，弥补这一漏洞。此外，还应运用法律法规，明确民间融资的监督主体和责任。需要从法律层面上接纳民间借贷行为，通过法律法规保障有关主体合法利益，促使银行与时俱进。随着经济社会发展，国内出现了许多新兴金融机构，如中小型的贷款公司。应该在保障微观活动自由进行的同时，运用好宏观调控这一双看不见的手进行保驾护航和监督规制，这样可以最大程度上激发金融市场活力。

拓宽直接融资的渠道。[5]可发行专门用于民营企业短期融资的短期融资券，以符合民营企业短期融资需要，其优点在于筹资成本低、筹资风险低、筹资数额大。从长期来看，应创新民间融资制度，使更多的资金通过金融机构这一中介间接为民营企业的融资助力。集群贷款业务具有不需抵押和质押担保、成本低、风险低的特点，可以提高融资的成功率。同一产业的各民营企业可以联合起来，尝试集群贷款，这为发展集群客户业务提供了良好的基础。

（二）间接融资难的法律对策

成立专门的政策性银行。政策性银行带有强烈的政策导向，能够更好地将法律法规与实践相结合。成立专门的政策性银行可以更有效直接地对民营企业融资进行帮助。建立责任追究制度，积极扶持民营企业获得经营良好、信息完整、风险低、信用评级好的信贷支持，创新信贷产品。自 1948 年起，德国在各州设立担保银行，该类银行专门为有融资意愿但无法提供担保的民营企业

[5] 参见蔡智渊、李立辉：《我国民营企业的融资困境及解决途径》，载《企业改革与管理》2018 年第 4 期。

解决贷款问题，为此德国还制定了《德国复兴信贷银行法》来保证其实施。[6]我国目前已经成立了一些政策性银行，如国家开发银行和进出口银行，这已经是一种进步，但遗憾的是对于这些政策性银行本身依然缺乏有关法律法规，不能有效适用于发展迅速的经济环境。应尽快制定与专门政策性银行相关的法律法规与辅助机构，为政策性银行与民营企业之间的对接铺平道路，对民营企业融资起到导向作用。还可拉近企业与银行之间的关系，最终达到民营企业更易融资的目的。

提高政府和相关机构的监管力度。首先应保证对于系统性风险的有效预防，在此基础上建立多层次、多方面的融资市场。开发多元的民营企业的直接融资方式，提高直接融资占比，使高杠杆产生的民营企业融资困难的问题得到缓解。其次，应改善整体金融贸易环境，推进企业自身的诚信建设，加大对于失信情况的惩戒力度，逐渐形成并完善信用评级制度，尽量消除金融机构与民营企业间信息不对称的情况，使民营企业能够规范自身行为，使金融机构在发放贷款时有所凭据。最后，重视新兴的互联网与金融结合的机构监管，对于出现的不当行为进行整治，规范该类机构的经营。

健全信用担保的法律制度。健全信用担保的法律制度，可使银行尽量规避资金无法收回或者只能收回一小部分的风险，从而降低民营企业贷款难度。[7]其具体做法是担保机构作为银行与企业的中间机构，为民营企业的信用背书，来提高民营企业的融资成功率。1963年，日本颁布了《中小企业基本法》，之后围绕这部纲领性法规出台了一系列法律，如《中小企业指导法》《防止中小企业倒闭破产法》《中小企业振兴事业团法》等，由此建立了较为完备的保障制度。[8]其内容是明确了中小民营企业政策目标、国家和地方公共团体

---

[6] 参见韩文琰：《立法认证：解决我国社会企业融资难的重要途径——现实审视与国际比较》，载《甘肃政法学院学报》2018年第2期。

[7] 参见张亨明：《中小民营企业融资途径及创新研究》，载《河南师范大学学报》（哲学社会科学版）2015年第4期。

[8] 参见周颖：《破解民营企业融资难的出路何在？》，载《时代金融》2018年第25期。

应采取的相应对策等。我国目前对民营企业融资的担保制度与西方发达国家还存在一定差距，不能适应当前市场的实际需求量。应尽快落实在信用担保方面的立法保障，明确规定担保的条件、范围、额度，同时对资金流向进行监督，确保银行和企业双方的利益均不受损。设立专门对口的信用担保机构也是必不可少的一环。担保机构分为两类，一类是由政府出资成立的具有官方背景的担保机构，这类担保机构具有稳定性的特点；另一类是由民间资本出资成立的担保机构，其目的是盈利，往往开展多项业务辅助民营企业的融资，实现共赢。二者相辅相成，促进了民营企业融资的进程。

增进政府与民营企业的协调发展。对于政府，应在政策与法律的修订中对民营企业予以考量，最重要的是要保障民营企业的地位，使之能与国有企业公平竞争。同时运用宏观调控手段，弥补市场经济的缺陷，对于看好的萌芽期的民营企业提供税收优惠政策，推动企业发展。同时在部分地区优先推行改革试点的成立与建设，建立能与中小型民营企业发展相适应的专门金融机构来针对性地给予帮助，此外对于向民营企业发放贷款的商业银行予以补贴以及优惠。而对于民营企业，在考虑到外部因素的同时，也要看到企业自身的不足。应以大型优质企业为标杆，从管理层面入手，学习财务与融资相关知识，遵守规章制度，积极配合财税部门进行自我检查，对政府政策支持予以回应。将财务信息透明公开，在众多投资者与金融机构的面前树立良好法人形象。

论我国破产法之偏颇性清偿行为

王伶坤

内容摘要 我国破产法对于偏颇性清偿的规制在一些具体细节问题上（如偏颇性清偿行为与担保问题的处理），仍然存在较为明显的缺陷与漏洞，而现阶段研究的焦点则多集中于偏颇性清偿行为的“例外情形”制度中。因此，需要通过借鉴比较法理论结合我国破产撤销权理论与实践，从概念、构成要件、行为种类等方面进行较为系统的梳理和分析，在对偏颇性清偿行为的各个构成部分进行理解式解析的情况下指出其存在的缺陷，并就此提出关于应对这些缺陷问题的见解。

关键词 破产法 偏颇性清偿行为 公平受偿权 个别优先清偿 可撤销行为

导 论

偏颇性清偿行为规则属于破产法中撤销权制度的一部分，而撤销权制度起源于古罗马时代的《罗马法》。在查士丁尼时期，撤销权制度经由保罗诉讼得到正式确认，又称为“废罢诉权”，当时的撤销权为统一的撤销权，并不存

作者单位：北京市中伦律师事务所。

在民法和破产法上适用的区分，只要债务人作出的对其与债权人债权有害的行为，债权人均有权通过行使撤销权予以撤销。只是被撤销的行为会区分为有偿和无偿两种类型，用于对行为是否应当被撤销作出不同的要求。对于有偿行为行使撤销权需要判断行为人的主观意思状态，只有其为恶意时才可以被撤销，其证明要求较高。直到14世纪时，才出现不对行为人意思状态作出要求的撤销权制度——源自当时意大利诸州立法。在此基础上，法国《商法典》在其破产法篇中引入了意大利的立法例，对破产过程中债务人的行为行使撤销权之时，不要求证明债务人行为时的主观意思状态为恶意，而在其《民法典》中的撤销权制度则依然沿用《罗马法》关于有偿行为和无偿行为主观状态进行区分的做法。经过漫长时间的检验，法国此种立法例逐渐被大陆法系国家所接受，德国及日本先后引入该种制度。[1]

对于偏颇性清偿行为的研究，国内已经进行了比较多的论述，每年均有众多学术论文对此进行阐述，其理论阐述无外乎将域外法进行本土化改造。

对于将破产可撤销行为划分为欺诈行为与偏颇性清偿行为问题，在比较法上，这种行为类型的划分最早见于英美法系破产立法，在英国《破产法》与美国《破产法》中均存在关于“偏颇性清偿行为”的定义，虽然名称不一定是“偏颇性清偿行为”，但内涵一致；而以德、日破产立法为代表的大陆法系一般并未就破产可撤销行为进行这两种行为类型的划分，而是规定不同的破产可撤销行为种类。我国破产法学界对此存在较为一致的观点，即区分欺诈行为与偏颇性清偿行为两种类型，王欣新教授及张艳丽教授是这种主张的代表性人物。

对于偏颇性清偿行为的构成要件主要分为两大类，即主观构成要件与客观构成要件，对于客观构成要件，无论是比较法还是我国破产理论界均有较为一致的观点——无外乎要求具备“损害债权人利益”且“发生于特定期间内”

---

[1] 参见李永军：《破产法——理论与规范研究》，中国政法大学出版社2013年版，第258页；李国光：《企业破产法教程》，人民法院出版社2006年版，第166页。

这两个条件；而对于其主观要件则存在较大争议，比较法上英美法系国家破产立法一般不对偏颇性清偿行为的主观要件存在要求，而以德、日破产立法为代表的大陆法系一般要求行为当事人应当具备主观恶意；而我国破产法学界对偏颇性清偿行为是否需要具备行为当事人主观恶意这一要件也存在分歧，以北京大学常鹏翱教授为代表的一些学者认为偏颇性清偿行为不应当要求具备主观恶意，而以中国人民大学王欣新教授为代表的学者则认为偏颇性清偿行为应当要求行为人具备主观恶意。

而我国《企业破产法》并未将破产可撤销行为区分为欺诈行为与偏颇性清偿行为两种类型，而是采用德、日破产立法的形式，对不同的行为种类进行规定，也并未对其主观要件进行区分，一般理解为推定行为人存在主观恶意。

对于偏颇性清偿行为例外情形问题，例外情形制度主要是为了弥补破产撤销权行使过程中可能带来的一些有违公平正义的问题。在比较法上，例外情形制度的构建主要体现在英美法系破产立法中，尤其是美国《破产法》规定最为完善，其第 547 条（C）款中详细列举了八种例外情形，即“同时发生新价值”“对正常债务的正常清偿”“授权担保利益”“后位新价值”“在库存或者应收账款上设置的浮动担保”“法定担保”“抚养费的支付例外”“消费案件中的小额转让”；而以德、日破产立法为代表的大陆法系并未规定这种例外情形制度，而是以设置善意抗辩权的方式，为可能被撤销的行为的当事人提供权利救济。我国破产法学界较为一致地认为应当在《企业破产法》中规定偏颇性清偿行为的例外情形，但以韩长印教授、王欣新教授为代表的诸多学者均认为我国《企业破产法》中的“使债务人财产受益”这一例外情形标准，太过原则化，其实用价值较低；而以许德风教授为代表的学者则认为《企业破产法》对于例外情形标准的规定可以“相对模糊”，但在对该标准进行解释时应当遵循“保护善意债权人”及“维护交易安全”的解释标准。

总体而言，我国破产法学界较为一致地认同我国偏颇性清偿行为制度在一些具体细节问题上（如偏颇性清偿行为与担保问题的处理），仍然存在较为明显的缺陷与漏洞，而现阶段研究的焦点则多集中于偏颇性清偿行为的“例外情形”制度中。

一、偏颇性清偿行为基本理论

（一）偏颇性清偿行为概念界定

我国新旧《企业破产法》中并未规定有“偏颇性清偿行为”这一概念，偏颇性清偿行为与欺诈行为相对应，属于破产可撤销行为的组成部分。实际上在大陆法系，如以德国、法国、日本为代表的破产立法当中，并未严格区分偏颇性清偿行为与欺诈行为这两种不同类型的破产可撤销行为，而是将各种可撤销行为进行统一规定。而以英国和美国破产法为代表的英美法系破产立法则对破产可撤销行为进行了较为明确的类型化区分，即欺诈行为与偏颇性清偿行为。其做法是对于破产可撤销行为并不首先进行概括或者列举式的规定，而是先将行为分为欺诈行为与偏颇性清偿行为两个大类，然后再根据司法实践和相应判例对每一种类型的行为进行特征和构成要件的限定。这一点在美国《破产法》中表现得尤为明显，美国《破产法》第 547 条规定了“偏颇性转让”[2]的概念，即在破产申请前九十日内，债务人对个别债权人转让其财产或财产性利益的行为；而第 547 条（b）中则规定了“偏颇性转让”的构成要件。第 548 条规定了“欺诈性转让”的含义，即在破产申请受理前一年内，破产管理人可以通过行使破产撤销权，将债务人转让财产以及其他使得债务人负担义务的行为撤销掉。而且美国《破产法》第 548 条和其 1984 年颁布的《统一欺诈转让法》相结合予以适用，其中规定了通过历年破产法审判实践中总结出来的“欺诈性转让”的构成要件以及常见的表现形式，从而更加有效地对“欺诈性转让”行为进行司法规范。

[2] 有学者将 preferences 翻译为“优惠性转让”，如沈明达：《比较破产法初论》，对外经贸教育出版社 1993 年版，第 45 页。也有学者将其翻译为“偏颇性转让”，如〔美〕爱泼斯坦等：《美国破产法》，韩长印等译，中国政法大学出版社 2003 年版，第 280 页。

1. 欺诈行为

"欺诈行为"存在多种名称，如"诈害行为""欺诈性转让行为"等，但这些不同的名称均限定在其基本含义之内，即欺诈行为指的是债务人在其已经丧失清偿能力不足以清偿全部债务的情况下，仍然对自己的财产或财产性利益进行处分，从而导致其用于清偿全部债权人的财产总量减少，进而损害全体债权人整体利益的行为。以此概念为基础结合我国《企业破产法》第31条和第32条的规定可知，我国法定的欺诈行为主要包括三种，即"以明显不合理价格进行交易"、"无偿转让财产"和"放弃债权"，因本文主要讲述破产可撤销行为中的偏颇性清偿行为类型，故对上述三种行为不作展开论述。

2. 偏颇性清偿行为

"偏颇性清偿行为"在不同的国家和地区有着不同的称谓，诸如"偏颇性行为""优惠性转让"等，均是对其概念的不同表述。《布莱克法律词典》对偏颇性清偿行为进行了定义，即处于丧失清偿能力，无法清偿全部债务的债务人，在"破产宣告前"对个别债权人进行财产或财产性利益转让，从而使得该个别债权人获得比通过破产分配程序更高的清偿比例的行为。[3]美国《破产法》（1978）的规定与《布莱克法律词典》的定义非常相似，但是美国《破产法》增加规定了九十天的时间限制（九十天的时间限制规定），其第547条则规定优惠清偿指债务人在破产申请提出前九十天内并且丧失清偿能力的情况下，向某些个别债权人转让债务人的财产或财产性利益，并使得该债权人因此获得高于没有此种情况下应当获得的债权清偿比例的行为。[4]王欣新教授则认为，偏颇性清偿行为是指债务人在破产申请受理前的法定期间内，其作出的提前偿还未到期债务、对无财产担保的债务提供担保、个别清偿等行为，而且该行为须使得特定的债权人因此取得较之行为之前更高的优先受偿地位或者其债权因此得到更多清偿。[5]

---

[3] See Black's Law Dictionary, Seventh Edition, Bryan A. Garner Editor in Chief 1999, p.1198.

[4] 参见潘琪：《美国破产法》，法律出版社1999年版，第185页。

[5] 参见王欣新：《破产法》，中国人民大学出版社2011年版，第137页。

上述对于偏颇性清偿行为概念的界定，虽然表述略有不同，但其表述的意思却是相似的，因此笔者认为可以将偏颇性清偿行为界定为：债务人在破产程序开始前的法定期间内，在其支付能力不足以使得全体债权人的债权得以实现的情况下，使个别债权人的债权获得优先于其他债权人的清偿地位的行为。

由上述偏颇性清偿行为的概念界定可知，虽然我国《企业破产法》未明确规定偏颇性清偿行为这一破产可撤销行为类型，但是在其第 31 条和第 32 条中有三种行为却可依据其概念归入此类行为之列，该三种行为即为个别优先清偿、对没有财产担保的债务提供财产担保、对未到期债务提前清偿。

（二）偏颇性清偿行为构成要件

1. 该行为应是发生于破产宣告前的法定时间内且已经生效的行为

对于该构成要件的理解应当从三个方面入手，即“破产宣告之前”“法定期间”“该行为已经生效”。

（1）之所以要求行为发生于破产宣告之前，是因为司法上的破产程序开始于当事人破产申请受理之时，但是破产申请受理并不意味着被申请人一定会走向破产，故而破产真正开始的时间节点应当是司法机关作出破产宣告之时。因为破产宣告一经作出即对债务人产生如下效力：债务人将丧失对于自己财产或财产性利益的处分权，其在破产宣告之后对于财产的处分当然归于无效行为之列，这不仅是因为此时债务人处于“无权处分的状态”，更是因为此时债务人处于“不能处分其财产的状态”。

我国《企业破产法》规定的偏颇性清偿行为发生的时间节点是“破产申请受理”，而破产申请的受理与破产宣告之间仍然存在一个难以逾越的过程，这使得两个时间节点之间发生的债务人相应行为处于一种“法无明文规定不能管”的状态，这与我国《企业破产法》的立法目的并不相符。对于这一点，我国司法及理论界却莫名一致地“绝口不提”。笔者认为，从维护《企业破产法》的立法目的及价值取向角度出发，应当通过立法或司法解释的方式对此加以明确规定。

（2）“法定期间”是法律直接规定的一个固定期限，在这一期间内发生债务人相应行为将面临被破产管理人撤销的风险，而且破产管理人在行使该种撤销权的时候，无须提供证据证明债务人行为时具备法律规定的破产原因。

上述理解最大的特点在于破产法实际上推定处于法定期间内的债务人同时已经具备了破产原因。该种制度设计的初衷在于减轻破产管理人在行使破产撤销权时的举证责任，因为根据民事诉讼法中“谁主张谁举证”的一般规则，破产管理人主张债务人某项行为存在“偏颇性”，损害全体债权人公平受偿权，首先应当证明的是此时债务人、个别债权人存在恶意以及债务人行为时已经具备法律规定的破产原因。但是如果每次破产撤销权的行使都要求如此繁重的证明义务，一方面会拖延诉讼进程进而影响破产效率，另一方面因此增加的诉讼成本可能会使得本就稀少的破产财产进一步严重缩水，这并不符合全体债权人整体利益的保护与实现。因此各国破产立法大都采用较为简便的做法，即通过规定“法定期间”的方式，免除破产管理人对于债务人具备破产原因的举证责任，以此来换取提高破产程序的效率。例如，美国《破产法》就改变了其旧《破产法》中要求破产管理人在行使破产撤销权时必须证明债务人具备破产原因的规定，并对“偏颇性转让行为”的适用时间设定为九十日的法定期限。对此，美国国会在破产法修改过程中曾作出解释，即在优惠清偿行为中，债务人丧失清偿能力几乎是可以确定的事情，但是对于该种情形的证明却是非常困难的。[6]“因此美国新《破产法》规定，在破产申请提出前的法定期间内，债务人被假设已丧失清偿能力，如果任何债权人想保住被指责为‘优惠性’的清偿，必须反驳倒这项假设。”[7]

为了便于处理破产案件中可撤销行为的认定问题，我国《企业破产法》也采用法定期间判断的方式，规定破产案件受理之前的法定期间内债务人发生的相应行为为可撤销行为，而且对于该法定期间，《企业破产法》第 31 条和第 32 条根据我国国情进行了“一年”和“六个月”的分别规定。该规定是我国《企业破产法》与世界先进立法例接轨的结果，同时也是我国“拿来主义”与

---

[6] 参见王欣新：《破产法理论予以实务疑难问题研究》，中国法制出版社 2011 年版，第 197 页。

[7] 潘琪：《美国破产法》，法律出版社 1999 年版，第 157 页。

“中国特色”相结合的范例。这种规定免除了破产程序中管理人行使破产撤销权时对于“债务人行为时具备破产原因”的举证责任，这相当于减轻了破产管理人的大部分举证义务，其只需要证明债务人相应行为发生于“法定期间内”即可实现破产撤销权的法律效果，从而最大限度地增加债务人的破产财产，维护全体债权人的整体利益。

但是也应当看到，此种规定存在明显的“一刀切”式处理方式的痕迹，对于发生于法定期间内的债务人特定行为一律认定为可撤销行为，难免会发生违背公平正义的情形。例如，债务人正常经营状况下的清偿行为，仅仅因为后续不确定破产申请受理时间而面临被撤销的风险，而且对于该种撤销，受偿的债权人在法律上将无能为力，因为《企业破产法》并未赋予债权人在此种情况下具有抗辩权，无论是以“债务人作出行为时尚不具备破产原因”还是“债权人在受偿时处于善意状态”作为抗辩理由。此种情形理应受到立法及司法的注意。

（3）“行为已生效”这一要求并不存在理解上的难点和误区。因为撤销权存在其基本原理，其中有一点要求即行为被撤销之前仍然有效，这也就意味着，撤销权行使的对象必须是已经生效的行为，未生效行为不具备撤销的可能。而破产撤销权显然并未跳出撤销权的范畴，其与民法撤销权均属于撤销权理论在法的不同领域的延伸与拓展，理应受到上述基本原理的限制，也即要求破产可撤销行为的对象应当是“已经生效的行为”。

2. 行为必须对债务人财产有害，且是因此损害债权人利益的行为

破产法中对于债权人的保护是指对其公平受偿权的保护，破产撤销权也应遵循这一原则性要求。所以此处损害债权人利益的行为实际上就是指对全体债权人公平受偿权具有消极影响的行为，即债务人实施的某些行为将会造成其一般财产数量减少或者因此造成破产程序启动，或者最终使得全体债权人在破产清算时的债权受偿比例降低。[8]

由上述理解中可以衍生出两种判断债务人的行为是否损害债权人利益的

[8] 参见李永军：《破产法——理论与规范研究》，中国政法大学出版社 2013 年版，第 261～262 页。

考量因素：一种是债务人的行为对其一般财产状况的影响；另一种是债务人的行为对全体债权人受偿地位或受偿比例的影响。两种考量因素中的任何一种显示出其影响是消极或负面时，都将面临被破产管理人撤销的风险。

损害债权人利益的行为并不总是需要被撤销的，如果债务人作出行为时确实对于债权人利益产生消极影响，但随着时间推移，该种影响可能并不会在破产清算时对债权人的公平受偿权造成消极影响，例如债务人以低于市场价格将其一处固定资产出售，此时明显对债务人的其他债权人债权实现产生不利影响，尤其是涉及破产程序时，但在破产程序终结前或者说在破产管理人行使破产撤销权之前该固定资产市值大跌，债务人之前的出售行为实际上起到了减少全体债权人损失的作用，此时固执地行使破产撤销权对全体债权人没有半分好处，也是与《企业破产法》的立法目的完全背离。因此强调破产管理人行使破产撤销权时债务人行为对债权人利益的损害仍然存在就变得有其现实意义。而且由此还衍生出一个问题，即如何判断可撤销的偏颇性清偿行为发生时间，是以成立时间为准还是以生效时间为准?

除了行政清理程序或强制清算程序转入破产程序的情形之外，判断相关行为是否应当撤销的起算点应以法院裁定受理破产案件时为准，这一点从我国《企业破产法》第 31 条和第 32 条均规定为“破产申请受理”这一时间点就可以看出；而对于判断相关行为是否可撤销的时间终点要看该行为生效的时间还是成立的时间?《企业破产法》并未给出明确规定，笔者认为应当以行为的生效时间为准而不是以行为的成立时间为准。因为虽然一般情况下法律行为成立即生效，但也不能排除二者之间存在一定的时间间隔，例如动产质押行为，签署质押协议并不是其生效的时间点，只有移交质押财产时才会发生质押的效力。如果相应的法律行为仅仅成立而并未生效，这也就意味着在当事人之间并不会产生法律行为所带来的权利义务关系，此时相应行为对当时人的约束力也就极小，因此以法律行为的生效时间为判断是否属于破产可撤销行为的时间终点更为合适。

3. 对于存在对价的偏颇性清偿行为，行为人主观要件需要考量

此构成要件是对于偏颇性清偿行为主观要件的要求，此处的主观要件就

是指债务人以及相对人在实施相应行为时其主观意思状态情况。[9]对于主观意思状态为恶意的行为，一直以来无论是否在破产法领域，都均不会得到认可。而对于主观意思状态为善意的行为则应慎重考虑，因为善意即意味着其主观上没有过错，我国民法上专门设立了善意第三人规则来规范该种情形，《企业破产法》作为我国法律体系的一部分，也并不会与民法割裂开，尤其是在破产撤销权领域，因其与民法撤销权属于同源的法律制度，故而对于民法上的善意第三人保护制度，破产撤销领域不应当无视。

本文导论部分已经介绍了撤销权制度的起源，按照《罗马法》的规定，有偿行为与无偿行为区分中，对于每种行为的主观要件要求是不同的，无偿行为不要求考虑其主观要件，因为该种行为一般对债务人和其他债权人没有任何好处，故而推定其具有主观恶意；而有偿行为则需要考虑当事人主观要件，并以此区分不同的规范手段。在破产法领域虽有一部分国家继承或继受了这种做法，但在比较法上却并没有就此进行一致的规定。

（1）一些国家不要求考虑可撤销行为的主观要件

美国《破产法》即不考虑当事人主观意思状态，无论债务人或者个别债权人的主观意思状态是善意还是恶意，都不会影响美国《破产法》对于可撤销行为的判断。法律并未将行为人恶意的动机作为认定优惠行为无效的理由。[10]其在认定是否构成“偏颇性转让”时，只考虑债务人在实施相应行为之时，是否处于无法清偿全部债务的状态，以及债务人的行为是否使得个别债权人较之其他债权人在破产时获得更高的清偿率，而对债务人的主观意思状态并不作考虑。而且其《破产法》也并未将债权人“善意”作为其对抗管理人行使破产撤销权的抗辩条件。但美国《破产法》的细致之处在于其虽然并未将行为人善意的主观意思状态作为对抗破产管理人行使撤销权的抗辩事由，却通过另外的制度规定对善意第三人的利益加以保护。在美国《破产法》中善意第三人在破产

[9] 参见王欣新：《破产法理论予以实务疑难问题研究》，中国法制出版社 2011 年版，第 199 页。

[10] 参见石静遐：《跨国破产的法律问题研究》，武汉大学出版社 1999 年版，第 272 ～ 273 页。

程序中拥有优先受偿权，其优先受偿权的范围限于其付出的财产价值，善意第三人将可以就破产财产中的等价值财产优先受偿。

而且美国《破产法》及英国《破产法》又通过设置偏颇性清偿行为的例外情形制度，来弥补其不考虑偏颇性清偿行为主观要件可能带来的有违社会公平与效率的不良影响。这一点对我国破产立法具有重要借鉴意义。

（2）一些国家或地区则需要考虑可撤销行为的主观要件

德国和日本因沿袭法国《商法典》关于撤销权主观要件的规定，其破产立法在将可撤销行为分为有偿行为和无偿行为的同时，对于有偿行为的主观意思状态作出了要求。

对于无偿行为的主观要件问题前文略有提及，此处略加解释，其实在破产可撤销制度中的无偿行为并不是不考虑其主观要件，而是已经统一了对无偿行为主观要件的认识，即对无偿行为主观要件直接推定为存在主观恶意。因为当债务人具备破产原因时，其作出的无偿行为通常情况下都会损害债权人利益，对全体债权人公平受偿权产生消极影响，而且因其不满足构成善意取得所需的“支付合理对价”要求，此时推定行为人存在主观恶意，不会损害善意第三人利益，也并不会有悖于公平正义。

对于有偿行为要求考虑其主观要件的依据在于，有偿行为即意味着存在对价，此种对价可能合理，也可能不合理。对于存在合理对价的有偿行为不可避免地需要考虑善意第三人的利益保护问题。德国《支付不能法》与日本《破产法》在破产可撤销制度中都认可对于第三人利益的保护。也就是说，两国破产可撤销制度与善意第三人制度是并行不悖的。这一点在其破产法规定中就可以看出：日本《破产法》第 161 条确认个别债权人只有在知道其前手权利人取得权利时，前手的债务人已经具备破产原因的，破产管理人才能对其行使破产撤销权。[11]而德国《支付不能法》在第 145 条中也作出了类似规定，即个别债

[11] 参见〔日〕石川明:《日本破产法》，何勤华、周桂秋译，中国法制出版社 2000 年版，第 191 页；参见日本《破产法》第 161 条。

权人只有在知道其前手权利人的权利存在可撤销的事由时，破产管理人才能对其行使破产撤销权。[12]

而对于受偿人有先后数人的情形和数人同时为受偿人时，应该如何处理？我国台湾学者史尚宽先生认为，如果受偿人有先后数人，只要其中有一人为善意取得，则其后的受偿人即使为恶意也不能行使撤销权；如果数人共同为受偿人，仅可以就恶意受偿人就其应有部分行使撤销权，对相应的善意第三人不可以行使撤销权。[13]

（3）我国《企业破产法》并未明确规定可撤销行为的主观要件

对可撤销行为主观要件的考量主要是相对于“一刀切”式推定行为当事人存在主观恶意的立法规定而言，因为当时的主观状态对其行为恶性程度具有直接影响。在破产法中，这种主观意思状态的判断不仅针对个别债权人，也针对债务人本身。前文提到，之所以需要考量个别债权人的主观状态，更多地是为了与民法善意第三人保护制度相协调，通过对善意第三人利益的保护达到破产法对于整体利益和个别利益的平衡，也是对于公平与效率两大价值的平衡。而对于债务人主观意思状态的考量，原因则在于债务人在对个别债权人为清偿行为时，并不总是因为对该个别债权人的偏爱而使其债权获得更高的清偿率，我们不能排除债务人意图通过正常交易获得个别债权人对待给付的可能性，毕竟即使在陷入经营困境的债务人中，也很少有甘愿坐以待毙，静待破产的，我们不能断绝债务人获得新生的可能性，反而应对其自救的行动给予积极的回应。很遗憾的是，我国《企业破产法》在立法和修法的过程中似乎并未重视这一点，并未借鉴德国、日本破产法中对行为人主观要件进行考量的规定，也并未

[12] 参见德国《支付不能法》第 145 条：“（1）对于撤销相对人的继承人或其他整体权利继受人，可以提出撤销。（2）对于其他的权利继受人，在下列情形，可以提出撤销：1. 权利继受人在其取得权利时，知道导致其前权利人的取得可被撤销的事由；2. 权利继受人在其取得权利时，属于与债务人关系密切的人，但其在此时不知道导致其前权利人的取得可被撤销的事由的除外；3. 权利继受人取得该财务属于无偿馈赠。”

[13] 参见史尚宽：《债法总论》，台湾荣泰印书馆 1986 年版，第 474 ～ 475 页。

借鉴美国破产法中对于善意第三人利益的特殊保护规则。

我国《企业破产法》第31条[14]规定的五种破产可撤销行为，因其行为种类特殊，这些行为一旦实施即会产生对于债务人一般财产的减少或者使个别债权人受偿地位提高的效果，无论哪一种都将对全体债权人的公平受偿权产生消极影响。因而可以说这五种行为本身就蕴含着债务人与个别债权人的主观恶意，《企业破产法》在债务人作出这些行为时推定行为人具有主观恶意其实并无不当，主要的问题在于《企业破产法》在采取这种简单的形式判断的同时一并剥夺了善意当事人的抗辩权。

我国《企业破产法》第32条[15]同样没有区分债务人与债权人的主观意思状态，对其在具备破产原因并于法定期间内（破产申请受理前六个月）作出的"个别优先清偿"行为，一律推定具有主观恶意。对于该种规定方式我国理论界一直颇有微词，理论界多主张对此种情形下行为当事人的主观意思状态应当被纳入行为是否应当被撤销以及是否应当对个别当事人进行特殊保护的考量因素。

4. 须为《企业破产法》所规范的行为

因破产撤销权的行使将直接导致本来有效的行为将归于无效，属于法律直接对经济活动的强势干预，如果该干预没有界限的话，将会严重动摇经济秩序的稳定，影响市场经济的平稳正常运行。而此种干预的行为范围应当以破产法的明文规定为限，此时就不得不考虑破产法的立法模式问题了。

---

[14]《企业破产法》第31条："人民法院受理破产申请前一年内，涉及债务人财产的下列行为，管理人有权请求人民法院予以撤销：

（一）无偿转让财产的；

（二）以明显不合理的价格进行交易的；

（三）对没有财产担保的债务提供财产担保的；

（四）对未到期的债务提前清偿的；

（五）放弃债权的。"

[15]《企业破产法》第32条："人民法院受理破产申请前六个月内，债务人有本法第二条第一款规定的情形，仍对个别债权人进行清偿的，管理人有权请求人民法院予以撤销。但是，个别清偿使债务人财产受益的除外。"

各国对可撤销行为规定的立法模式不尽相同，而这种不同的立法模式直接影响到破产可撤销制度所能规范的行为范围。现行法律体系中主要存在两种立法模式：一种是列举主义模式，该种立法模式是指将可以被撤销的行为统一规定在破产法条文中，裁判者严格依据条文判定相应行为是否应当被撤销，其自由裁量权受到很大程度的限制，我国《企业破产法》目前仍然采用该种形式。与我国《企业破产法》相类似的是法国破产法，《法国商法典第六卷：困境企业》第二编“破产重整与清算”中将无效和可撤销的欺诈行为和欺诈犯罪行为进行共同规定，并将这些行为的种类进行了一一列举。[16]另一种是概括主义与列举主义相结合的模式，该种立法模式是指破产法条文中首先通过概括式的规定将可撤销行为的某些特征或者直接将其构成要件予以明文规定，然后在条文中另行列明数种具体的可撤销行为，《德国支付不能法》与《日本破产法》均采用的是概括主义与列举主义相结合的立法模式。

列举主义立法模式有其固有优点，即使得被规定的可撤销行为尽可能地明晰，为当事人指明行为的界限，同时为裁判者设定相对统一的裁判标准，尽可能地维护司法公正和权威。但社会生活日新月异，当事人处理事务的行为模式不断变换，而法律却天然地具有滞后性，这也就意味着法律不可能详尽地将社会生活中的一切可撤销行为进行穷尽式列举，同时为了保障法律的稳定性以及降低立法成本，也不可能频繁地进行法律的修改，故而此时列举主义立法模式无法最大限度调整所规范的行为缺点就表露无遗。

而概括加列举主义立法模式是现今比较法上常采用的一种立法模式，其在具备列举主义明确性的同时，又通过概括行为特征或者构成要件的方式，使得被规范的行为范围得到最大限度的扩张，更加能够适应日新月异的社会生活，同时也更能发挥司法裁判人员的主观能动性。

在我国理论界，两种立法模式之争的结果已经基本趋于一致，即我国立法不仅仅是《企业破产法》应当尽可能采用概括加列举主义这种能更加适应社

---

[16] 参见李飞：《当代外国破产法》，中国法制出版社 2006 年版，第 351 页。

会发展需要的立法模式；而在我国立法层面却更多采用列举主义的立法模式，《企业破产法》只是其中一例，不过我相信，随着社会主义法律体系的不断完善，即使立法者最终没有采用概括加列举主义这种立法模式，也必然会突破单纯列举主义这种立法模式的束缚。

（三）偏颇性清偿行为规则的价值取向

1. 破产可撤销权制度的立法目的

破产撤销制度设立的目的在于使债务人在法定期间内处分财产的行为归于无效，从而使得本应减少的债务人一般财产，也可称为责任财产恢复或增加，以实现债务人责任财产公平清偿全体债权人的债权。[17]

上述观点为最高人民法院对于破产可撤销制度立法目的进行的理论阐述，由此可知，破产可撤销制度设置的目的即实现全体债权人的公平受偿权，该公平受偿权的实现不仅要求各个普通债权的清偿率相同，而且要求应当努力实现该清偿率的提高而不是降低，也就是说债务人的一般财产应通过破产可撤销制度达到增加或者不减少的效果，否则将有违其立法目的。

2. 偏颇性清偿行为规则的价值取向

偏颇性清偿行为是破产法中的概念，而且偏颇性清偿行为规则也已然成为破产法上独有的制度，并被一些西方学者称为破产法中的主要问题之一。[18]根据破产撤销权的立法目的可知，偏颇性清偿行为规则最终也是要实现全体债权人的公平受偿权。而这一规则的产生必然会促使部分债权人，尤其是具有信息优势（针对债务人的经营状况及财务状况）的债权人在破产程序开始前通过一系列运作来使得自己的债权尽可能多地得到清偿。当然，债务人也可能会根据自己的好恶对某些债权人单独进行清偿，无论通过何种方式，这些都会使得

[17] 参见奚晓明：《最高人民法院关于企业破产法司法解释理解与适用》，人民法院出版社 2007 年版，第 186 页。

[18] See Robert Weisberg, Commercial Morality, the Merchant Character, and the History of the Voidable Preference. (1986) 39 Standford law Review, p.3.

全体债权人公平受偿权难以实现。如果《企业破产法》欲贯彻破产撤销权的立法目的，维护全体债权人的公平受偿权，不仅需要对破产程序开始后发生的偏颇性清偿行为进行调整，而且需要对破产程序开始前的一定范围内的偏颇性清偿行为进行调整。

此外，美国麦克拉兰教授也一贯认同并主张："对于破产法而言，偏颇性清偿行为规则是其对商法最重要的贡献，一方面是因为该制度进一步阐明并巩固了破产法遵循的公平清偿原则，另一方面该制度也使得众多债权人通过竞相行使各自债权谋取更多清偿利益的想法受到限制；从而使得经济秩序正常平稳运行，商业活动积极活跃地得到开展。"[19]因为当债务人的经营状况发生困难时，往往是最需要资金、业务支持的，而此时各个债权人若竞相行使各自的债权，必然会使债务人的经营状况更加恶劣，加速债务人的灭亡，关键是这种竞相行使债权的结果不一定是最符合债权人利益的选择，因为这只会使得债务人资产严重减损，而且债权人也会丧失从债务人持续经营过程中获得收益的可能。

需要说明一点，破产债权人的公平受偿权并不会影响破产程序中已经存在担保的优先债权以及其他某些具有优先性的债权（如劳动者的劳动报酬债权、破产管理人的管理费用债权等）在破产分配程序中的优先受偿地位，因为前者属于物权优于债权原则在《企业破产法》中的具体体现，而后者则属于立法者对于某些特殊利益群体给予特别保护的类似于法政策的立法精神的体现。

（四）我国破产法之偏颇性清偿行为的具体种类

对于偏颇性清偿行为的具体种类，在比较法上的规定主要集中于英国《破产法》第239条，美国《破产法》第547条，德国《支付不能法》第130条、第131条、第135条、第136条，法国《破产法》第627—107条第3、4、6项，第621—108条以及我国台湾地区2004年发布的"破产法修正案"第95条的

[19] James A. Maclachlan, Handbook on the Law of Bankruptcy, New York, 1956, p.283.

规定，因其破产立法至今已经经历了较为漫长的过程，其间根据各种经济状况的不断变化，经过了多次修改完善，更能适应破产过程中层出不穷的可撤销行为的规范要求，其现行的相关规定对我国新生的偏颇性清偿行为规则的构建与完善存在重要借鉴意义。

我国法律关于偏颇性清偿行为的规定，主要集中于《企业破产法》第 31 条和第 32 条，以及《最高人民法院关于适用〈中华人民共和国企业破产法〉若干问题的规定（二）》（以下简称《企业破法解释二》）第 12 条、第 14 条、第 15 条和第 16 条。其中《企业破产法》第 31 条规定了两种偏颇性清偿行为，即“对没有财产担保的债务提供财产担保”“对未到期的债务提前清偿”这两种行为;《企业破产法》第 32 条规定了一种偏颇性清偿行为，即“个别优先清偿”行为，以及其例外情形，即“使债务人财产受益的除外”，但该例外情形的判断标准非常模糊，《企业破产法》对此也并未给出明确界定。《企业破产法解释二》中的第 12 条、第 14 条、第 15 条、第 16 条四条规定对偏颇性清偿行为的例外情形进行了一定程度的丰富，但也仅仅是对于具体情形的具体处置方式进行了规定，并未对《企业破产法》第 32 条规定的“使债务人财产受益”这一总括的例外情形进行明确的解释。

二、我国破产法中偏颇性清偿行为的种类及缺陷分析

（一）对没有财产担保的债务提供财产担保

1. 内涵及行为界定

在我国，该种行为的内涵是指债务人在《企业破产法》规定的法定期间内（即破产申请受理前一年内），以其一般财产为之前从未设定过财产担保的个别债权人或者第三人设定财产担保的行为。对个别债权人的债权在事后提供担保的行为，其可撤销的依据并不在于该行为是一种无偿行为，而在于当债务人已处于《企业破产法》规定的特殊期限内，此时通过提供担保的方式将普通债权人转为有担保的债权人，在客观上实现了使既存的个别债权人的债权获得优先

于其他债权人得到清偿的状态。[20]

对上述行为的理解应当注意如下几个方面的内容:(1)该行为发生的时间终点是破产申请受理之前，起点是破产申请受理之前一年，只有在这一时间段内发生的为没有财产担保的债权人另行提供财产担保的行为才会受到《企业破产法》的规范;(2)该行为中设定财产担保如果与债务的发生具有同步性，则不属于破产可撤销制度规定的范畴，这意味着债务人提供担保的债务对象必须是已经发生的债务，[21]对于为《企业破产法》第31条规定的法定期间内发生的债务同时设定担保的，不应被认定为该行为;[22](3)该行为中的“债务”范围有其特别要求，既可以是债务人的债务，也可以是债务人之外第三人的债务，无论何种债务，其表面看来都将会对全体债权人的公平受偿权产生消极影响;[23](4)该行为中用来进行担保的财产必须是债务人自身的财产，其他人的财产不应当被纳入其中。[24]因为当第三人为债务人的既存债权提供担保时，往往并不会因此降低全体债权人的破产清偿率。

2. 缺陷分析

该种偏颇性清偿行为种类的规定存在固有缺陷，即使通过上述关于其如何适用的解释也不足以弥补。

(1)该缺陷之一是指，如果债务人对于已经提供财产担保的优先债权在《企业破产法》第31条规定的法定期间内再次追加提供财产担保时应当如何处理？对此无论采取何种解释方法均不能将该种行为种类囊括进其可以规范的范

[20] 参见许德风:《论破产中无偿行为的撤销》，载《法商研究》2012年第1期。

[21] 参见《企业破产法》起草组:《〈企业破产法〉释义》，人民出版社2006年版，第133页；王欣新:《破产法原理与案例教程》，中国人民大学出版社2010年版，第115页。

[22] 参见李永军:《破产法——理论与规范研究》，中国政法大学出版社2013年版，第277页。

[23] 参见《企业破产法》起草组:《〈企业破产法〉释义》，人民出版社2006年版，第133页；李永军教授认为为他人之无担保的债权设定担保属于无偿行为，参见李永军:《破产法——理论与规范研究》，中国政法大学出版社2013年版，第278页。

[24] 参见《企业破产法》起草组:《〈企业破产法〉释义》，人民出版社2006年版，第133页；王欣新:《破产法原理与案例教程》，中国人民大学出版社2010年版，第115页。

围。因为该种行为规范的债务对象是"没有财产担保的债务",这一点已经确定无疑。

(2)该缺陷之二是指,对于债务人在事先就与个别债权人约定将为其债权提供财产担保,只是在《企业破产法》第 31 条规定的法定期间内才实际为该债权提供财产担保,对于该种情形是否应当区别对待、进行特殊处理?《企业破产法》并未给出明确的处理规则。而在比较法上其实已经存在对此种情形的考虑,其中美国《破产法》及我国台湾地区"破产法"[25]就认可了这种事先承诺担保,事后办理担保手续的效力。在破产法理论中也有依据,因为此种情形下债权的设立与担保的约定是同时发生的,这并不违反李永军教授主张的同步性原则(简易理解为债务与担保是同时设定),其虽然也会对全体债权人的破产清偿率产生影响,但是该种影响应当属于破产可撤销期限之前即可以预期到的,故其不应当被归入发生于临界期内的偏颇性清偿行为之列。此点对我国《企业破产法》中偏颇性清偿行为的完善具有重要意义。

(3)该缺陷之三是指,对于事后发生的法定担保情形(在我国即为留置权)应当如何处理,该款并未给出明确规定。法定担保毕竟与一般担保存在明显区别,其并不是双方当事人合意之后由债务人为个别债权人设定的,而是由法律直接进行规定,并直接赋予某些个别债权人的。从不同法律之间的协调角度考虑,这种担保必然享有其存在的正当合法性,不应当因为其发生于破产可撤销期限之内就面临被撤销的风险,对于该种情形的处理,我国《企业破产法》应当进行规定。

(4)该缺陷之四是指,对于在破产可撤销期间之前即已经设置的浮动抵押情形,在破产可撤销期间内其担保财产范围发生了有益于该债权人的价值增加情形,此时应当如何规范,《企业破产法》并未给出明确的规定。因为此种情况下就如同债务人在事后又给个别债权人的债权追加了财产担保,如果不进行

[25] 参见我国台湾地区"破产法"第 79 条:"对债务人现有债务提供担保,虽处于破产程序开始前 6 个月内,但债务人对于这项债务已于破产程序开始前的 6 个月前,曾经对债权人承诺提供担保时,不得对其进行撤销。"

规范将会产生享有浮动抵押权的债权人将完全规避破产撤销权调整的情形，这不符合破产可撤销制度使全体债权人获得公平清偿的立法目的。

（二）对未到期债务提前清偿

1. 内涵及行为界定

在我国，该种该行为的内涵是指，在《企业破产法》第 31 条规定的法定期间内，个别债权人的一般债务虽未到期，但债务人却依然予以清偿的行为。

因提前清偿未到期的债务相当于债务人放弃了本属于其所有的期限利益，期限利益有时虽然很难被估算出具体价值，但是确定无疑的一点是这种对期限利益的放弃行为并不会在破产程序中对全体债权人的利益带来积极影响，故从保护全体债权人公平受偿权的角度出发，理应将此种行为纳入偏颇性清偿行为规则范围内。还有一点应当注意的是，债务人清偿的债务应属于一般债务，即没有设定任何财产担保，因为设定财产担保的债权在破产清算时具有优先受偿权，此时只要清偿的价值在担保物范围之内，那么即使其属于提前清偿也不会因此损害全体债权人在破产财产分配时的债权受偿比例。

2. 缺陷分析

“对未到期债务提前清偿”行为包含非常大的信息量，《企业破产法》仅仅列明该行为，而并未对其进行一定程度的释明，并不利于司法实践的操作。

该款应注意的是“法定期间”和“未到期债务”两个问题，“法定期间”在我国《企业破产法》中指的是“破产申请受理前一年内”，在这一期间内发生的相应行为理论上都应当属于可撤销行为之列；对于“未到期债务”也很好理解，就是指对债务的提前清偿。对于提前清偿问题，在《合同法》与《企业破产法》中存在不同的认识，《合同法》第 71 条[26]对于债务人提前清偿行为原则上是认可的，只有当其清偿损害债权人利益的时候才会赋予债权人拒绝受领权。

---

[26]《合同法》第 71 条：“债权人可以拒绝债务人提前履行债务，但提前履行不损害债权人利益的除外。债务人提前履行债务给债权人增加的费用，由债务人负担。”

而破产可撤销制度因其独特的立法目的，要求保护的是全体债权人的公平受偿权，而债务人提前清偿债务的行为显然会对全体债权人公平受偿权产生不利影响，这与破产可撤销制度的立法目的相违背，理应被归入偏颇性清偿行为之列。

还有一点必须要考虑，结合《企业破产法》第32条规定的例外规则，即"使债务人财产受益"例外，如果在《企业破产法》第31条规定的"受理破产申请前一年内"这一法定期限内发生的提前清偿未到期债务行为最终使得债务人财产因此而受益，那么此时管理人本着维护全体债权人公平受偿权的宗旨，应当承认该清偿行为的效力，放弃对于此次破产撤销权的行使。因为《企业破产法》第31条对管理人行使破产撤销权的明确要求是"有权"而不是"应当"。

（三）个别优先清偿

1. 内涵及行为界定

在我国，该行为的内涵是指，债务人在《企业破产法》第32条规定的法定期间内（即破产申请受理之前六个月），且具备破产原因的情况下仍然对个别债权人的一般债权进行清偿的行为。[27]

债务人对其债务的清偿属于其法定义务，一般情况下并没有清偿顺序的强制性要求，因为当债务人经营状况良好、资金充裕的情况下，先清偿哪一个债权以及提供何种担保、何时提供担保均可由债务人自行决定，自当没有疑问。但《企业破产法》并不遵循这种民法上的一般清偿规则，因为当破产程序一旦开展即意味着债务人丧失了清偿全部债权的能力，此时如果仍然放任债务人自由决定清偿顺序及条件，则必然会对其他债权人的受偿权受到影响，这明显不符合法的公平正义的要求。因此将特定时期债务人对个别债权的清偿行为纳入偏颇性清偿行为规则的调整范畴之内，维护全体债权人的公平受偿权就变得非常有必要。[28]

---

[27] 参见《企业破产法》起草组：《〈企业破产法〉释义》，人民出版社2006年版，第135页。

[28] 参见韩长印：《个别强制执行与破产的双重立法选择》，载《河南省政法管理干部学院学报》2000年第6期。

对该行为的理解同样应注意，债务人清偿的对象应当是没有其提供的财产担保的普通债权，如果是债务人以自由财产提供担保的优先债权，则其清偿不在“个别优先清偿”行为需要规范的范围之内。但如果该财产担保是由第三人代债务人提供的，此时清偿的债权虽然是有财产担保的债权，但因其清偿行为仅仅是解除了第三人的担保义务，对于债务人财产而言并不会产生增加或者是无影响的效果，故此时的清偿也是与破产可撤销制度的立法目的相违背的，也应当被撤销。[29]

需注意，《企业破产法》第32条对于“个别优先清偿”行为这种偏颇性清偿行为的范围进行了限缩（也可以称作扩张）。破产申请受理前一年内的“个别优先清偿”行为的撤销虽然是有利于全体债权人的，能够提高全体债权人的清偿比率，但债权人是善意的情况下，该交易也是不应当被撤销的，因为善意的个别债权人若可以提供证据证明其在接受债务人清偿时确实不清楚债务人已经具备破产原因，此时却仅以该清偿行为处于临界期内就予以撤销的话，无异于否定任何临界期内的受偿行为，这无疑对债权人行使受偿权设置了更多的障碍，债权人需要额外花费大量的时间与金钱去查证债务人的经营状况，使得本来简单的受偿行为复杂化。因此在“个别优先清偿”行为中考量债权人主观状态就变得尤为重要，

而《企业破产法》第32条对该种偏颇性清偿行为的限缩之处在于：并未将该种行为发生的时间界限限定为一年，而是缩减为六个月，如果被撤销的“个别优先清偿”行为是在破产申请受理前六个月内发生的，且债务人在行为时已经具备破产原因，那么即使接受清偿的个别债权人为善意也将面临被撤销的命运。这种撤销权行使要求的变化，其理由在于破产可撤销制度的立法目的是保障全体债权人的公平受偿权，而依据《企业破产法》的规定更可以看出，越是临近“破产申请受理”这一时间点，《企业破产法》对于全体债权人公平受偿权的保护就越强烈，反之则更加注重对于维护市场交易秩序的维护。

[29] 参见《企业破产法解释二》第14条。

2. 缺陷分析

（1）该条规定在规定偏颇性清偿行为中的“个别优先清偿”行为这种类型应当被撤销之外，还人性化地设计了两个条款，其一为抗辩条款，即债务人或个别债权人在破产管理人行使对“个别优先清偿”行为的撤销权时，可以债务人为清偿行为时尚未具备破产原因进行抗辩；其二为例外条款，即债务人或个别债权人在破产管理人行使对“个别优先清偿”行为的撤销权时，可以债务人的清偿行为实际上会使得债务人财产受益豁免，而此时该例外条款在一定程度上也可以被称为抗辩条款。[30]但该抗辩事由与例外情形显然并不能仅仅依据字面意思就可以得出准确判断，而《企业破产法》却并为对此进行明示。故有必要对这两种情形的适用要求进行简要梳理。

首先，在判断债务人是否具备破产原因时应当考虑以下两点内容。

第一，《企业破产法》第 32 条规定的法定可撤销期间的范围问题。根据第 32 条的规定，“个别优先清偿”行为被规范的时间界限为“破产申请受理前六个月”，该规定不应当被理解为“个别优先清偿”行为发生于六个月期限内，而且在这六个月期限内的某个时间点债务人具备了破产原因时，就符合破产撤销权的形式条件，而应当将这两个条件进行明确限制。正确解释应为：当债务人在此期间内具备破产原因，此时法定可撤销期间的范围实际上会缩减到“具备破产原因”与“破产申请受理”两个时间节点之间，而该部分不一定均与六个月的期限相吻合；只有发生于这个时间段内的“个别优先清偿”行为才可以被撤销，即只要债务人对个别债权人的到期债权进行清偿时债务人未具备破产原因，则其清偿行为应自始有效且不可被撤销。

第二，债务人具备破产原因这一要求应当如何理解。我国《企业破产法》对于债务人是否具备破产原因的判断标准的规定集中于其第 2 条第 1 款，[31]将判断是否具备破产原因的标准划分为两大类，一类为债务人不能清偿已经到期

[30] 参见韩长印：《破产撤销权行使问题研究》，载《法商研究》2013 年第 1 期。

[31] 参见《企业破产法》第 2 条第 1 款：“企业法人不能清偿到期债务，并且资产不足以清偿全部债务或者明显缺乏清偿能力的……”

的债务，并且其全部资产不能清偿其全部债务，二者缺一不可；另一类判断标准主观性较之第一类更强，即“债务人明显缺乏清偿能力”。对于这两种判断标准，笔者更倾向于适用第一种，第一种判断标准相对比较客观，可以通过债务人的资产与负债情况等财务数据加以衡量，而第二种则给了法官非常大的自由裁量权，何为“明显缺乏”？对这一个程度词的解释直接影响到最终判断，而法官对于该标准的理解也将会发生类似于“一千个人眼中就有一千个哈姆雷特”的奇特景象，不利于实现司法公正。

那么我们在适用第一种判断标准的时候，还需要考虑一个问题：不能清偿已到期债务并不意味着债务人一定资不抵债，也就是说第一种标准中的两个条件并不一定是同时发生的，此时在司法审判中应当以哪一个条件成就作为判断债务人具备破产原因的时间节点？笔者认为应当以债务人出现“全部资产不足以清偿全部债务”的时间作为判断债务人具备破产原因的时间节点，[32] 因为此时间节点之后的债务人无论清偿哪一个债务，都无法符合破产可撤销制度甚至是整个破产法的立法目的，都将损害全体债权人在之后展开的破产程序中的公平受偿权。

其次，对“使债务人财产受益”这一例外标准的规定过于原则性，缺乏具体的适用标准。

上述例外标准因其没有具体的判断标准，司法审判中往往会就此产生极大争议，虽然后来的《企业破产法解释二》第16条[33]对于该种例外情形，通过列举式的规定扩充了其适用情形，但第16条也仅仅列举了三种情形，且其中一种还属于兜底条款，其适用价值局限性非常大。

从上述例外情形中还衍生出另外一个问题：只要可以“使债务人财产受

---

[32] 参见韩长印：《破产撤销权行使问题研究》，载《法商研究》2013年第1期。

[33] 参见《企业破产法解释二》第16条：“债务人对债权人进行的以下个别清偿，管理人依据企业破产法第三十二条的规定请求撤销的，人民法院不予支持：（一）债务人为维系基本生产需要而支付水费、电费等的；（二）债务人支付劳动报酬、人身损害赔偿金的；（三）使债务人财产受益的其他个别清偿。”

益”的，债务人就可以随意为之吗？答案显然是否定的，最高人民法院曾就该问题作出过解释，其强调破产可撤销制度的立法目的在于增加债务人责任财产，或者说提高全体债权人在破产清算时的债权受偿比例，而当债务人存在多种行为选择，且每种行为作出后都会使债务人财产受益，但债务人只能择一行使时，其必须选择可以最大程度使债务人财产受益的一种行为，这样才符合《企业破产法》第32条乃至整个《企业破产法》的立法意图。[34]

（2）对到期债务的清偿是否应当因其处于破产临界期内而予以撤销。对于该问题比较法上也一直存在争议，关于该问题的争议主要集中于对到期债务的清偿是否应当考虑行为当事人的主观意思状态，我国《企业破产法》第32条的“个别优先清偿”行为并未区分到期债务与未到期债务，只要符合《企业破产法》第32条规定即可被破产管理人撤销，而第32条与第31条一样均未规定需要考虑行为人的主观意思状态。具体争议如下。

其一，我国台湾地区“破产法”的相关规定以及以英国和美国为代表的英美法系国家破产立法，均主张债务人对于到期债务的清偿属于其法定义务，并不会因处于为破产临界期而有所不同，而且正因为这属于债务人的法定义务，故而行为当事人的主观意思状态为善意还是恶意，都不会影响其清偿效力。[35]

其二，以法国、德国以及日本为代表的大陆法系国家破产立法主张对于到期债务清偿的撤销必须要考虑接受清偿的个别债权人的主观意思状态，只有当该债权人在接受清偿时主观意思状态为恶意时，破产管理人才可以将债务人对该债权人到期债务的清偿行为撤销。在法国《商法典》第6卷第108条中明确指出，个别债权人在知晓债务人具备破产原因的情况下仍然接受债务人对其到期债务的清偿的，该清偿行为属于无效行为。[36]只是法国在此种情形下仅仅

[34] 参见《企业破产法》起草组：《〈企业破产法〉释义》，人民出版社2006年版，第136页。

[35] 陈荣宗：《破产法》，三民书局1986年版，第263页。

[36] 参见法国《商法典》第6卷：《困境企业司法重整和清算法》第108条：“任何人在已知债务人停止支付的情况下接受债务人对到期债务的支付或与债务人签订有偿合同，法院可以宣告其无效。”

考虑的是个别债权人的主观意思状态。而德国及日本虽然也考虑行为当事人的主观意思状态，但其为推定行为当事人存在主观恶意，其破产立法或者司法审判实践中均认同债务人危机期间对于个别债权人的到期债务的清偿有害于全体债权人的公平受偿权实现，该清偿行为应当被撤销而归于无效。但也相应地赋予行为当事人以善意抗辩权。[37]

其三，我国《企业破产法》第32条对于债务人清偿到期债务这一行为的态度是明确的，即只要该行为发生于破产申请受理前六个月这一法定期间内，破产管理人就可以将该清偿行为撤销，而且此时，推定行为当事人在为清偿和受偿行为时具有主观恶意。这种规定在一定程度上借鉴了日本和德国破产立法及司法实践的相关做法，但我国破产可撤销制度规定得相对简陋，在借鉴这一做法的同时并未同时规定行为当事人的善意抗辩权用以弥补制度漏洞。

对此，笔者认为对到期债务的清偿固然属于债务人的法定义务，接受债务人履行债务也固然是债权人的法定权利，但破产程序毕竟存在其特殊性，在破产程序开始时该特殊性应当被优先考虑，对到期债务的规定十分有必要；同时破产程序的特殊性又并不是在任何情况下都必须优先的。出于对不同法律体系的协调以及最终实现法的公平正义角度考虑，赋予行为当事人可以通过举证证明其行为是主观善意的方式，对抗破产管理人破产撤销权的处理方法更加稳妥、合理。[38]

对到期债务的清偿发生在《企业破产法》第32条规定的六个月与第31条规定的一年之间时，应当如何对待？是否应当纳入偏颇性清偿行为规则适用范围之内？

实际上《企业破产法》并未给出禁止性规定，原则上不应当纳入偏颇性清偿行为规则适用范围之内。其依据在于如果将上述行为作为偏颇性清偿行为予以撤销，无疑相当于将《企业破产法》第32条规定的法定期间强行从六个月

---

[37] 参见〔日〕伊藤真：《破产法》，刘荣军、鲍荣振译，中国社会科学出版社1995年版，第226页。

[38] 参见王欣新：《破产法原理与案例教程》，中国人民大学出版社2010年版，第116页。

扩展到一年，而这种扩张是没有任何事实及法律依据的，《企业破产法》并不能够自圆其说。[39]而且《企业破产法解释二》第 12 条[40]也明确指出在六个月至一年这一时期内清偿的未到期债务都可以因破产申请受理前到期的事实而免于被撤销，根据举重以明轻的解释方法，在这一期间内对到期债务的清偿理应受到《企业破产法》的保护。

三、偏颇性清偿行为范围扩张及例外情形分析

（一）偏颇性清偿行为范围的扩张

前文以我国《企业破产法》规定的偏颇性清偿行为为基础，结合比较法以及法学理论，对我国偏颇性清偿行为的理解与缺陷进行了比较详细的论述，但仍有诸多不足之处，尤其是我国《企业破产法》并未将债务人的特殊关系人纳入其规范范围。

我国偏颇性清偿行为规则应当将与债务人存在特殊关系的债权人类型及规范规则予以明确。

偏颇性清偿行为往往发生在债务人及与其存在特殊关系的债权人之间，这些债权人对债务人的经营状况及财务状况多具有信息优势，或者债务人对这些债权人存在某种偏好或者商业上的特殊利益关系。债务人更容易与这些债权人之间发生偏颇性清偿行为，因而这些债权人也应当成为被破产法偏颇性清偿行为规则规范的重点对象。

各国破产法一般均将与债务人存在某种特殊关系的债权人作为破产可撤销制度规范的重点对象。通过规定较之一般情形更长的临界期或者推定的方式使得撤销权的行使变得更加简便，以此来实现保护全体债权人的公平受偿权。

[39] 同上注，第 115 页。

[40]《企业破产法解释二》第 12 条："破产申请受理前一年内债务人提前清偿的未到期债务，在破产申请受理前已经到期，管理人请求撤销该清偿行为的，人民法院不予支持……"

德国《支付不能法》第130条第3款[41]和第131条第2款[42]分别对债务人存在特殊关系的债权人进行了规定，其主要规则为采用推定方式将这些特殊关系人的某些行为纳入破产可撤销行为的范畴，具体做法为：推定与债务人存在《支付不能法》第138条规定的特殊关系的债权人在做出某种可能被撤销的行为时知道债务人处于没有支付能力或破产程序已经开始申请；或者推定该债权人知道其存在损害其他破产债权人债权实现的主观恶意。

美国《破产法》则是通过规定更长的临界期的方式，对与债务人存在特殊关系的债权人进行特别规定。其第547条（b）款第（4）[43]项对“偏颇性转让”行为的撤销规定了九十天的临界期，即在破产申请提出日前九十天内（包括九十天）发生的“偏颇性转让”行为将被撤销，同时规定，如果“偏颇性转让”行为发生在债务人与《破产法》第101条第30项所规定的“内部人”之间，则该偏颇性清偿行为撤销的临界期将延长至一年。

无论是在特殊关系人的范围还是其特别规范规则方面，我国《企业破产法》都未对该类与债务人存在特殊关系的债权人进行特别规定，这无疑使得某些与债务人存在特殊关系的债权人可能逃避偏颇性清偿行为规则的规范。对此，笔者认为应当设定一个与债务人存在特殊关系的债权人的具体范围，在参照比较法中比较完善的立法例以及参考我国《公司法》中关于关联关系人规定的情况下，对我国破产法中特殊关系债权人范围进行限定，同时设置相应的规范规则。

---

[41] 德国《支付不能法》第130条第3款：“相对于一个在作出行为时与债务人关系密切的人（本法第138条）推定其知道无支付能力或破产程序开始申请。”

[42] 德国《支付不能法》第131条第2款：“对于本条第1款第3项的适用，知道必然得出损害破产债权人利益的推论的情况，视同知道损害破产债权人的利益。相对于一个在作出行为时与债务人关系密切的人（本法第138条），推定其为知道损害破产债权人的利益。”

[43] 美国《破产法》第57条（b）款第（4）：“除非本条（c）另有规定，托管人可以消除债务人在破产财产上利益的任何转让——（4）在下列情况发生时：（A）在破产申请提出日之前90天内或90天时；（B）或在破产申请提出前90天和一年之间，如果该债权人在该转让发生之时还是内部人。”

德国《支付不能法》第138条限定了与债务人存在特殊关系的债权人的范围，其因债务人是自然人还是法人的不同而分别规定其特殊关系人。当债务人为自然人时，其特殊关系人主要是其配偶、生活伴侣以及这些人的直系血缘亲属和其家庭成员；当债务人为法人时，其特殊关系人为其董事、监事、高级管理人员，承担个人责任股东及占四分之一股权的股东，公司员工中或合作伙伴中了解其经济状况的主体等。而美国《破产法》对特殊关系人的划分更加详细，其第101条第30项规定的“内部人”范围，以债务人是个人、法人或合伙企业等而有不同的规定。但总体来说主要包括债务人、一般合伙人或他们的亲属、合伙企业，债务人的董事、监事、高级管理人员或实际控制人等。我国《公司法》第216条第4项[44]也明确规定了与公司存在关联关系人员的范围，将控股股东、实际控制人以及其董事、监事、高级管理人员作为公司的关联关系人予以特别规范。这些都为我国立法在偏颇性清偿行为规则中对特殊关系人进行特别规定提供了宝贵的借鉴意义。

（二）偏颇性清偿行为的例外情形

1. 偏颇性清偿行为规则的例外情形原因

前文已经阐述过，我国最高人民法院对于破产撤销权制度的设立目的进行了确认，即“使债务人一般财产也可称为责任财产恢复或增加，从而保护全体债权人的利益”。此立法目的最终落脚在“全体债权人利益”上，进而被解释为维护全体债权人的公平受偿权，这一点已经被广泛认同。但对该立法目的的认同并不代表对于破产法公平与效率的价值之争已经有了定论。

债务人进行的商业活动并不都是有害于其自身或者其债权人的利益，其在破产程序开始前一段时间内的正常商业活动也存在使得债务人财产受益的可能，而债务人积极财产的增加或者消极财产的减少会直接使得其债权人在破产

[44]《公司法》第216条：“本法下列用语的含义：……（四）关联关系，是指公司控股股东、实际控制人、董事、监事、高级管理人员与其直接或者间接控制的企业之间的关系，以及可能导致公司利益转移的其他关系。但是，国家控股的企业之间不仅不因为同受国家控股而具有关联关系。”

程序中的受偿比例增加；而且债务人的某些行为虽然并不能给其财产带来有益影响，但其纯粹出于主观善意，此时也需要考虑善意相对人的利益保护问题。这就不可避免地要讨论破产撤销权制度中的偏颇性清偿与民法善意取得制度的关系问题。《企业破产法》与我国其他法律规定同属于社会主义法律体系的范畴，它们之间并不是割裂的，而是一个相互统一的整体，破产撤销权制度与我国法律体系中的其他制度也并不是水火不相容的。成文法律法规的规定永远都是带有原则性的条文，其博大精深的内涵及立法意图均需要我们广大法律工作者不断地进行探求。

偏颇性清偿行为规则的制度设计，无可避免地需要在追求债权人之间受偿权的绝对平等（即社会绝对公平）与维护正当的商业预期（即经济效率）两个目标之间进行权衡。如果我们采取“一刀切”式的处理方式，无论客观情况如何，也不管债务人与债权人行为是出于何种主观意思状态，仅仅以所谓的追求债权人之间受偿权的绝对平等，无疑会使得经济生活中的正常交易预期被打破，进而造成交易秩序的间接动荡，甚至会造成一旦债务人经营或财务状况陷入困境后即无法参加任何正常商业活动的尴尬局面，这与破产撤销权的立法目的显然是南辕北辙的。学界虽然对破产法的价值选择是社会公平还是经济效率的争议一直没有定论，但无疑均认可这两种价值并不是水火不相容的，而应当达到某种平衡。“无论自维护交易秩序稳定的角度出发，还是自促使经营状况陷入困境的债务人自救再生的角度出发，破产可撤销制度都应当存在对其追求的全体债权人公平清偿程序进行一定程度的破坏。”[45]也就是有必要设计例外情形。

对偏颇性清偿行为的例外情形进行相对全面的规定之后，就会直接作用于债务人的正常商业往来，可以使得交易相对人在与经营或财务状况陷入困境的企业进行商业活动时打消顾虑，根据法律规定来调整自己的商业行为，使得

[45] John Armour, Howard Bennett, Vulnerable Transactions in Corporate Insolvency, Hart Publishing, 2003, p.125.

债务人企业多了一丝走出困境的可能，或者尽可能多地为其债权人增加积极财产。这不仅使得债权人公平受偿权得到最大限度的保障，也最大限度地保障了债务人企业在进入破产程序之前进行的商业活动的效率和安全。

2. 我国偏颇性清偿行为例外情形制度设计的现状

总体来说，我国偏颇性清偿行为例外情形制度设计过于简陋，例外情形标准不明晰，分项列举不全面，使得其在实际操作中实用性并不大。

我国 2006 年颁布的《企业破产法》第 32 条明确规定，债务人的“个别优先清偿”行为如果可以使得“债务人财产受益”，则不可被撤销。该条文规定了我国偏颇性清偿行为规则的例外情形，即“使债务人财产受益”，这无疑是我国破产法立法进程中的一大进步，但该例外条文的规定过于原则化、框架化，而且立法也并未对“使债务人财产受益”进一步进行阐述，故而使得该例外情形的运用充满不确定性。

2013 年，最高人民法院颁布的《企业破产法解释二》第 12 条、第 14 条、第 15 条、第 16 条又分别补充规定了四种偏颇性清偿行为规则的例外情形，第 12 条实际上是对《企业破产法》第 31 条第 1 款第 4 项规定的“对未到期债务的提前清偿”的适用范围进行了限缩；第 14 条、第 15 条、第 16 条则属于破产撤销权的例外，这些例外规定均是对《企业破产法》第 32 条规定的“个别优先清偿”行为的例外。

（1）第 12 条[46]规定的例外情形，实际上是对《企业破产法》第 31 条第 1 款第 4 项规定的“对未到期债务的提前清偿”的适用范围进行了限缩。此时虽然是在破产申请受理前一年内提前清偿未到期债务，但是只要该清偿行为发生的时间处于破产申请受理前六个月到一年之间，且该债务于破产申请受理之前已经到期，那么此时的清偿行为均不应当被撤销；如果该清偿行为是在破产申请受理前 6 个月内发生，但债务在破产申请受理前就已经到期，那么此时应当

[46]《企业破产法解释二》第 12 条：“破产申请受理前一年内债务人提前清偿的未到期债务，在破产申请受理前已经到期，管理人请求撤销该清偿行为的，人民法院不予支持。但是，该清偿行为发生在破产申请受理前六个月内且债务人有企业破产法第二条第一款规定情形的除外。”

依据《企业破产法》第32条的规定进行判断，如果债务人已经具备破产原因，则该提前清偿行为应当被撤销。

（2）第14条[47]对于《企业破产法》第31条第1款第4项规定的“对未到期债务提前清偿”行为依然适用，因为对于存在担保物权的债权进行提前清偿，一般并不会损害全体债权人的利益，该清偿行为被撤销之后，相应的债权人仍然有权在担保物权范围内获得优先受偿，此时对于该清偿行为的撤销将没有实际意义。

（3）第15条[48]规定的执行行为是否可以被撤销在学界一直存在肯定说与否定说两种截然不同的观点。

肯定说主张，通过执行行为获得清偿与通过其他偏颇性清偿行为获得清偿，在本质上都属于债务人对个别债权的清偿，此种清偿都会损害全体债权人的公平受偿权，故而执行行为应当可以被撤销。德国破产立法即承认此种撤销，德国《支付不能法》第141条[49]明确规定即使取得可用于执行的法律文书或者已经进行了强制执行的债务依然可以被撤销。

否定说认为，执行行为天然地带有司法权威，对执行行为的撤销不可避免地要考虑这一点，而且，个别债权人发动执行程序时，其他债权人并不是就此丧失了救济程序，债权人可以直接申请破产程序，以此来中止执行程序。

对于上述争议，《企业破产法解释二》第15条对此进行了明确规定，该条文显然糅合了肯定说与否定说两种观点，认可了经执行程序清偿的债权原则上不可被撤销的观点，但也同时规定了相应的例外情形，即经过司法程序对债

[47]《企业破产法解释二》第14条：“债务人对以自有财产设定担保物权的债权进行的个别清偿，管理人依据企业破产法第三十二条的规定请求撤销的，人民法院不予支持。但是，债务清偿时担保财产的价值低于债权额的除外。”

[48]《企业破产法解释二》第15条：“债务人经诉讼、仲裁、执行程序对债权人进行的个别清偿，管理人依据企业破产法第三十二条的规定请求撤销的，人民法院不予支持。但是，债务人与债权人恶意串通损害其他债权人利益的除外。”

[49] 德国《支付不能法》第141条：“撤销不因已为该法律上的行为取得可执行的债务名义或因行为系由于强制执行所致而排除。”

权人进行的“个别优先清偿”行为不可被撤销，认可了经过司法程序后进行的“个别优先清偿”存在司法公信力，对其进行撤销将极大地动摇法院等机关的司法权威。只有在清偿人与受偿人存在“恶意串通以损害其他债权人利益”的情况下才会被撤销，而且根据《民事诉讼法》第 112 条[50]的规定，在被撤销的同时，清偿人与受偿人可能面临罚款、拘留的处罚，构成犯罪的将被追究刑事责任。

（4）第 16 条[51]的“个别优先清偿”行为属于因维持债务人生产经营所需而进行的“个别优先清偿”行为，如果将此类清偿行为列入可撤销的偏颇性清偿之列，将会使得很多本可以挽救的企业处于一种无人敢与其进行交易的状态，这无疑会加速企业的死亡速度，毕竟企业的破产并不一定符合全体债权人的利益。

3. 我国偏颇性清偿行为例外情形制度设计缺陷分析

我国偏颇性清偿行为例外情形制度源于《企业破产法》第 32 条规定的“使债务人财产受益”例外，其法律架构是以此为基础，并通过《企业破产法解释二》中的 4 个条文进行规定，这一点前文已经指出过。而正是由于内容如此简单的立法现状，导致我国偏颇性清偿行为例外制度存在诸多缺陷。

其一，其法律规定结合起来看虽与概括加列举主义的立法模式相类似，有一个总括式的规定（使债务人财产受益）以及数个列举式条文，但是仔细观察会发现，此处所谓的“概括式”规定明显不能总结例外情形的特征或者构成要件，甚至都不能包含《企业破产法解释二》中规定的 4 个条文中的例外情形。其仍然没能走出我国《企业破产法》单纯列举主义的立法模式，单纯列举主义

[50]《民事诉讼法》第 112 条：“当事人之间恶意串通，企图通过诉讼、调解等方式侵害他人合法权益的，人民法院应当驳回其请求，并根据情节轻重予以罚款、拘留；构成犯罪的，依法追究刑事责任。”

[51]《企业破产法解释二》第 16 条：“债务人对债权人进行的以下个别清偿，管理人依据企业破产法第三十二条的规定请求撤销的，人民法院不予支持：（一）债务人为维系基本生产需要而支付水费、电费等的；（二）债务人支付劳动报酬、人身损害赔偿金的；（三）使债务人财产受益的其他个别清偿。”

立法模式的弊端在偏颇性清偿行为例外情形制度中显现得要比偏颇性清偿行为撤销制度要严重得多。

其二，尽管《企业破产法解释二》对偏颇性清偿行为规则进行了补充完善，但仍然未对《企业破产法》第32条规定的“使债务人财产受益”进行明确解释，使得这一原则性标准的适用仍然模糊不清。前文中对于偏颇性清偿行为构成要件的论述部分，即第2条“有害于债权人利益的行为”论述过程中，笔者曾在债务人财产变化情况与债权人受偿地位变化两个方面进行阐述，虽然对理解何为“使债务人财产受益”有一定帮助，但仍然显得比较模糊。例如，使债务人财产受益与使债务人受益有何实质区别，财产的受益是否仅指物质利益的增加还是可以包括无形财产的增加，无形财产的增加如何评估其价值以及来自第三人的担保或自愿承担债务等能否算入“使债务人财产受益”范畴等问题，仍然有待立法予以明确。

其三，在偏颇性清偿行为例外情形制度设计中，仍然未将当事人主观意思状态加以考虑，这虽然延续了《企业破产法》中的偏颇性清偿行为规则对当事人主观意思状态的传统态度，但却使得例外情形制度在操作过程中更加“武断”，使某些善意当事人的合法权益遭到不可恢复的损害，这与例外情形制度的设置初衷是不相符的。

4. 我国偏颇性清偿行为例外情形制度的扩张

前文已经分析过，我国偏颇性清偿行为例外情形制度存在先天性的缺陷，为弥补该缺陷我们不能仅仅闭门造车。大胆借鉴域外成熟的立法例，并结合我国国情创设出具有中国特色的例外情形制度，将是完善我国偏颇性清偿行为制度的一条捷径。

在比较法上，美国《破产法》第547条（c）规定了八种例外情况，即“同时发生新价值”“对正常债务的正常清偿”“授权担保利益”“后位发生新价值”“在库存或者应收账款上设置的浮动担保”“法定担保”“抚养费的支付例外”“消费案件中的小额转让”，对于这些情况，破产管理人不能对于受偿人行使破产撤销权。但是本着“谁主张谁举证”原则，应当由受让人承担对于其优先于其他债权人得到优先受偿的行为属于该种例外情形的举证责任。

基于本文前述对于偏颇性清偿行为例外情形制度的缺陷分析，在上述美国《破产法》规定的偏颇性清偿行为的例外情形中，“同时发生新价值”及“后位发生新价值”两种情形，对我国破产立法颇具借鉴价值。

（1）同时发生新价值

“同时发生新价值”的含义，即为债务人与债权人在法律规定的破产可撤销期限内发生的财产转换行为，该种财产转换行为要求债务人在将财产转让给债权人之时必须获得来自债权人提供的“新价值”，而且该转让财产与提供新价值的行为应当同时发生。例如，债务人对有财产担保的债权人进行清偿，在清偿的同时解除了与所清偿债务价值相同的债务人财产担保，此时债务人财产担保的解除就属于“新价值”。

（2）后位发生新价值

“后位发生新价值”的含义，即为债务人在法律规定破产可撤销期限之内发生财产支出，该财产支出的同时虽不会立即获得不低于支出财产的等价物，但在此后可预期的时间内债务人将会获得该价值的行为。

对于此种情形的理解应当秉持一种理念，即债务人与债权人之间的这种财产转换行为不能存在损害偏颇性清偿行为规则的不当意图，并且这种转换不能使得债务人的财产减少，也并不会使全体债权人的破产清偿率降低，实际上仅仅是债务人的财产形式由一种形式转换成为另外一种形式，只是这种财产转换有时是几乎同时发生的，而有时却可能是间隔一段时间后发生的。其法律原理在于债务人获得的“新价值”将会补足债务人因为个别清偿而减少的财产。根据破产撤销权的立法目的（即增加债务人财产，进而维护全体债权人利益），将这种财产转换行为归入偏颇性清偿行为范畴，依据《企业破产法》对其进行撤销，并不能增加债务人的财产，甚至可能因为管理人需要进行诉讼等活动而增加一些不必要的事务性支出，进一步减少破产财产的总量，间接降低全体债权人将获得的破产清偿率，这明显与破产撤销权的立法目的背道而驰。

结合我国《企业破产法》第 32 条规定的例外情形即“使债务人财产受

益”，在对“受益”一词进行理解时，可以借鉴美国《破产法》对于“同时发生新价值”“后位发生新价值”的规定，将债务人的财产转换行为会获得新价值，且该新价值的获得应不低于债务人因此而支出的财产，并且不因此降低全体债权人的破产清偿率作为“受益”的底线。

四、完善我国破产法中偏颇性清偿行为制度的建议

（一）明确偏颇性清偿行为构成要件

1. 对发生于破产程序开始之后的相应行为是否属于偏颇性清偿行为进行明确规定

对于偏颇性清偿行为发生的时间是各国破产立法以及理论界都认同的偏颇性清偿行为构成要件之一。从破产法的立法目的出发，即通过对偏颇性清偿行为的撤销，来增加债务人财产总量，进而提高全体债权人的破产清偿率，再结合司法实践的大量实例证明，偏颇性清偿行为中的绝大多数行为种类均是发生在“破产程序开始”这一时间节点之前的，因为破产程序一旦开始，债务人就会丧失处分其财产的权利，其一切偏颇性清偿行为将直接归于无效。那么“破产程序开始之前”这一个时间起点应当如何理解呢？显然“破产申请的受理时间”并不能等同于“破产程序开始”，破产申请受理之后法院还存在审查义务，当确定债务人符合破产条件（在我国即为符合《企业破产法》第 2 条）之后，才会宣告启动破产程序。

“破产程序开始之前”显然既包括“破产申请受理之前的法定期间”，也包括“破产申请受理之后至破产程序开始之前的期间”，对于前者各国破产立法虽然规定的法定期间不尽相同，但均将其界定为破产可撤销行为的法定构成要件；而对于后者，包括我国《企业破产法》在内的各国破产立法则均未提及，也许是认为除却破产法规定的时间要件外，在此时间段内发生的相应行为当然具有偏颇性，当然属于偏颇性清偿行为之列。但是从破产法的明确规定出发，却并不能推定出“破产申请受理之后至破产程序开始之前的期间”发生的相应

行为属于偏颇性清偿行为，因为《企业破产法》已经明确规定，偏颇性清偿行为发生于破产申请受理之前。

故而，从维护《企业破产法》的权威性出发，《企业破产法》应当在其条文中明确：可撤销期间必然包括“破产申请受理之后至破产程序开始之前”的期间。

2. 对偏颇性清偿行为的主观状态作出明确规定

我国《企业破产法》并未就偏颇性清偿行为的主观构成要件作出明确规定，但实务界与理论界一般均认为《企业破产法》规定偏颇性清偿行为对于行为人主观状态的态度是：推定其存在主观恶意。这种制度设计确实为管理人行使破产撤销权提供了便利，最大限度地阻止了债务人财产的流逝，保障了全体债权人的公平受偿权。但此种推定是一种“一刀切”式的处理方式，不可避免地出现诸多不合理之处，严重忽视了善意当事人利益的保护，并不符合法的公平正义要求。

笔者并不是要全面否定我国《企业破产法》这种对行为人主观状态的推定方式，而是试图在维护《企业破产法》的稳定性的基础上，弥补这种单纯推定方式的不足之处。主要是设置善意当事人就其主观状态为善意抗辩权，以此对抗管理人的破产撤销权，同时结合偏颇性清偿行为例外情形来共同规范偏颇性清偿行为。具体安排是《企业破产法》第31条规定的“对没有财产担保的债务提供财产担保”“对未到期的债务提前清偿”两种偏颇性清偿行为因其对于债务人来说一般均为无偿行为，除非其存在“使债务人财产受益”这一例外情形，否则推定其为恶意并无不当，此时行为双方当事人均不可以其善意抗辩管理人的破产撤销权；而对于《企业破产法》第32条规定的“个别优先清偿行为”则不同，其清偿行为很可能是对于正常交易的支付，此时在赋予双方当事人“例外情形”抗辩权之外，还应赋予其善意抗辩权，从而实现《企业破产法》保护整体利益与个体利益的平衡。

3. 立法模式之改进

立法模式的选择，直接关系到我国偏颇性清偿行为规范范围的大小，对列举主义立法模式适用时不周延的弊端在前文已经进行了详细探讨，在中国特色社会主义法律体系不断完善的过程中，单纯列举主义这种立法模式已经越来越不适应司法审判的现实需要。在我国破产案件激增、《企业破产法》诸多规定亟待调整的大背景下，《企业破产法》应当积极与国际接轨，吸收各国破产立法模式之优点，改单纯列举主义立法模式为“概括加列举主义”立法模式，从而使我国《企业破产法》上偏颇性清偿行为制度的适用更加灵活，更好地满足司法审判需要。

（二）“对没有财产担保的债务提供财产担保”情形的完善建议

1. 对业已存在财产担保的债务继续追加财产担保情形的处理

该种情形实际上与“对没有提供财产担保的债务提供财产担保”可撤销在原理上是相同的，仅仅是《企业破产法》的规定将此种情形遗漏掉，从而使得该种情形无法直接通过法律规定受到破产撤销权的规范。故对此，《企业破产法》或其司法解释应将该种情形纳入偏颇性清偿行为之列。

2. 债务人在事先即与个别债权人约定将提供财产担保，实际在临界期内办理手续情形的处理

该种情形应当被排除在偏颇性清偿行为之外，因为该种情形下设置的财产担保虽然会影响全体债权人在债务人破产时的债权受偿率，但是要看到此种担保物权的设置与《企业破产法》第 31 条规定情形的本质不同，即此处的财产担保的设定是债权人可以预期的，正常情况之下在破产可撤销期限之前就可以设定完毕，故其权利人应当受到保护。当然为了解决担保权利人与全体债权人的利益平衡问题，笔者认为应当要求担保债权人就其并未消极办理财产担保手续承担举证责任。

3. 对于事后发生的法定担保情形的处理

法定担保物权因其属于法律直接为当事人设定的物权权利，故而理当受到额外的保护，而且产生于破产可撤销期间内的法定担保物权，往往是存在正常交易的，因此不应当被归入偏颇性清偿行为之列。同时为防止债务人与担保

权利人存在恶意串通情况，也为了保持偏颇性清偿行为主观要件采推定恶意的模式，《企业破产法》或其司法解释应当在担保物权人可以提供证据证明其法定担保物权的产生存在正当事由的证据时，认定其合法效力。

或者，对于法定担保物权即留置权的处理，也可以将其归入共益债务，随时进行清偿，因为在破产可撤销期间内产生的留置权，一般均起因于债务人在破产可撤销期间内产生的某些债务，此时债务人对该债务并不进行及时清偿，才会引发留置权的产生，如果将其归入可撤销的偏颇性清偿行为之列，无疑是在向社会宣示在法定的破产可撤销期间内与债务人发生交易等一切可能构成债权债务的行为都将会面临被撤销的危险。这将意味着债务人可能就此丧失被挽救的可能，因为此时其他商业主体在与其进行交易活动之时都将面临巨大的法律风险，而这些风险并不是所有企业都能够承受的。

4. 事先设定浮动抵押，在可撤销期间内担保财产范围发生了有益于该债权人的价值增加的情形的处理

这种情况下就相当于债务人在事后又给个别债权人的债权追加了财产担保，如果不进行规范将会产生享有浮动抵押权的债权人将完全规避破产撤销权的规范的不良后果，故应当与"追加财产担保"情形的处置方式相同，即将其纳入偏颇性清偿行为之列。

（三）"个别优先清偿"情形的完善建议

1.《企业破产法》第32条规定的法定可撤销期间的范围应以债务人"具备破产原因"为时间节点

根据第32条的规定，"个别优先清偿"行为被规范的时间界限为"破产申请受理前六个月"，该规定不应当被理解为"个别优先清偿"行为发生于六个月期限内，而且只要在这六个月期限内的某个时间点债务人具备了破产原因时，就符合破产撤销权的形式条件，而应当将这两个条件进行明确限制。正确解释应为：当债务人在此期间内具备破产原因，此时法定可撤销期间的范围实际上会缩减到"具备破产原因"与"破产申请受理"两个时间节点之间的部分，

而该部分不一定均与六个月的期限相吻合；只有发生于这个时间段内的“个别优先清偿”行为才可以被撤销。

对此，笔者认为我国《企业破产法》可以通过司法解释的形式进行进一步阐述，明确将债务人“具备破产原因”作为其行为可撤销的一个时间节点，从而消除歧义，统一认识。

2. 在临界期内，债务人对到期债务进行清偿的行为能否被撤销的处理

结合《企业破产法解释二》第 12 条[52]的规定可知，我国《企业破产法》实际上已经认可了债务人在破产申请受理前六个月至一年这一段期间内对已经到期的债务进行清偿的效力。而对于在破产申请受理前六个月内发生的对到期债务的清偿问题，根据《企业破产法》第 32 条的规定，依旧采取的是直接推定模式，即推定接受清偿的个别债权人存在主观恶意，此点明显失之偏颇。对于行为当事人的主观状态采取恶意推定的方式，本就是《企业破产法》为便于破产管理人行使破产撤销权而进行的一种制度设计，虽然在破产法中这种恶意推定大部分情况下与真实情况是相同的，但这毕竟是一种“推定”的方式，我们无法否认会存在例外情形。那么如果债权人可以举证证明其受偿时为善意，此时仍然坚持恶意推定的做法将有悖于法的公平正义理念。

因此，笔者认为在维护我国《企业破产法》对偏颇性清偿行为主观要件采推定恶意态度的情况下，应当赋予善意债权人以其受偿时为善意抗辩管理人的破产撤销权。

（四）偏颇性清偿行为范围的扩张

破产程序中，与债务人存在某种特殊关系的债权人往往因为对债务人经营状况或财产状况的信息有较之一般债权人更清晰的认识，或者较之一般债权人能更早地知悉债务人的经营状况和财产状况，从而使其可以提前采取一些行

[52]《企业破产法解释二》第 12 条：“破产申请受理前一年内债务人提前清偿的未到期债务，在破产申请受理前已经到期，管理人请求撤销该清偿行为的，人民法院不予支持。但是，该清偿行为发生在破产申请受理前六个月内且债务人有企业破产法第二条第一款规定情形的除外。”

为来应对债务人的经营状况和财产状况变化将会给其带来的不利后果。此时其与债务人之间发生的这些行为很容易落入偏颇性清偿行为规则调整范围之内，而且司法实践也已经证明，偏颇性清偿行为多发生于债务人与其特殊关系人之间。因此《企业破产法》有必要对这些特殊关系人进行明确规定。

笔者认为，借鉴美国《破产法》及德国《支付不能法》的相关规定以及我国《公司法》对关联方的规定，对我国破产法上的特殊关系人的范围应当界定为：债务人的关联方——以我国《公司法》第216条第4项规定关联方范围为限；债务人及其关联方的近亲属——以我国《民法通则》第12条[53]及《继承法》第10条[54]规定的近亲属范围为限；以及其他与债务人存在经济往来因而了解债务人经营状况、财务状况发生重大变化的主体。

同时对于这些特殊关系人，我国《企业破产法》可以通过给其设定更长的破产可撤销期限以及直接推定其在法定期限内的行为受偏颇性清偿行为规范（同时赋予其善意抗辩权）的方式，对其进行特别的破产法规定。

（五）对偏颇性清偿行为例外情形的立法规范

1. "使债务人财产受益"的具体标准确定

我国偏颇性清偿行为例外情形制度总的原则为"使债务人财产受益"，但对《企业破产法》第32条的此规定却没有进行进一步的解释。这使得司法实践中无法准确地判断何为"使债务人财产受益"？

---

[53]《最高人民法院关于贯彻执行〈中华人民共和国民法通则〉若干问题的意见（试行）》第12条规定："民法通则中规定的近亲属，包括配偶、父母、子女、兄弟姐妹、祖父母、外祖父母、孙子女、外孙子女。"

[54]《继承法》第10条："遗产按照下列顺序继承：第一顺序：配偶、子女、父母。第二顺序：兄弟姐妹、祖父母、外祖父母。继承开始后，由第一顺序继承人继承，第二顺序继承人不继承。没有第一顺序继承人继承的，由第二顺序继承人继承。本法所说的子女，包括婚生子女、非婚生子女、养子女和有扶养关系的继子女。本法所说的父母，包括生父母、养父母和有扶养关系的继父母。本法所说的兄弟姐妹，包括同父母的兄弟姐妹、同父异母或者同母异父的兄弟姐妹、养兄弟姐妹、有扶养关系的继兄弟姐妹。"

对此，笔者认为，首先应从使债务人财产受害这个角度来理解，即从两个方面进行考量，其一为财产考量标准，即债务人的相应行为使得债务人可用于履行其全部债务的一般财产或者责任财产发生因此而减少的情况；其二为债权人地位考量标准，即债务人的相应行为是否会使得接受清偿或担保的个别债权人因此获得比其参与破产清算直至最终进行破产财产分配更为优越的清偿地位。如若会使得债务人一般财产减少，或者会使得个别债权人受偿地位提高，则此时应是债务人的行为属于对其财产有害的行为。

其次，借鉴美国《破产法》规定的“同时发生新价值”“后位发生新价值”两种偏颇性清偿行为例外情形，将债务人通过财产转换行为会获得新价值，且该新价值的获得应不低于债务人因此而支出的财产价值，并且不因此降低全体债权人的破产清偿率作为“受益”的底线。在此底线之上的情形即为“使债务人财产受益”。

2. 偏颇性清偿行为例外情形构成要件及立法模式问题的处理

我国偏颇性清偿行为例外情形制度并未规定统一的行为构成要件，仅有“使债务人财产受益”的总原则，而且其也沿用了偏颇性清偿行为制度的立法模式，采取了单纯列举主义的立法模式。

对此，笔者认为，例外情形制度的构成要件并无必要重新设定，只需以偏颇性清偿行为制度的构成要件为基础，同时通过明确解释“使债务人财产受益”这一例外情形的原则性的标准，从而形成对行为是否构成例外情形的判断，当然此时有必要设定行为人的善意抗辩权以此弥补“使债务人财产受益”标准可能出现的判断漏洞。而对于其立法模式问题，应同偏颇性清偿行为制度立法模式改进方向一致，采取更加先进的概括加列举主义立法模式。

五、结论

破产撤销权的设置有其固有的立法目的，一切以增加债务人财产，保护全体债权人利益为先导。我国《企业破产法》正是秉持这一理念对我国偏颇性清偿行为撤销制度进行设计，其第 31 条、第 32 条及《企业破产法解释二》第 12 条、第 14 条、第 15 条、第 16 条对此进行了规定，搭建了我国偏颇性清偿行为撤销制度的基本架构。但综观我国破产立法，对于偏颇性清偿行为的规定太过强调对全体债权人公平受偿权的保护，而且由于具体法律条文数量少，内容设计呈粗线条化，使得偏颇性清偿行为撤销制度在实际适用时严重偏向于“全体债权人整体利益”的维护，而在很大程度上忽视了对某些个别债权人利益的保护。似乎只要危害到“全体债权人整体利益”的行为就是应当被撤销的，这种“一刀切”式的处理模式，显然不能体现法的公平正义。

本文通过对于我国破产法中的偏颇性清偿行为撤销制度的内容进行梳理，一方面力求对在我国立法中将诸如其构成要件、规范范围以及例外情形等制度进行丰富和完善；另一方面则是尽力在完善制度的过程中追求一种平衡，一种整体利益与个体利益的平衡，当然也是一种公平与效率之间的平衡，使得偏颇性清偿行为撤销制度在实际运行过程中能成为一种在最大限度上体现公平正义的制度。

论破产法中待履行合同的解除

袁一格

内容摘要　赋予破产管理人对待履行合同的挑拣履行权是各国破产法的通例，我国破产法同样赋予管理人对于破产申请受理之前成立的双方均未履行完毕的合同以选择权，管理人有权选择继续履行或解除。相比于继续履行，待履行合同的解除对原有权利义务格局和双方当事人利益分配影响更大，且其诸多问题在学理上和实践中均素有争议。本文以待履行合同的解除为研究对象，试图厘清与之相关的各种模糊问题，对于其界定、价值、选择模式、法律后果等内容进行探讨，并建议合理限制管理人的解除权。

关键词　待履行合同　管理人　解除权　利益平衡

导　论

待履行合同是指在破产申请受理时双方当事人均未履行完毕的双务合同，破产法突破了合同法的契约原则而径直赋予破产管理人以选择权，由其选择对合同进行继续履行抑或解除。联合国国际贸易法委员会编著的《破产法立法指

作者单位：北京市汉坤律师事务所。

南》认为，随着经济社会的发展，“经济财富可能越来越多地包含在合同中或为合同所控制”，因此管理人对待履行合同的处理在破产程序中具有“压倒一切的重要性”。[1]一方面，随着经济的发展，合同的数量不断增加，合同的重要程度逐渐提升，企业在进入破产状态时，待履行合同也占有越来越大的比重；另一方面，合同对各方主体在经济生活中的权利义务进行安排，其作为经济财富的载体，自身也具有很强的经济属性和经济价值，而破产法中的待履行合同，不仅关系着合同当事人之间的债权债务安排，还对破产企业的营业、破产财产的价值等具有直接影响，与债务人企业、合同相对方、全体债权人乃至其他社会主体都具有紧密联系，因此待履行合同对于破产规则而言具有十分重要的意义。

由于待履行合同的数量众多、结构复杂，紧密关系着各方主体的利益，其具有极高的重要性，但这也使与之相关的学理研究和规则制定具有极高的复杂性。一是对破产程序中待履行合同的处理，涉及破产法与合同法的交叉领域，困难在于如何处理两种部门法之间的价值差异、原则冲突和规则抵触；二是在破产企业的待履行合同中，各方主体的利益关系紧张而对立，困难在于如何安排多方主体的权利义务以达到利益均衡；三是合同种类多种多样，而基于意思自治的合同内容更是纷繁复杂，困难在于如何在其中寻找统一的处理方法以避免不合理的规定。

从我国企业破产法的规定来看，第18条对待履行合同的处理进行了专门规定，同时，第42条、第53条、第69条都涉及待履行合同问题。纵然有上述规定，但待履行合同在我国企业破产法中的规定仍过于简单，未明确区分待履行合同的内涵外延，以及管理人行使选择权后的法律效果，不能满足实践中的需要。从我国的现有研究成果来看，我国学者对于待履行合同的研究成果并不多，一是对其进行研究的文章较少；二是研究的方面较窄，主要集中在待履

[1] See United Nations Commission on International Trade Law, Legislative Guide on Insolvency Law, New York, 2006, p.119.

行合同解除的法律效果上；三是研究的结论争议较大，如对于待履行合同解除的法律效果，各位破产法学者存在争议，论证结果和论证方法均不相同。

由于其自身存在极强的重要性和困难性，加之目前的立法规定寥寥、理论研究缺乏等原因，本文将研究目光投向破产法中的待履行合同。进而将研究对象锁定为破产法中待履行合同的解除，是因为相较于待履行合同的继续履行，其解除的问题更是利益矛盾冲突、研究争论冲突的“重灾区”。一方面，破产方对债务人和全体债权人的利益进行考量进而选择继续履行或解除待履行合同，如果选择继续履行，则既有利于破产方也无损于合同相对方；[2]而如果选择解除合同，则合同相对方处于极其劣势的地位，[3]双方当事人之间的利益产生剧烈冲突，也打破了合同法上的平等性和稳定性，[4]同时又使破产法与合同法之间产生剧烈冲突。另一方面，如前所述，目前我国学者讨论最多同时争论最多的是待履行合同解除的法律效果，其中包括恢复原状请求权、损害赔偿请求权、违约金请求权的性质和清偿顺位问题，等等。

综上，待履行合同的解除问题，实务困境数量众多、涉及利益关系复杂、规则制定难度较大、相关法律规定不足、理论研究纷争剧烈，笔者基于上述几个方面将其作为本文的研究对象。

一、待履行合同的界定

对于待履行合同的界定，比较法上存在一定的纷争，但我国破产法学界对此关注较少，更多的是介绍比较法上对此的争论，而鲜有对该问题进行的具

[2] 继续履行合同符合双方当事人最初的预期，且合同相对方可以就继续履行合同要求破产方提供相应担保，详见下文分析。

[3] 合同相对方作为非违约方将承受被解除合同的风险，且恢复原状请求权和损害赔偿请求权仅为普通债权，其损失难以完全弥补，详见下文分析。

[4] 赋予破产方“二次选择”的权利，且使合同相对方陷入劣势地位，不符合合同法上的平等性；在合同订立后又使合同产生不确定的状态，打破了合同的稳定性，详见下文分析。

体研究和阐述。本文认为，待履行合同的界定是破产法待履行合同规则的基础，具有十分重要的研究意义。由于破产法赋予管理人的待履行合同挑拣履行权是一项特殊权利，管理人运用该权利而使破产方具有极其优势的地位，同时使合同相对方陷入极其劣势的地位（对此将在下文进行论述），而管理人行使该项权利所面临的首要条件即合同属于待履行合同的范畴，因此根据待履行合同规则的价值理念对于其概念进行界定，能够划出管理人选择权的合理行使范围，具有重要性和必要性。

（一）待履行合同的界定标准之争

"待履行合同"作为破产法之特定概念，而在各国得以普遍认知，是源于 1978 年《美国破产法》第 365 条的具体规定，该条目分为 15 款对待履行合同进行了十分全面详尽且细致深入的规定，从而得到各国理论界和实务界的广泛关注，继而成为各国立法参考和学习的对象。但其实在 1938 年的《钱德勒法案》、1898 年《美国破产法》的修正案中，即已出现对待履行合同的规定。

对于待履行合同的界定，一些国家的立法进行了直接规定或间接描述。例如，根据《德国破产法》的规定，[5]待履行合同是在破产程序启动前业已订立，且双方于破产程序启动时均未履行或均未完全履行的双务合同。[6]根据《日本破产法》的规定，[7]待履行合同是，在破产程序开始之时，双方对规定的各自义务均未履行完毕的双务合同。根据联合国贸易法委员会《破产法立法指南》，待履行合同是指债务人企业及其合同相对方尚未充分履行各自义务的合同。根据我国 1986 年《企业破产法（试行）》的规定，待履行合同即"破产

[5] 参见《德国破产法》第 103 条第 1 款；参见〔德〕莱因哈德·波克：《德国破产法导论》，王艳柯译，北京大学出版社 2014 年版，第 84 ～ 85 页。

[6] 参见〔德〕莱因哈德·波克：《德国破产法导论》，王艳柯译，北京大学出版社 2014 年版，第 89 页。

[7] 参见《日本破产法》第 53 条；参见李飞：《当代外国破产法》，中国法制出版社 2006 年版，第 738 页。

企业未履行的合同”。根据我国现行有效的2006年颁布并于2007年开始实施的《企业破产法》规定，待履行合同是破产申请受理前成立的，并且债务人企业与合同对方当事人均未履行完毕的合同。而作为“待履行合同”规则起源地的美国，则对待履行合同的具体概念界定进行了有意识的“留白”：美国破产法起草委员会明确指出，无须对“待履行合同”的概念作出明确的界定。因为一般而言，其含义是容易理解的，使用任何简洁的法律语言对其作界定都可能在无意中造成遗漏或者混淆等不利的结果。[8]我们可以发现，对于“待履行合同”的概念，除美国立法未作规定外，其余各国立法多将其简单而直白地解释为“未履行完毕”，并以此进行界定待履行合同系未履行完毕的合同，但对于“未履行完毕”又应当作以何种解释，鲜有立法进行具体规定，使得对于待履行合同的界定较为苍白且具有循环论证之嫌。学理上和实践中对于待履行合同的界定一直争执不下，争议最激烈的两个观点是“实质违约”标准和“结果导向”标准。

康特里曼教授于1973年提出的“实质违约”标准是目前最为普遍接受的理论观点，“债务人与合同相对方均未履行各自的合同义务，以至于任何一方的不完全履行都会构成一个实质违约，该实质违约会使合同对方可以以此为由拒绝履行其合同义务”[9]，而“破产法中待履行合同的定义应当基于这样的目的：托管人能够被赋予承担合同或拒绝合同的选择权”[10]，同时，康特里曼教授认为待履行合同应当将合同相对方业已完全履行的合同，以及合同相对方已几乎完全履行且其尚未履行之部分无法构成破产方拒绝履行合同义务之理由的合同排除在外。[11]据此，我们可以厘清康特里曼教授对待履行合同界定的逻

[8] See Report of the Commission on the Bankruptcy Laws of the United States, Business Lawyer (1973), 29 (1), pp.75-116.

[9] Vern Countryman, Executory Contracts in Bankruptcy: Part I, Minn. L. Rev (1972), pp.439-492.

[10] Vern Countryman, Executory Contracts in Bankruptcy: Part I, Minn. L. Rev (1972), pp.439-492.

[11] 参见〔美〕大卫·G. 爱泼斯坦等:《美国破产法》，韩长印译，中国政法大学出版社2003年版，第232页。

辑：首先，待履行合同中双方当事人即破产方和非破产方均未履行完毕其各自应承担的合同义务；其次，任何一方未履行完毕其负有的合同义务均会达成实质违约之效果；最后，一方当事人的实质违约可以引致对方当事人合同义务的免除。因此，在待履行合同的情况下，合同双方当事人均应存在尚未履行完毕的实质性义务，如果任何一方尚未履行完毕的合同义务较为次要而并非实质性义务，即其的未履行完毕之行为不能赋予合同相对方拒绝履行合同义务之权利，那么便不是待履行合同。[12]总之，在康特里曼教授的界定中，未履行完毕的合同义务须达到一定标准，并非任何义务的未履行均会产生待履行合同之结果，未履行完毕的合同义务须达到实质性义务的程度。

除了上述“实质违约”标准，另外一种具有众多拥趸者甚至可以与之抗衡的标准是“结果导向”标准。根据该标准，判断某个合同是否为待履行合同并不存在某种“待履行性”的前提标准，[13]而是取决于其适用待履行合同规则之结果是否有助于破产法目的之实现，即若将该合同界定为待履行合同有利于破产财团的增值，该合同则应当被界定为待履行合同；反之，若将该合同界定为待履行合同有损于破产财团，该合同则不应当被界定为待履行合同。据此，赋予破产托管人继续履行或拒绝履行合同的挑拣履行选择权的依据在于破产托管人所进行的利弊衡量。只要破产方没有完全履行完毕其合同义务，托管人都可以比较分析继续履行或拒绝履行的成本收益，从而进行选择，而无须首先既定一个待履行合同。“结果导向”标准使人们对合同本身的关注转移至对合同之于破产财团价值的衡量，不仅需要考虑合同双方是否存在未履行的合同义务，更重要的是需要考虑托管人对合同的选择权之于破产财团的结果，被认为相对于“实质违约”标准而言更具有可操作性。

---

[12] See Brian A. Blum, Bankruptcy and debtor/creditor: Examples and Explanations, Aspen Publisher, 2006, p.354. 转引自兰晓为：《破产法上的待履行合同研究》，人民法院出版社2012年版，第9页。

[13] See Jay L. Westbrook, A Functional Analysis of Executory Contracts, Minn. L. Rev. (1989), pp.227-338.

另外，在德国破产法上，对待履行合同的界定标准主要在于主合同义务和从合同义务是否履行完毕，无论二者之一任何尚未得以完全履行，合同均应被界定为待履行合同。[14]

“实质违约”标准和“结果导向”标准是最被普遍关注并广为接受的两种对“待履行合同”的界定方法。两者的区别在于对待履行合同各方当事人利益平衡的差异，“结果导向”标准相对于“实质违约”标准，更偏向债务人企业和全体债权人的利益，但有可能使合同相对方的权利被完全忽略，而对其造成极大负担，甚至突破为“破产财团争取公允结果所需的必要限度”，[15]也正因为如此，“实质违约”标准在学理上占据通说地位。但需强调的是，司法实践中法官对于“待履行合同”的判断往往具有自由裁量性，法官更偏向于灵活的标准，在考量合同性质、合同当事人履行情况、对破产财团的影响等众多因素后，判断是否属于待履行合同，其中不免会参考“结果导向”标准在内的其他界定方法。

（二）我国破产法上待履行合同的界定标准

1. 我国破产法对待履行合同的界定

如前文所言，我国 1986 年破产法对待履行合同的界定较为简单，即“破产企业未履行的合同”，按照字面理解，只要是破产企业尚未履行完毕的合同，管理人就有权利对其选择继续履行抑或解除。一般而言，破产企业未履行完毕的合同包括：（1）破产企业尚未开始履行或者尚未履行完毕的单务合同；（2）合同相对方已完全履行，但破产企业尚未开始履行或尚未履行完毕的双务合同；（3）破产企业与合同相对方均尚未开始履行或尚未履行完毕的双务合同。破产法对待履行合同进行规定并赋予管理人选择权之基本目的在于促进破产财团的增值，进而体现公平清偿、平等分配的价值原则。对于破产企业尚未

---

[14] 参见丁晓春：《未履行或未完全履行的双务合同在破产程序中的命运——德国支付不能法第 103 条》，载《天津法学》2008 年第 1 期。

[15] 美国破产法协会：《美国破产法协会美国破产重整制度改革调研报告》，何欢、韩长印译，中国政法大学出版社 2016 年版，第 131 ～ 133 页。

开始履行或者尚未履行完毕的单务合同，或者合同相对方业已完全履行，但破产企业尚未开始履行或仅仅进行部分履行的双务合同。首先，在进入破产程序之时，对于上述两类合同，破产企业仅负有履行义务而无相应权利，破产企业继续履行该合同将导致破产财产的减少、损害其他债权人的利益；其次，对于上述两类合同，合同相对方由于不负有履行义务或业已完成履行义务，不存在任何担保利益，故对于破产企业未履行完毕的合同义务，合同相对方仅能以普通债权的性质进行主张，如果破产企业履行合同从而使该合同相对方得到完全受偿，则会在该债权人与其他债权人之间产生厚此薄彼的不公平现象；最后，对于上述两类合同，如果破产相对方履行合同义务，会陷入"个别清偿"之领域，从而被破产法所禁止。破产法对待履行合同规则的设计，在于赋予破产企业或其管理人以选择权，使其得以从维护破产财产之目的出发，选择继续履行合同或解除合同。对于破产企业未履行或部分履行的单务合同，或者合同相对方已完全履行，但破产企业未履行或部分履行的双务合同，破产企业自当进行解除，对该二类合同的处理已是定论而无须选择，因此其不应为本文所言之"待履行合同"。另外，在 1986 年破产法界定之外，尚有（1）合同相对方尚未履行或者尚未履行完毕的单务合同;（2）破产企业已完全履行，但合同相对方尚未履行或者尚未履行完毕的双务合同，两类未履行完毕之合同。对于此二类合同，在进入破产程序之时，破产企业仅享有合同权利，而不负有履行义务，破产企业享有的合同债权应当归入破产财团的范畴，管理人应当请求合同相对方继续履行其负有的合同义务，而不应当解除合同，故此二类合同亦不属于以选择权为基础的待履行合同之范畴。

相较于 1986 年破产法的模糊界定，现行破产法的规定显然更加明确，"破产申请受理前成立而债务人和对方当事人均未履行完毕的合同"即为待履行合同。该规定将上文所述的不应具有选择余地的单务合同，以及一方业已履行完毕的双务合同排除在外，明确待履行合同应为双务合同，彰显待履行合同以选择权为基础，而选择权以破产财产的维持和增值为目的的宗旨。

同时，根据破产法的规定，待履行合同应当是破产申请受理前成立的合同。曾有学者将待履行合同比喻为“管理人在办公室找到的两只左脚鞋子”[16]，该比喻在于强调管理人对待履行合同的挑拣履行以其是否有利于债务人和破产财团为标准，如果还能再找到与之相匹配的右脚鞋子，则其是有价值的应当保留，如果不能找到与之相匹配的右脚鞋子，则其是无价值的应当舍弃。且不论该观点是否能够达成上述结论，但正如鞋子是管理人进入办公室前即已存在的，待履行合同应当是管理人接管破产企业时即已成立的。待履行合同的规则打破了合同法规定，赋予破产企业选择履行或者解除合同的权利，是由于企业进入破产这一特殊状态，为了整体债权人的利益而使合同相对方进行让步，因此需要限定为破产申请受理前成立的合同。如果对于破产申请受理后成立的合同，破产企业及其管理人也享有选择继续履行或者解除的权利，会造成权利的严重失衡，也不会有主体愿意在企业进入破产程序后与企业订立合同从而将自己陷入如此不确定之局势，因而不利于企业的继续经营（毕竟许多企业希望通过重整程序获得再生）。

如上文所言，破产法对待履行合同进行的界定包括如下三点：（1）在破产申请受理前成立的；（2）破产企业与合同相对方均未履行完毕的；（3）双务合同。现行破产法的界定显然比旧破产法更加具体且合理，但在法条规定之外，为使待履行合同之界定更加符合待履行合同之目的，本文认为下述内容亦不可缺少。

2. 本文对我国破产法上待履行合同界定之补充

（1）待履行合同时效之界定

对于待履行合同时效的界定，我国破产法已经规定了待履行合同之成立时间，即其应当是破产申请受理前成立，但对于待履行合同之终止时间未作规定。本文认为，如果合同已经在破产申请受理前终止，那么该合同不能作为待履行合同以赋予破产管理人选择权。一方面，合同终止即合同权利义务的终止，意味着合同消灭，合同消灭则不再涉及合同履行或合同解除；另一方面，如果对于已终止的合同还能由破产管理人选择继续履行或解除，则会造成合同

[16] Jay L. Westbrook, A Functional Analysis of Executory Contracts, Minn. L. Rev. (1989), pp.227-338.

体系大乱，无论合同结束的时间有多长，其状态都具有不稳定性——无法预料在未来的某一天你的合同相对方是否会陷入破产从而与你解除合同——不利于交易的安全性。因此，破产受理前已终止之合同作为待履行合同是不合理的，也是不现实的。

诚然，待履行合同的时效限制显而易见，在破产申请受理前终止的合同自然不应当属于待履行合同，本文猜想，这也是各国破产法上均未对待履行合同的终止时间进行规定的原因。但本文对此展开讨论并非没有意义，我国《合同法》规定了合同终止的多种原因，包括完全履行（清偿）、解除、抵销、提存、免除、混同等情形，如果破产申请受理前发生上述任何一种情形而导致合同权利义务终止的，则不属于待履行合同之范畴。本文意在强调，如果某些合同终止事由发生在破产申请受理之后，但因其具有溯及力而溯及既往至破产申请受理之前，那么合同属于破产申请受理之前终止，不应当被界定为待履行合同。以抵销为例，其分为法定抵销和约定抵销，前者具有溯及力，能够使债权债务溯及最初得为抵销之时，也即法定抵销权成立时，因此，如果法定抵销权人在破产申请受理后主张抵销，双方当事人的权利义务应溯及破产申请受理之前，合同得以终止，而不属于待履行合同。

（2）待履行合同内容之界定

合同的内容，是合同履行的基本前提，显现为合同的权利义务。待履行合同所尚未履行的正是合同的内容，也即合同中规定的权利义务。合同法上的义务群包括给付义务、附随义务和不真正义务，其中不真正义务的强度较弱且并不常见，故在此不做讨论。给付是债之核心，合同上的给付，即合同标的，是合同双方之间请求为或不为特定行为。给付义务分为主给付义务和从给付义务。主给付义务是合同关系的基础，是“债之关系（尤其是契约）上固有、必备，并用以决定债之关系（契约）类型的基本义务”[17]，从给付义务之功能是辅助主给付义务，“不在于决定债之关系的类型，乃在于确保债权人的利益能

[17] 王泽鉴：《债法原理》，北京大学出版社2013年版，第27～29页。

够获得最大的满足"[18]，其发生原因包括法律规定、当事人约定和依据诚实信用原则产生。附随义务是在债的发生过程中，依据诚实信用原则和交易习惯而产生的，目的在于履行给付义务或保护当事人人身、财产权益的义务，具有辅助功能或保护功能。主给付义务、从给付义务和附随义务三者相比较而言，主给付义务是合同关系之基础，最具重要性，在双务合同中，如果一方当事人未履行或未适当履行主给付义务，由于合同双方的主给付义务是对待给付之关系，对方当事人可以主张同时履行抗辩权；同时，由于主给付义务的不履行势必会导致合同目的落空，因此对方当事人享有合同解除权。从给付义务重要性稍弱，但其可以被独立诉请履行，也即如果合同一方当事人未履行从给付义务，对方当事人有权利请求其进行履行。同时，在从给付义务对实现合同目的具有必要性的情况下，从给付义务与对方的主给付义务便成为对待给付之关系，如果合同一方当事人未履行从给付义务，对方当事人有权利行使同时履行抗辩权或解除权。附随义务的重要性最弱，其并非由合同约定形成，而是由于合同关系的发展而自发形成，一方面其无法被独立诉请履行，另一方面一方不履行附随义务不会使对方享有同时履行抗辩权或合同解除权。[19]

待履行合同之规则的设计，在于破产管理人的选择权，而选择权运用的基础在于继续履行合同与解除合同之间的利弊权衡。因此，纳入待履行合同范畴的合同，是那些需要破产管理人以破产财团增值、债权人权益最大化为目的进行评估选择的合同。而破产管理人在对合同进行评估选择时，依据的是合同规定的双方当事人的权利义务。上文已经分析，如果某个合同属于单务合同，或者一方当事人已经履行完毕的合同，其处理方式已是定论，无须管理人再进行选择。因此，待履行合同界定之关键在于"对待给付"。如果双方尚未履行的义务能够构成对待给付，该合同则属于待履行合同；如果一方已经履行完毕或者几乎履行完毕（仅剩余附随义务或者无法构成对待给付的从给付义务），

---

[18] 王泽鉴：《债法原理》，北京大学出版社 2013 年版，第 29 页。

[19] 参见韩世远：《合同法总论（第三版）》，法律出版社 2011 年版，第 242 ～ 255 页。

那么其形成对另一方当事人的债权，不适用选择权，也即不属于待履行合同。具体而言，如果破产方已经履行完毕或者几乎履行完毕，则形成对非破产方的债权，该债权属于破产财产，该合同应当继续履行而无须选择；如果非破产方已经履行完毕或者几乎履行完毕，则形成对破产方的债权，继续履行合同实际上构成破产方对非破产方的个别清偿，该合同应当被解除而无须选择。

结合合同法各类义务的区别，只有主给付义务和对合同目的达成具有必要性的从给付义务，才能构成双务合同的对待给付，对合同目的达成不具有必要性的从给付义务和附随义务，不构成双务合同的对待给付。因此，本文认为，待履行合同应当是主给付义务或对合同目的达成具有必要性的从给付义务尚未履行或尚未完全履行的合同。

（3）待履行合同之内容界定与“实质违约”标准的内在一致性

此时，我们可以发现一个“巧合”——上述关于待履行合同内容界定之结论与“实质违约”标准具有内在一致性。根据上文对“实质违约”标准的分析和解构，该标准对待履行合同未完全履行的标准判断在于未完全履行将导致实质违约，进而使合同相对方可以拒绝履行其合同义务。有学者认为我国不应当适用“实质违约”标准的原因在于，我国《合同法》上没有实质违约的概念，该标准与我国合同法体系相矛盾。[20]其实持有此观点者仅仅着眼于二者定义之抵牾，而未观察到二者效果之契合。我国合同法体系中双务合同的同时履行抗辩权之规则设计，恰恰精妙地回应了待履行合同的内容界定。

我国《合同法》第66条规定了同时履行抗辩权，是指双务合同的一方当事人未进行对待给付之前，对方当事人可以主张同时履行抗辩权以拒绝履行自己的合同义务。根据我们上文对待履行合同内容的界定，待履行合同所指之未完全履行系未履行或未完全履行双务合同中的主给付义务或对合同目的之实现具有必要性的从给付义务，而该两种义务恰恰能够引致同时履行抗辩权的发生，进而赋予当事人拒绝履行合同义务的权利。因此，本文对于待履行合同中

[20] 参见兰晓为：《破产法上的待履行合同研究》，人民法院出版社2012年版，第11页。

未完全履行合同义务之程度的界定，与“实质违约”说具有内在同一性。本文认为未完全履行须未完成主给付义务或对合同目的实现具有必要性的从给付义务，而“实质违约”标准认为未完全履行须达到实质违约之程度，两种界定方式的结果相同，均是使对方有权利拒绝履行其合同义务。

（4）待履行合同之表现形式

上文对于待履行合同内容的分析与界定着眼于合同之客体，未完全履行的应当是合同的主给付义务或对合同目的的实现具有必要性的从给付义务，但对于未完全履行的表现形式，本文认为可以区分为以下几种：一是上述义务的完全未履行；二是上述义务的部分履行；三是对上述义务的履行不符合约定，即不适当履行，其中前两种为量上的不完全履行，而后一种为质上的不完全履行。对于量上的不完全履行，显然应当落入待履行合同之范畴，在此不再赘述。但对于质上的不完全履行应作何解，值得我们讨论研究。

本质上的不完全履行包括权利瑕疵和标的物瑕疵，前者是指我国《合同法》第150条和第151条规定的出卖人交付标的物应当负有保证义务，保证其向买受人移转完整的标的物所有权，第三方不得向买受人主张任何权利，除非法律另有规定或买受人订立合同时知道或者应当知道的情况；后者是指交付标的物的质量不符合约定。在德国破产法上，确定合同完全履行，通说是以履行成功为标准，而非以履行行为完成为标准。根据德国民法典的规定，出卖人向买受人交付无瑕疵的标的物属于主合同义务，因此交付的标的物有瑕疵意味着主合同义务的未完成，应界定为待履行合同。[21]日本破产法学界持有相同观点，除了完全未履行合同以外，未完全履行还包括部分履行、给付标的物有瑕疵等情况。[22]

本文认为，合同一方当事人履行合同产生权利瑕疵或标的物瑕疵等情形时，属于未按约定履行或不适当履行。根据我国《合同法》的规定，合同一方当事人履行合同义务不符合约定时，对方当事人有权主张同时履行抗辩权以拒绝其的

---

[21] 参见丁晓春：《未履行或未完全履行的双务合同在破产程序中的命运——德国支付不能法第103条》，载《天津法学》2008年第1期。

[22] 参见〔日〕石川明：《日本破产法》，何勤华、周桂秋译，中国法制出版社2000年版，第58页。

相应履行要求。这也就意味着，如果合同未按照约定履行，会影响双方当事人的对待给付，对方当事人可以以此拒绝履行其义务，与未履行合同义务或未完全履行合同义务具有相同的影响，因此质上的不完全履行与量上的不完全履行产生同样之效果，均应属于待履行合同之范畴。另外，应当强调的是，本文在对待履行合同进行界定时，首先界定了待履行合同之内容，再界定了待履行合同之表现形式，因此无论是表现形式中的质的不完全履行还是量的不完全履行，都应当限定于待履行合同之客体框架之中，具体而言，则为主给付义务或对合同目的之实现具有必要性的从给付义务的完全未履行、部分履行或不适当履行。

（5）本文对待履行合同的界定

对于我国破产法上对待履行合同之界定，本文进行了解构和补充。解读我国破产法现有规定，待履行合同是在破产申请前成立的，破产企业与合同相对方均未履行完毕的双务合同。虽然破产法的界定较为合理，但尚不完善，本文在此基础上对待履行合同的时效、内容与表现形式进行了进一步分析、总结和界定。待履行合同的时效界定在于其不包括在破产申请受理前已终止的合同；内容界定在于其未履行完毕的程度为主给付义务或对合同目的达成具有必要性的从给付义务尚未履行或尚未履行完毕；表现形式界定在于其应当包括完全未履行、部分履行和不适当履行。

综上，本文认为待履行合同应当是，在破产申请受理前成立的，且在破产申请受理前尚未终止的，双方当事人未履行、未完全履行主给付义务或对合同目的之实现具有必要性的从给付义务，或对上述义务之履行不符合约定的双务合同。同时，本文对待履行合同的界定与“实质违约”标准具有殊途同归的内在一致性。

二、破产法调整待履行合同的价值目标

对破产法调整待履行合同的价值目标进行讨论具有必要性，一方面，破产法上对待履行合同的规则规定突破了以平等为基础的合同法理论，因此对于

待履行合同，要在破产法和合同法的规则冲突间进行选择，则需要以制度价值和制度目标作为判断基础；另一方面，对于厘清学理上关于待履行合同的诸多纷争和弥补法律法规规定的不详尽之处，制度价值和制度目标具有指导性意义。

在对破产法调整待履行合同的价值目标进行讨论之前，应当首先回顾破产法自身性质及其蕴含的价值体系。破产法的立法理念“经历了由债权人本位到债务人与债权人的利益平衡本位再到社会利益与债权人债务人利益并重的变化和发展过程”[23]。与此同时，随着破产法的立法理念对社会利益因素的考量和重视，破产法的价值目标呈现出多元化的态势，破产法既要体现出公正调整债权债务关系的私法精神，还应注重通过司法的正确介入维护社会整体利益，调节个体利益间的平衡，破产法已然从人们最初主张的私法逐渐过渡至公法和私法的结合。[24]因此，“破产法形式上是追求私权公平受偿并兼顾债务人生存利益之法，实质上是维护社会公益促进经济可持续发展之法，破产法应归属于公私融合法的范畴”[25]。相应而言，破产法是兼具“民商法和经济法双重性质的法律”[26]，其既应当尊重民商法下的私法精神原则，维护个体权益，公正调整债权债务关系，促进微观经济秩序，也应当遵循经济法下的纵横统一关系，体现“国家管理要素与财产要素、国家意志与市场主体意志的结合”[27]，维护整个社会范围内的整体利益，促进宏观经济秩序。在对于破产法价值目标进行认知的理论前提下，本文认为破产法调整待履行合同的价值目标应当从如下几个方面进行讨论。

---

[23] 韩长印：《破产理念的立法演变与破产程序的驱动机制》，载《法律科学》2002 年第 4 期。

[24] 参见王欣新：《论破产立法中的经济法理念》，载《北京市政法管理干部学院学报》2004 年第 2 期。

[25] 徐阳光：《认真对待破产法：基于立法、司法与学科的维度》，载《月旦财经法杂志》2016 年第 5 期。

[26] 王欣新：《论破产立法中的经济法理念》，载《北京市政法管理干部学院学报》2004 年第 2 期。

[27] 刘文华：《经济法（第四版）》，中国人民大学出版社 2012 年版，第 39 ～ 41 页。

（一）秩序

破产法将对待履行合同的调整规定为一项破产法规则，其直接体现的价值目标是“秩序”，这是法律秩序价值的具体化。法律价值众多，如平等、公正、自由等，但其最基础的价值是秩序价值。法律通过对相关社会主体的权利义务进行规定，从而对社会主体进行规范并使社会状态得以统一、稳定、确定而有序，[28]体现了法的秩序价值。[29]法的秩序价值是其他诸多价值的前提和基础，也是对社会调整最直接的反映。因此，破产法对待履行合同调整，使各方当事人归于有序状态，从而体现的秩序价值也同样是其体现的其他价值的前提和基础。秩序价值最为直接，却也最容易被忽略，对其进行讨论的重要性不可不察。

在企业进入破产状态后，其履行合同的能力大幅下降，甚至业已丧失，破产企业作为一方当事人的待履行合同既可以适用破产法的规定，又可以在合同法规定中找到相应条目，则会导致各种主张纷繁复杂、混乱交织、合同停滞不前的局面。面对上述法律体系中的种种冲突，待履行合同之规则即可予以调解。如果破产法未对待履行合同进行确认和规定，则有可能产生的情况是，若破产企业要求合同相对方继续履行合同，则合同相对方可以依据同时履行抗辩权、先履行抗辩权等多项履行抗辩权的主张要求破产企业履行其应当承担的合同义务，而破产企业则会援引破产法禁止债务人进行个别清偿的原则而拒绝履行；企业进入破产状态则属于生产经营发生严重困难之范畴，合同对方相对人亦可以主张不安抗辩权要求破产企业提供担保，但破产方提供财产担保则需要管理人向债权人委员会或人民法院进行及时报告，存在一定程度上的不确定性和阻碍性。

从而，适用合同法或破产法一般规定的各方当事人的多种权利交织在一起，使得待履行合同止步不前，进入胶着状态。而破产法对于待履行合同的规定，

[28] 参见〔美〕博登海默：《法理学：法律哲学与法律方法》，邓正来译，中国政法大学出版社1999年版，第219页。

[29] 参见周旺生：《论法律的秩序价值》，载《法学家》2003年第5期。

直接目的在于梳理上述纷繁复杂相互交织的权利、主张或抗辩，建立企业在破产这种非常状态下处理待履行合同的特殊规则，应对破产企业、债权人、第三方等主体之间的混乱局面，调整破产法和合同法对于待履行合同之具体规定的矛盾冲突情况，使各方利益主体处于有序状态，从而体现“秩序”的价值目标。

（二）公平、效率和社会利益

由于待履行合同规定了经济生活中各方当事人的权利义务，待履行合同的处理方式对破产财产和合同相对方有直接影响，因此待履行合同具有经济属性和经济价值，处理待履行合同之规范对于破产企业、债权人、合同相对方等各主体的利益紧密相关。着眼于待履行合同规则的破产法前提，其体现的价值目标与破产法的立法理念具有一致性，体现为公平、效率和社会利益，这与破产法应当保护的债权人利益、债务人利益和社会公益各主体一一对应，既体现了民法上的维护各方主体利益均衡的公平原则，[30]也体现了经济法作为平衡协调法、社会本位法、公私兼顾法的本质和特征。[31]

毋庸置疑，公平是破产法最基本的价值理念，亦为破产制度产生之初衷和基础，是对全体债权人利益的彰显。企业之所以进入破产程序，是由于其财产不足以清偿其负有的所有债务。而正因破产企业的财产不足以对所有债权人持有的债权进行完全清偿，破产财产便应当在全体债权人之间进行公正而平等的分配。破产程序与包括执行程序在内的其他债务清偿程序相比较，其最大的特点是对全体债权人的概括清偿，而非对某个债权人的个别清偿，对公平这一价值目标的崇尚和坚持是其最基本的特点，也是保护全体债权人利益的重要彰显。待履行合同规则的基本价值在于使破产管理人享有挑拣履行的选择权，对于那些对破产财产不利甚至会减少或损害破产财产的待履行合同选择解除，而对于那些能够促进破产财产保值增值而对破产财产有利的待履行合同继续履

[30] 参见王利明：《民法（第六版）》，中国人民大学出版社 2015 年版，第 30 页。
[31] 参见刘文华：《经济法（第四版）》，中国人民大学出版社 2012 年版，第 46 ～ 49 页。

行。破产法对待履行合同的调整规则充分体现了其对公平这一价值目标的坚持和追求，对于待履行合同的处理，须对全部债权人利益进行整体考虑与衡量，而非仅仅追求个别债权人的利益满足，应当以破产财产的保值和增值为重要目标，从而使全体债权人之债权得以最大限度的清偿和最大化的满足。

在维护债权人利益的同时，也应当考虑债务人的利益，这意味着在选择继续履行抑或解除待履行合同时也应当考虑其对债务人的影响，考虑何种选择有利于挽救困境之中的破产企业、帮助破产企业实现重生。破产企业通过待履行合同规则的运用，按照是否有利于拯救自身危机的标准进行判断和选择，以实现自己的利益最大化，体现了效率这一价值目标。一般而言，在对待履行合同进行处理时，债权人和债务人往往是一个整体，相对方则是合同相对方，因此债权人利益和债务人利益具有高度一致性，实现破产财产增值的同时能够帮助破产企业的复兴。而当二者利益不相统一时，本文认为在清算程序中应当优先实现全体债权人的利益，而在重整程序和和解程序中应当将实现债务人的利益放在更加重要的位置，这与各破产程序自身属性密切相关。

另外，破产法调整待履行合同时，在维护债权人利益和债务人利益之外，还要考虑社会利益，体现公共政策目标。如果对于某项合同的继续履行或解除会损害社会利益，则应当以社会利益为本。正如上文所言，破产法是公私融合之法，其既要考虑债权人公平之满足，又要考虑债务人经济之复苏，但更不可缺少的是对社会公众利益之维护和社会秩序稳定之追求。[32]

（三）利益平衡

对于待履行合同的调整，破产法赋予管理人挑拣履行的权利，实则是对合同法基础理论的突破。一方面，破产法中待履行合同的规则造成了合同的不稳定性，并对既有的经济秩序造成冲击。破产管理人依据该规则有权对破产申

[32] 参见徐阳光：《认真对待破产法：基于立法、司法与学科的维度》，载《月旦财经法杂志》2016 年第 5 期。

请受理前成立的双方当事人均尚未完全履行的合同选择解除或继续履行，使已订立并且已成立的合同再次陷入不确定之状态，对合同关系之稳定性和交易关系之确定性带来威胁和不利影响。另一方面，破产法中待履行合同的规则也对合同之平等性造成冲击。其一，该规则旨在给予破产方一次“二次选择”机会，也即一次事后矫正的机会，对于在破产申请受理前即已成立的待履行合同，在破产程序开始后，破产管理人对于其进行优劣利弊的判断，自然比破产企业订立合同时的判断清晰准确得多，同时亦能应对市场行情的不断变化，降低行情变化引致的商业风险。其二，根据破产法的规定，在破产管理人选择解除合同的情况下，发生双方相互返还的义务，同时合同相对方就因此遭受的损害赔偿请求权申请债权，无论是合同相对方要求破产企业对已履行部分进行返还的债权还是其享有的损害赔偿请求权均属于普通债权（将在后文对此进行论证），难以完全受偿。因此，在破产法项下的待履行合同规则中，破产企业拥有事后挑拣履行权处于优势地位，而本就劣势的合同相对方又因可获救济极低而处于极其劣势之地位，对合同的平等性产生极大冲击。

诚然，破产法的上述规定自是因为困境企业处于破产之非常状态下，个别债权人的利益应当让位于全体债权人和债务人的利益，但如无限度，则会损害实质公平。我们可以援引经济法上的平衡协调原则进行利益平衡的考量，以减少破产法对法律秩序和商业交易的冲击和对个别当事人利益的损害，从而实现兼顾公私、均衡利益，“促进、引导或强制实现社会整体目标与个体利益目标的统一”[33]。

对此，在进行规则设计时，应当确立管理人选择权的边界，尤其是解除权的边界，因为解除合同比继续履行合同对当事人的影响更大。一方面，管理人对待履行合同行使挑拣履行的选择权时，应当基于破产法对待履行合同进行调整时的价值目标；另一方面，对于待履行合同的解除，应当进行利益衡量，对于某些类型的合同不得解除，从而达到各方之间的实质公平。对于前者，本

[33] 史际春：《经济法（第二版）》，中国人民大学出版社 2009 年版，第 77 页。

部分已进行论述，对于后者，后文将进行论述，但后者的理论依据仍是本部分所言的破产法调整待履行合同的价值目标。

三、破产管理人对待履行合同的否定选择

从比较法来看，破产法调整待履行合同的基本方式是赋予管理人以选择权，管理人可以进行选择是否继续履行合同，本文据此将破产管理人的两种选项称为破产管理人的肯定选择和否定选择。对于肯定选择，即继续履行合同，各国破产法规定大致相同，学术界的意见也较为统一，亦不在本文讨论范围。对于否定选择，即不再继续履行合同，各国破产法选择的模式存在区别，主要分为终止 / 拒绝履行合同和解除合同。二者在民法理论上的差异，直接影响待履行合同终止的效力，继而对破产程序中债权人债务人的利益分配产生影响。一般而言，破产管理人否定待履行合同，所涉及的法律效果包括合同相对方的损害赔偿请求权、待履行合同中已履行部分的处理等两方面，下文将从这两方面对比合同解除模式与合同终止模式的异同。

（一）解除模式和终止 / 拒绝履行模式的含义

日本破产法规定的破产财产管理人有权解除待履行合同，其法律效果是：（1）破产财产管理人解除合同构成违约，合同相对方可以就其因破产财产管理人解除合同而遭受的损害赔偿申请破产债权；（2）由于合同解除具有追溯效力，合同在解除后应当恢复至双方当事人缔约前之状态，对于合同已履行部分，如果破产企业接受的对待给付尚存于破产财团之中，则合同相对方得请求返还，如果破产企业接受的对待给付不存在，则合同相对方的债权属于破产财团债权，系具有一般优先权的破产债权，相当于我国破产法规定的共益债权。[34]

---

[34] 参见《日本破产法》第 54 条、第 98 条；参见李飞：《当代外国破产法》，中国法制出版社 2006 年版，第 739、754 页。

美国破产法和德国破产法采取的模式为终止合同/拒绝合同。(1)对于合同相对方的损害赔偿请求权，美国破产法规定托管人拒绝履行待履行合同构成违约，但该违约被认为是破产申请之前发生的，[35]因此合同相对方主张的损害赔偿请求权作为普通债权受偿；德国破产法规定，当破产管理人拒绝履行时，合同相对方得就破产企业未履行合同而作为破产债权人提出主张，也即其可以就其享有的损害赔偿请求权成立简单破产债权。[36](2)拒绝履行合同的方式不具有溯及力，其并不会使合同效力自始消灭，而是自拒绝履行的选择作出之时，将合同分为已履行和未履行两部分分别讨论，已履行的部分不发生改变，未履行的部分停止履行。由于已履行部分的合同并未消灭，该部分则不发生相互返还之义务。而待履行合同中常常出现的情况是，双方的已履行部分并不相应，或者破产方未履行而合同对方当事人已进行部分履行，或者合同对方当事人未履行而破产方已进行部分履行，又或者双方均进行部分履行但双方的给付彼此不相等同。如果在破产管理人提出拒绝履行时，破产方已履行部分多于非破产方，则破产方可以请求合同对方当事人就差额部分进行对待给付，但无权要求合同对方当事人对差额部分进行返还；如果非破产方已履行部分多于破产方，则合同对方当事人可以就差额部分申请破产债权，但无权要求破产方对差额部分进行返还。[37]由于该破产债权来源于非破产方可以向破产方请求的差额部分对待给付，故该破产债权属于普通债权。

(二)解除模式和终止/拒绝履行模式的差别

对比管理人否定待履行合同的解除模式和终止/拒绝履行模式，我们可以

[35] 参见〔美〕大卫·G. 爱泼斯坦等:《美国破产法》，韩长印译，中国政法大学出版社2003年版，第239页。

[36] 参见〔德〕莱因哈德·波克:《德国破产法导论》，王艳柯译，北京大学出版社2014年版，第90页。

[37] 参见丁晓春:《未履行或未完全履行的双务合同在破产程序中的命运——德国支付不能法第103条》，载《天津法学》2008年第1期。

发现二者的差别，即否定行为的作用方向不同。解除模式中，管理人的否定行为既向未来发生效力，即未履行部分无须履行，也向过去发生效力，即合同双方产生返还义务。终止 / 拒绝履行模式中，管理人的否定行为仅向未来发生效力，未履行部分无须履行，已履行部分也无须返还。但仅针对上述两种模式，我们无法得到定论，认为终止 / 拒绝履行模式相对于解除模式更有利于保护债务人或全体债权人的利益。虽然解除模式下破产方应当返还合同相对方已履行之给付，该返还属于物权性质而具有优先性，但也应看到其实合同相对方也须返还破产方已履行之给付，由于合同相对方一般属于非破产企业，破产方可以获得全额返还，而即使在合同相对方也属于破产企业的少数情况下，破产方应得的返还也处于优先地位。虽然在终止 / 拒绝履行模式下不存在合同相对方的物权请求权或共益债权，而仅仅可能存在合同相对方的普通债权，但对于破产方已履行的部分给付，合同相对方亦不存在返还的义务。[38]

（三）我国对于解除模式的选择

我国破产法规定的是解除模式，对于待履行合同，管理人可以选择继续履行或解除合同。本文认为，立法选择这一模式的原因更多是由于与合同法理论的衔接。一方面，我国合同法理论体系中，合同终止概指合同的消灭，合同解除是合同终止的下位概念；另一方面，我国合同法理论体系中没有类似于英美合同法上的终止 / 拒绝履行的概念，该模式将合同效果一分为二，终止部分履行的同时保留部分履行，亦不产生返还义务，与我国合同法律体系难以协调。但与日本破产法直接规定破产管理人解除待履行合同后的法律效果不同，我国法律法规对此并未进行规定，加之合同解除效果自有诸多学说的差别，我国破产法学术界对待履行合同解除的法律效果进行了广泛讨论，难以统一。本文将在下文对此进行回应。但应当确定的是，我国破产法虽然也选择了解除模式，但在法律效果上与日本破产法并不相同。

---

[38] 参见许德风:《破产法论：解释与功能比较的视角》，北京大学出版社 2015 年版，第 144 页。

四、破产管理人对待履行合同的解除权

我国《企业破产法》对待履行合同的规定，赋予了破产管理人选择权，选择对待履行合同继续履行或是解除，由于本文仅讨论待履行合同的解除，故本章主要讨论破产管理人选择权中的解除权。

（一）解除权的法律性质

合同解除包括约定解除和法定解除，前者包括协议解除和行使约定解除权解除。[39]我国《合同法》第94条对法定解除进行了归纳，其中规定了兜底条款，即“法律规定的其他情形”。本文认为，我国破产法赋予破产管理人解除待履行合同之权利，属于法定解除权。当企业进入破产程序，即意味着其进入了“非常状态”，基本丧失履行合同之实际能力，但从破产财产最大化的角度出发，应当赋予破产法选择是否解除的权利，而非直接认定待履行合同当然解除。因此，法律赋予的破产方对待履行合同的解除权，是自企业进入破产程序时自动产生的，其正当性来源于破产法保护全体债权人利益、挽救破产企业的价值目标。

作为法定解除权，破产方对待履行合同的解除权不能由当事人约定排除。同时，该解除权与其他法定解除权或约定解除权在法律性质上相同，均为形成权，破产管理人行使该解除权时，无须对方当事人的同意，单方意思表示即能发生待履行合同解除之效果，正如破产法规定，管理人通知对方当事人即能解除合同。

（二）解除权的主体

我国破产法将对待履行合同的解除权赋予破产管理人，这也是比较法上

[39] 参见王利明：《合同法（王利明法学教科书）》，中国人民大学出版社2015年版，第193～197页。

的通例。但其引发的疑问显而易见，破产管理人并非订立合同的当事人，鉴于合同相对性的原则，其有权解除合同的理论依据为何。对此，应当从破产管理人的地位问题入手进行解释，该问题在大陆法系国家获得广泛关注并引发诸多讨论，我国对于该问题也产生了多种学说，包括破产企业法定代表说、清算法人机关说、特殊机构说、双重地位说、独立主体说、信托受托人、破产财团代表说，等等。[40]鉴于此问题不是本文的主要讨论对象，在此本文仅介绍国内通说，即破产财团代表说，并基于该学说对上文提出的问题进行解释。破产财团代表说建立在破产财团概念的基础之上，虽然我国立法目前没有采取破产财团的概念，但其与债务人财产的内涵外延相一致，已获得了大多数学者的认同。[41]管理人作为破产财团代表是指将破产管理人确定为破产财团的代表人，而待履行合同与破产财团关系十分紧密，因此破产管理人以破产财团代表人的身份处分待履行合同具有合理依据。

另外，需要强调的是，我国破产法对于重整程序规定了债务人自行管理制度。在法院批准同意的情况下，债务人可以自行管理破产企业的财产和营业，并行使破产法规定的管理人职权。因此，在债务人自行管理的重整模式下，待履行合同的解除权主体为债务人自身。但为了方便行文，本文以破产管理人或破产方为解除权之主体进行表述。

（三）解除权的时限和相对方的催告

根据我国破产法的规定，管理人应当在破产申请受理之日起两个月内对待履行合同的处理结果作出选择（继续履行或解除合同）并通知合同相对方。但如果合同相对方进行催告，管理人必须在收到其催告之日起30日内作出选择（继续履行或解除合同）并进行答复，否则视为对合同的解除。

赋予合同相对方对破产管理人进行催告的权利是十分必要的。如前所述，

---

[40] 参见许德风：《破产法论：解释与功能比较的视角》，北京大学出版社2015年版，第257～260页。
[41] 参见王欣新：《破产法（第三版）》，中国人民大学出版社2011年版，第62～65页。

破产法对待履行合同的规定，打破了合同关系的稳定性和平等性，在破产方考虑行使选择权的期间内，合同的状态是不稳定的，为了对双方利益进行平衡，法律赋予相对方以催告权，避免管理人怠于行使职权而使破产方与相对方之间的合同关系陷入长期的不稳定状态，同时避免因管理人尚未作出决定而导致的合同相对方不必要开支之增加。

对比美国破产法的规定，我国破产法对于破产管理人选择权时限的规定未免有失灵活。美国破产法典对于选择权的时限同样采取了默示规则，在破产程序开始后的60天内，破产托管人未对待履行合同的处理作出表示，即视为拒绝履行。[42]同时，该法典规定了破产方可以向法院提出申请，法院可以在上述期限（即破产程序开始后的60天内）内作出延期的决定。[43]另外，在重整程序中，托管人选择权行使期限可以延长至重整计划被法院最终认可之前，但法典也规定了法院可以根据相对方的请求确定特定期限以督促托管人行使选择权。[44]美国破产法对托管人选择权行使时限的规定显然更加灵活，并且将更多的决定权授予法院，但其并未规定法院依据何种因素决定选择权时限的延期或对重整中选择权特定期限的确定。本文认为美国破产法典的上述规定值得我国借鉴。一方面，对于管理人选择权的时限规定应当具有一定的灵活性，以避免因特殊情况管理人未能在规定时间内行使选择权使待履行合同被默认解除，而造成对破产财产的不利影响；另一方面，清算程序和和解程序在更大程度上是通过结束债务人企业的各项经营事务、终结债务人企业的各项法律关系而将债务人的剩余财产在债权人之间公平分配的制度，因此在清算程序或和解程序中可以合理推定，如果管理人对待履行合同未作表示很可能意味着对合同的否定，但因重整程序以实现破产企业的复苏和重生为目标的特殊性，上述假设无法适用，因此应当对重整程序中管理人的选择权时限进行更加宽容的规定。

在管理人选择权时限内，待履行合同处于不稳定状态，改变管理人选择

[42] See 11 USC §365 (d) (1) .

[43] See 11 USC §365 (d) (4) .

[44] See 11 USC §365 (d) (2) .

权时限显然会影响合同双方当事人的利益，因此只有将此项权利赋予法院，由法院依据破产程序之状态、合同规定之情形等因素，在双方当事人之间进行利益衡量作出决定。另外，由于我国破产法已赋予合同相对方催告权，因此在申请法院对管理人选择权时限进行变更时，应当仅存在破产方申请延长之情况（由于本文建议对重整程序进行特殊规定，此处向法院申请变更管理人选择权时限仅适用于清算程序或和解程序）。另外，不应当对破产方向法院申请延长时限或法院批准延长时限的次数进行限制，否则会产生因认为仅能对选择权时限进行一次调整而拖延过长的情况。

重整程序的目的在于挽救破产企业，实现破产企业重生，因此与清算程序更多地要求出售资产以实现破产财产的增值不同，在重整程序中管理人对于待履行合同的判断须更多地考虑债务人企业的自身利益，故其对合同的价值考量会受更多的因素影响，包括战略投资人的影响，因此在重整计划最终确定之前，如何处理待履行合同是有利于各方的最优方式存在不确定性。而将管理人选择权时限推迟至重整计划被法院最终认可通过之时，无疑是最谨慎的做法。[45]当然，从利益平衡的角度出发，也应当赋予合同相对方向法院申请缩短选择权时限的权利。

（四）从破产申请受理到管理人通知解除的间隔期

关于管理人对于待履行合同的选择权时限，上文已进行分析，无论是目前我国破产法规定的固定时限，还是本文建议的灵活时限，都存在从破产申请受理到管理人作出选择的间隔期，间隔期间破产企业和合同相对方是否应当履行合同义务，值得讨论。

从比较法的角度而言，美国司法实践中往往认为，在破产方进行选择之前，该待履行合同仍然存在，但只有破产方可以主张合同相对方继续履行，而

[45] See United Nations Commission on International Trade Law, Legislative Guide on Insolvency Law, New York, 2006, p.124.

合同相对方不能对破产方主张继续履行。[46]这种单方履行安排的正当性基础在于，能给破产方提供一定的“喘息空间”，同时可以避免破产方因过早或仓促作出选择而带来的不利影响。但这种安排不免会对作为非破产方的合同相对方造成沉重负担，美国破产法协会在对这一安排进行讨论时认为，应当适当减轻对合同相对方造成的负担，但同时考虑到破产方的实际情况，其建议破产方应当对间隔期内合同相对方的实际提供的货物和服务承担支付责任，而支付的时间和数额都应当恪守申请前的合同条款而不得主张更加严苛的条款，除非双方当事人达成对破产财团更加有利的条款；除合同间隔期内合同相对方实际提供的货物或服务应由破产方进行实际支付，如果合同相对方根据待履行合同主张破产方履行更多的合同义务，则应当承担极高的举证责任。[47]

根据上文所述的破产法调整待履行合同的价值目标中的社会利益原则和利益平衡原则，应当在部分合同类型中，对破产管理人的解除权进行限制，解除权限制的具体情况将在下文进行论述。此处需要说明的是，对于限制管理人解除权的合同类型，即应当继续履行的合同类型，不存在间隔期，双方当事人应当继续履行合同。对于无须限制管理人解除权的合同类型，在间隔期内是否继续履行。如果适用合同法和破产法的一般规定，由于管理人尚未进行选择，债务人企业因为禁止个别清偿而不继续履行合同，合同相对方可以主张合同履行抗辩权（按照不同情况，可以主张同时履行抗辩权、先履行抗辩权和不安抗辩权）而不继续履行合同，因此在间隔期内双方的履行义务都停滞。但本文认为不妨赋予管理人一项前期选择权，即在管理人依据《企业破产法》第 18 条规定的选择权作出最终选择之前，允许其请求对方当事人在间隔期内继续履行合同。但是，以作利益平衡，应当明确，合同相对方因间隔期内继续履行合同而产生的债权，应当属于破产企业的共益债权，由破产企业从债务人财产中随

---

[46] See Howard C. Buschman III, Benefits and Burdens: Post-Petition Performance of Unassumed Executory Contracts, Bankruptcy Developments Journal (1988), pp.341-360.

[47] 参见美国破产法协会:《美国破产法协会美国破产重整制度改革调研报告》，何欢、韩长印译，中国政法大学出版社 2016 年版，第 135 ～ 137 页。

时清偿（而对于合同相对方在破产申请受理前履行合同产生的债权，下文会进行论述，属于普通债权）。如果破产企业已无力清偿共益债务，合同相对方自然可以停止继续履行，管理人应当向人民法院申请终结破产程序，由人民法院宣告破产。同时，我们可以借鉴美国破产法协会的建议，对于间隔期内相对方继续履行而产生的破产方的支付责任，应当按照不高于破产申请前合同条款规定的时间条件和款额条件而履行，以体现对破产财团的维护。另外，为了避免因破产方在间隔期内限制履行（即仅对合同相对方在间隔期内实际履行的部分进行对应给付）而给合同相对方造成沉重负担，如果合同相对方认为破产方继续履行比间隔期内对应给付更多的合同义务是必要的，则可以向法院举证证明进行请求，法院综合考虑作出决定，从而实现一种妥当的平衡。

（五）对管理人行使解除权的异议

根据我国破产法的规定，如果破产管理人选择继续履行合同，则应当及时报告债权人委员会，但对于管理人解除合同的选择则无须报告。显然，待履行合同的继续履行对于全体债权人的影响更大，而待履行合同的解除对于合同相对方的影响更大。我国破产法未规定合同相对方对管理人行使解除权的异议程序，但这并不是破产法的疏漏之处，而是因为合同相对方如果对管理人解除待履行合同存在异议，可以直接依据合同法的规定，向法院提出确认之诉，确认解除合同的效力。[48] 当然，法院在进行判断时应当充分考虑破产企业处于破产这一非常态的情况，均衡多方当事人的利益作出决定。

另外，如果债权人对于管理人解除某个待履行合同的行为存在异议，认为对该合同继续履行会增加破产财产从而更有利于全体债权人，则可以根据破产法的规定更换管理人，也可以请求法院追究管理人的法律责任，让其对给债权人造成的损失承担赔偿责任。

---

[48] 根据我国《合同法》第96条的规定，一方当事人行使约定解除权或法定解除权解除合同，对方当事人有异议的，可以请求人民法院或仲裁机构确认合同解除的效力。

（六）合同相对方的解除权

不可否认，此部分内容并非本章讨论之重点，但因本文的主题是破产法中待履行合同的解除，自然不可回避合同相对方基于合同约定或合同法规定而享有的对待履行合同的解除权，以方便行文之目的，本文将此部分内容置于破产管理人的解除权之后进行论述。

我国《合同法》规定，合同的解除包括约定解除和法定解除，前者又包括协议解除和行使约定解除权解除。协议解除是指双方当事人协商一致后，对合同进行解除；行使约定解除权解除是指双方当事人在合同中对解除权成立之条件进行约定，如果在合同履行完毕前该条件业已满足，那么解除权人得行使约定解除权解除合同；法定解除是指合同一方当事人通过行使法律明文规定的解除权解除合同。[49]在经济交往中，合同的双方当事人为了降低自己的风险，往往会在合同中约定，一方当事人陷入破产之境地时，对方当事人获得约定解除权而有权解除该合同。另外，根据我国《合同法》的规定，一方当事人迟延履行主要债务，如果（1）在对方当事人进行催告后的合理期限内仍未履行，或者（2）该方当事人迟延履行而使合同目的无法实现的，则对方当事人享有法定解除权。[50]在企业进入破产程序后，一方面其履行合同义务之能力大幅丧失，另一方面其履行合同义务可能被认定为个别清偿而被禁止，往往会出现迟延履行，如果属于上文所述之情形，则合同相对方获得法定解除权。

在上述三种合同解除方式中，协议解除源于双方当事人现时的协商，与管理人对待履行合同享有的选择权不存在冲突，本文不作讨论。但对于行使约定解除权解除和法定解除而言，可能存在合同相对方依据合同约定或者法律规定享有解除权，而破产管理人选择继续履行待履行合同的冲突情况。本文认为，在企业进入破产程序后，应当排除合同相对方对于待履行合同享有的约定

[49] 参见王利明：《合同法（王利明法学教科书）》，中国人民大学出版社2015年版，第193～197页。

[50] 参见崔建远：《合同法总论中卷》，中国人民大学出版社2012年版，第601～609页。

解除权或法定解除权。

从比较法的视角而言，德国破产法第 119 条规定，对本法第 103 条至第 118 条的适用进行预先排除或限制的约定无效。而第 103 条即对管理人的选择权的规定。[51] 虽然我国破产法未作类似的排除合同相对方约定解除权的规定，但通过分析待履行合同规则的价值原则可以得出相同的结论。如前所述，在破产程序中处理待履行合同，应当坚持全体债权人的利益对破产财产进行最大化保值增值，个别债权人的利益应当让位于全体债权人的利益。如果允许合同相对方行使约定解除权，上述价值原则将被破坏，合同相对方作为理性经济人，会以自身利益得失作为衡量标准，不利于破产财产的最大化。而针对法定解除权，在企业进入破产程序后，合同法规定的法定解除权与破产法规定的管理人选择权存在矛盾，如果允许合同相对方行使法定解除权解除合同，则从实质意义上剥夺了管理人的选择权。在法律规定发生冲突的情况下，本文认为应当遵照特殊法优于一般法的规则，排除作为一般法的合同法规定的法定解除权的适用。

五、待履行合同解除的法律效果

待履行合同解除的法律效果，不仅直接作用于待履行合同的双方当事人，即破产企业和合同相对方，还对全体债权人的利益密切相关。因此在对其进行讨论时，不能偏离待履行合同规则的价值目标。本文将重点讨论下述三个方面的问题。

（一）待履行合同解除的溯及力问题

1. 探讨待履行合同解除的溯及力问题之重要性

首先，对于待履行合同解除的溯及力问题，破产法、合同法均无明确规

[51] 参见李飞：《当代外国破产法》，中国法制出版社 2006 年版，第 45、52 页。

定。如前所述，虽然我国破产法对待履行合同的否定选择了解除模式，但我国破产法并未像日本破产法一样明确规定合同解除后的法律效果。[52]反观我国合同法的规定，合同解除对于已履行部分产生的效果是，恢复原状、采取其他补救措施和损失赔偿，而未有对合同解除的溯及力问题进行明确规定。

其次，待履行合同解除的溯及力问题关系到破产程序中各方的利益安排。合同解除的溯及力问题对于破产程序之影响在于其关系到当事人之间恢复原状请求权的性质，进而关系到合同相对方请求破产方返还其已履行部分时的受偿顺位，最终影响各方当事人的利益平衡。

通说认为，如果待履行合同是被有溯及力地解除，双方当事人之间产生恢复原状义务，由于我国否认物权无因性和独立性，加之合同因解除而自始消灭，双方就其已获得的对方当事人的给付丧失权利基础，对方当事人重新享有已履行部分的所有权，因此该恢复原状请求权具有物权基础，属于物权性权利。就合同相对方向破产方提出的恢复原状请求而言，如果已履行部分尚存于破产财产中，则合同相对方享有取回权；如果已履行部分已不存在，则合同相对方就其价金享有共益债权。如果对待履行合同的解除不具有溯及力，则仅待履行合同之未履行部分失效，而该合同的已履行部分尚未失效，双方当事人也未丧失其获得给付的权利基础。因此合同相对方向破产方提出的恢复原状请求权为债权请求权，系普通债权，无法从破产财产中优先清偿。[53]

最后，待履行合同解除的溯及力问题已成为实务界的现实困境。在审理有关破产程序中待履行合同的案件时，对于合同相对方请求破产方返还其已履行部分，既有法院将其认定为普通债权，也有法院将其认定为取回权。

在（2010）娄星民二初字第930号案件中，湖南省娄底市居家乐房地产开发有限公司（以下简称居家乐公司）与张某某签署商铺订购协议，张某某向居

[52] 参见《日本破产法》第54条；参见李飞：《当代外国破产法》，中国法制出版社2006年版，第739页。

[53] 参见王欣新、余艳萍：《论破产程序中待履行合同的处理方式及法律效果》，载《法学杂志》2010年第6期。

家乐公司购买商铺，但至居家乐公司进入破产程序时，居家乐公司尚未向张某某交付商铺，张某某也仅向居家乐公司缴纳购房定金，由于管理人在破产申请受理两个月内未作出通知，该商铺订购协议视为解除，法院认为张某某已向居家乐公司缴纳的定金应当作为破产债权要求居家乐公司进行偿还。[54]

在（2012）沈中民二终字第 2027 号案件中，沈阳荷兰村房产开发有限公司（以下简称荷兰村公司）与冷某某签署《协议书》，冷某某向荷兰村公司购买商品房，但至荷兰村公司进入破产程序时，荷兰村公司尚未向冷某某交付商品房，冷某某也尚未完全支付购房款，双方之间的商品房买卖合同作为待履行合同而被管理人解除，法院认为冷某某已交纳的购房款属于其个人财产，其享有取回权。在该案中，待履行合同解除后，对于合同相对方请求破产企业就已履行部分的返还，法院认为属于取回权。[55]

2. 待履行合同解除的溯及力问题之学理争论

待履行合同解除的溯及力问题，是破产法学术界和实务界讨论待履行合同时不可回避的重要问题。各位破产法学者均对此问题进行了回应。本文按照时间顺序列举，韩长印老师认为，兼顾合同法基本原理、作为非违约方的合同相对方的合法权益以及破产法的价值原则，除了需对管理人的解除权进行特殊限制的合同类型之外，应当以合同解除具有溯及力为原则，同时赋予合同相对方以选择权，其可以选择放弃所有物返还请求权而主张不当得利返还请求权，其目的在于，在双方当事人已进行部分履行的情况下，合同相对方可能希望进行差额返还而非全部给付的原状返还。[56]王欣新老师认为，民法学界对于合同解除的效力素有争论，大致可以分为直接效果说、间接效果说、折中说和债权关系转换说四种观点，其认为折中说的观点更符合破产法的价值原则，应予采用。依照折中说，合同解除并无溯及力，双方当事人就待履行合同之已履行部

[54] 参见湖南省娄底市娄星区人民法院：(2010）娄星民二初字第 930 号民事判决书。
[55] 参见辽宁省沈阳市中级人民法院：(2012）沈中民二终字第 2027 号民事裁判书。
[56] 参见韩长印：《破产宣告对未履行合同的效力初探》，载《法商研究》1997 年第 3 期。

分产生相互返还的债权请求权，为普通债权而无优先清偿的效力。[57]李永军老师认为，应当贯彻合同法的规则原则，当待履行合同解除后，应当恢复到合同缔约前的状态，合同对方当事人要求破产方恢复原状的权利属于共益债权，双方当事人可以就互相请求恢复原状的权利义务主张同时履行抗辩权。[58]

3. 待履行合同解除的溯及力问题之理论分析

本文赞同王欣新老师的分析路径，即对于破产法未规定的待履行合同之解除效力，应当先从更深层次的学理上寻找依据，而非直接根据价值判断进行选择。虽然破产是企业的非常状态，破产法是相较于合同法的特殊法，对破产企业的规范应当特殊处理，但也须尽力减少破产法对整个合同法律体系的变更和冲击。如果理论分析之结论符合价值判断之选择，则无须另行制定规则，如果理论分析之结论与价值判断之选择相悖，才涉及立法者根据破产法目标进行的选择和调整。

（1）民法学界关于合同解除效力的讨论

分析民法学理论对于合同解除的若干学说，直接效果说是指合同解除溯及既往，合同整体消灭，双方当事人的权利义务关系恢复到尚未订立合同时的状态，合同之尚未履行部分应免于履行，合同之已履行部分应相互返还。间接效果说是指合同解除无溯及力，合同本身也不会消灭，双方当事人就合同之尚未履行部分享有抗辩权，有权拒绝履行，双方当事人就合同之已履行部分产生新的返还债务。折中说是指合同解除无溯及力，合同部分消灭，合同之尚未履行部分归于消灭，双方当事人就合同之已履行部分负有新的返还债务，即前一部分与间接效果说相同，后一部分与直接效果说相同。债务关系转换说是指合同解除时产生与原合同债权债务关系方向完全相反的恢复原状债权债务，对于合同之未履行部分，恢复原状债权债务视为已履行完毕，对于合同之已履行部分，恢复原状债权债务则为未履行。其中，由于间接效果说和债务关系转换说

[57] 参见王欣新、余艳萍：《论破产程序中待履行合同的处理方式及法律效果》，载《法学杂志》2010 年第 6 期。

[58] 参见李永军：《论破产管理人合同解除权的限制》，载《中国政法大学学报》2012 年第 6 期。

与我国民法理论难以衔接，故在我国讨论甚少。[59]

（2）合同解除不同学说的破产法效果

无论是民法学界对于合同解除效力的讨论，还是破产法学界对于待履行合同解除效力的讨论，均集中在直接效果说和折中说两项学说。故本文也将基于这两项学说展开讨论。直接效果说和折中说的区别在于对于合同之已履行部分的处理方法，前者选择消灭而后者选择保留并产生新的返还债务，二者的根本区别在于合同解除是否具有溯及力。诚然，上文已经介绍了合同解除溯及力的破产效果的主流观点，即如果合同解除具有溯及力，合同相对方请求债务人企业返还已履行部分的权利为物权请求权，如果合同解除不具有溯及力，合同相对方请求债务人请求返还已履行部分的权利为债权请求权。但本文在研究物权法、合同法相关理论的基础上，持有不同观点。

韩长印老师、李永军老师的观点均属于合同解除的直接效果说。日本破产法的规定也属于典型的直接效果说。对于直接效果说，认为其会导致合同相对方的恢复原状请求权为物权请求权的观点逻辑为：合同解除溯及既往—合同自始消灭＋我国否认物权行为的无因性和独立性—受领人丧失给付所有权、给付人恢复给付所有权—给付人向受领人请求所有物返还请求权，因此恢复原状请求权的基础为所有物返还请求权，为物权请求权。但合同自始消灭后，给付人是否就当然恢复其给付部分的所有权，值得讨论。

物权变动主要包括三种模式，物权形式主义、债权形式主义和债权意思主义，我国采用的是债权形式主义，根据我国物权法的规定，发生物权变动除了需要生效的法律行为，还需要一些特定行为，即原因行为结合物权行为的模式。具体而言，对于动产的物权变动需要生效的法律行为＋交付；对于不动产的物权变动需要生效的法律行为＋登记。[60]我国采用债权形式主义的物权变动模式，相当于大门上的两道锁头，旨在增强对交易安全的保护，进行双重

[59] 参见韩世远：《合同法总论（第三版）》，法律出版社 2011 年版，第 523 ～ 527 页。

[60] 参见王利明：《物权法（王利明法学教科书）》，中国人民大学出版社 2015 年版，第 54 ～ 55 页。

保障。物权设立时的双重步骤，相应地也应当在物权消灭时得以体现。物权的抛弃理论即能对此进行佐证。所有权的抛弃不仅需要特定的意思表示，如果是动产的所有权抛弃，尚需具有客观上放弃对动产的占有的行为，如果是不动产的所有权抛弃，还需完成所有权的注销登记。因此，按照合同解除的直接效果说，合同在解除后整体得以消灭，双方当事人发生相互返还的义务。但由于我国采取的债权形式主义相当于物权变动上的两把锁头，合同解除能够打开其中的一把锁头，但另一把锁头尚未打开，这把尚未打开的锁头就是特定的物权行为。易言之，如果合同因解除而自始消灭，一方当事人已履行的给付，无法即刻而自动地得以归位，而应当依赖于登记、交付等特定行为的发生。[61]故此时该方当事人并不能重获已履行给付的所有权。如此，对于上文分析的，诸多学者认为的，直接效果说会导致合同相对方的恢复原状请求权为物权请求权的逻辑链条断裂。因此，本文认为，即使按照直接效果说合同解除具有溯及力的观点，合同相对方的恢复原状请求权应当为债权请求权。

另外，学界还存在认为直接效果说项下的恢复原状请求权的性质为不当得利的观点。这也是日本民法的通说观点。[62]但该观点实际不符合我国的民法体系的理论原则，因为该观点的基础是建立在物权无因性的基础之上。合同因解除而整体消灭，由于物权无因性原则，合同消灭并不影响受领人对给付物享有的所有权，但作为其获取该给付物的依据的合同基础业已消灭，因此构成不当得利，而恢复原状请求权的属性相应成为不当得利返还请求权。但由于不当得利返还请求权的范围限定在得利和损失之间的较少者，因此主张合同解除的恢复原状请求权属于不当得利返还请求权的观点，均将其返还范围纠正为全面返还。由于物权无因性理论具有很强的可取性，在我国学术界也占有一定市场，本文也在此对物权无因性理论下的合同解除之破产法效果进行分析。有学者认为性质属于不当得利返还请求权的恢复原状请求权，根据破产法对不当得

[61] 参见陆青：《合同解除效果与违约责任》，载《北方法学》2012 年第 6 期。

[62] 参见〔日〕我妻荣：《债权各论》，冷罗生等译，中国法制出版社 2008 年版，第 231 页。

利的规定，属于共益债权。[63]但实则不然，破产法并未认为所有的不当得利的返还均属于共益债务，而只有在破产申请受理后发生的不当得利才属于共益债务。然而直接效果说下合同解除是溯及既往的，不当得利的产生应当源自合同设立之时，又因为待履行合同是破产申请受理前成立的合同，故对该不当得利的返还并非共益债务，该不当得利返还请求权仍为普通债权。

最后，关于折中说项下恢复原状请求权的破产法效果，本文认同目前的主流学说。折中说的根本在于合同解除不具有溯及力，对于待履行合同之已履行部分产生新的返还债务，该返还债务是债权债务关系，其目的是实现恢复原状之效果，实现权利的复归。因此，按照折中说合同解除不具有溯及力的观点，合同相对方的恢复原状请求权为债权请求权。

综上，本文根据对民法理论上合同解除的不同学说产生的破产法效果进行理论梳理和分析，认为无论按照直接效果说还是折中说处理待履行合同的解除，产生的法律效果都是一致的，即合同相对方请求债务人企业恢复原状的权利为债权请求权，属于普通债权。

4. 待履行合同解除的溯及力问题之价值选择

如前所述，破产法调整待履行合同的规则不能偏离破产法本身的价值目标，而作为破产法原则之根基的则是公平原则。在公平原则的指导下，破产法具体规则应当竭力实现破产财产的最大化，并使其在全体债权人之间得到平等分配，应当维护全体债权人的利益而非个别债权人的利益，这也是实质公平原则的体现。

待履行合同的解除不同于普通的合同解除，一方面普通的合同解除的解除权人是非违约方，而待履行合同的解除权人是破产方即违约方，诚然，也存在待履行合同项下合同相对方违约的情况，但此时破产方亦可以获得合同法上的解除权，因此待履行合同解除还是旨在赋予作为违约方的破产方解除合同的权利。而如此设计规则的原因在于二者另一方面的区别，即待履行合同和普通

[63] 参见许德风：《论破产中尚未履行完毕的合同》，载《法学家》2009年第6期。

合同的利益架构存在区别。在一般合同的情形下，合同规则调整的是双方当事人之间的利益平衡，当一方出现违约行为侵害另一方的权利，赋予非违约方解除权才能保护其合法权益，进而对违约方进行惩罚，最终实现双方之间的利益平衡，同时增进社会诚实信用、符合社会公共利益。但在破产情形下，待履行合同所涉及的不仅仅是双方当事人的利益关系，由于破产企业资不抵债的特殊状态，破产财产应当在全体债权人之间进行公平分配，故待履行合同规则调整的是债务人企业、全体债权人和合同相对方等在内的各方主体利益，如果此时以保护合同相对方的利益为先，则会产生减损全体债权人的利益以保护个别债权人的结果，不符合破产法的公平清偿原则，因此在待履行合同的利益框架下，应当以保护全体债权人的利益为目标。[64]

进而言之，根据破产法调整待履行合同价值原目标进行分析，本文认为将待履行合同解除后合同相对方请求破产方返还其给付的已履行部分的权利规定为普通债权能够更好地平衡相关当事人之间的利益关系。一方面，将其规定为普通债权有利于破产财产的保值增值，而破产财产的最大化即意味着全体债权人利益的最大化，符合破产法保护全体债权人利益的目标；另一方面，如果不将其规定为普通债权而赋予其优先受偿性，则有悖于破产清偿的公平性，在破产情形下债务人企业资不抵债，情况相同处境相似的债权人应当平等分担损失，待履行合同中合同相对方属于个别债权人，其地位应当与全体债权人相同，二者应当得到同等的保护或承担同等的损失，个别债权人请求返还已履行部分的权利应当作为普通债权。

5. 理论分析结果和价值选择结果的一致性

通过上文依据民法理论对待履行合同解除效果的理论分析以及依据破产法原则对待履行合同解除效果的价值判断，本文认为合同相对方请求债务人企业恢复原状的权利应当属于债权请求权，为普通债权，该结论既符合民法原理

[64] 参见王欣新、余艳萍：《论破产程序中待履行合同的处理方式及法律效果》，载《法学杂志》2010 年第 6 期。

的理论体系，又能彰显破产法的价值原则。

6. 司法解释对所有权保留买卖合同的规定分析

破产法司法解释二对于所有权保留买卖合同解除后合同相对方的恢复原状请求权的性质进行了特殊规定，本文拟对此进行分析。司法解释规定，如果所有权保留买卖合同的买受人破产并选择解除合同，则出卖人可以主张取回权取回买卖标的物；如果所有权保留买卖合同的出卖人破产并选择解除合同，则买受人应当向出卖人返还其已取得的标的物，买受人要求出卖人返还其已支付价款的请求权为共益债权，但若买受人违反合同约定，则出卖人可以主张上述债权为普通债权。

在买受人破产并解除合同的情况下，出卖人可以主张取回权取回买卖标的物，一方面，破产法及其司法解释明确规定债务人在所有权保留买卖合同中尚未取得所有权的动产不属于债务人财产，而债务人占有不属于其的动产的，所有权人享有取回权。另一方面，从民法理论分析，所有权尚未转移的，其所有权人自然享有物权请求权，此时不涉及上文分析的物权变动是否能够自动复归的问题，因为物权变动尚未发生。因此，即使司法解释没有进行明确规定，根据理论分析也可以得出相同结果。

在出卖人破产并解除合同的情况下，根据买受人是否违约来决定其返还已支付价款的请求权是共益债权还是普通债权，最高院对此的解释在于：（1）买受人是否存在违约行为，应当在处理上有所区分；（2）买受人依法履行其合同义务并向出卖人的管理人返还标的物，出卖人获取的买受人已支付的价款丧失合法基础，构成不当得利，应当作为共益债务清偿；（3）基于买受人是否存在违约行为、是否依法交付标的物而区分债权性质，能够促进买受人履行合同义务和依法向出卖人管理人交付标的物，有利于低成本高效率地追收债务人财产。[65]本文对上述三点原因存在疑问：（1）诚然，应当根据买受人是否存在违

[65] 参见奚晓明：《最高人民法院关于企业破产法司法解释理解与适用——破产法解释（一）·破产法解释（二）》，人民法院出版社2013年版，第409～410页。

约行为而进行区分，但是否违约与其恢复原状请求权的性质并无关系，如果买受人之前存在违约而使出卖人遭受损失，出卖人可以按照合同法的规定请求损害赔偿，而无须因此而对恢复原状请求权的性质进行变更；（2）基于上文分析，产生不当得利返还请求权的情况是合同解除的直接效果说与物权形式主义的结合，一方面合同解除效果尚存争议，而我国物权变动模式也非物权形式主义，另一方面即使在直接效果说下认为恢复原状请求权的性质为不当得利请求权，其也应遵守直接效果说的溯及效力，将不当得利请求权追溯至破产申请受理之前，故不属于共益债权；（3）司法解释条文是依据合同相对方是否存在违约进行区分，与其是否返还标的物无关，标的物返还已是合同解除之后，无论是否返还均不涉及合同违约，因此如此规定并不能产生促进买受人及时返还标的物的效果。概言之，本文认为无论是从理论分析还是从价值选择，均难以寻到将买受人返还价款请求权规定为共益债权的充分原因，本文猜测司法解释如此规定的原因主要在于对买受人是否违反合同在价值判断上的区分，但正如上文所言，该区分已然可以通过合同法理论达成，如果买受人违约，出卖人自可以请求其承担违约责任，而无须在恢复原状请求权的性质上进行无谓区分。本文认为，无论买受人是否违约，其要求返还已支付价款的请求权均应当作为破产债权进行对待。

（二）待履行合同解除的损害赔偿问题

根据我国破产法法律规定，待履行合同的对方相对人可以就管理人解除合同而产生的损害赔偿申报债权。该规定意在弥补因管理人挑拣履行而使合同相对方遭受的损失，旨在贯彻利益平衡的价值原则。但对于损害赔偿的具体内容没有进行详细规定，本文就该问题进行如下讨论。

1. 合同解除和损害赔偿的并存

虽然我国合同法和破产法均规定了合同解除后非违约方有权主张损害赔偿，但其合同解除和损害赔偿的并存问题曾经在民法学界引起讨论。认为二者不能并存的观点主要来自德国民法，理由是合同解除后合同关系自始失去效力，作为损害赔偿之根源的合同既已消灭，损害赔偿亦应不复存在。且不说合同解除的溯及力问题在我国尚未形成统一观点，即使在坚持合同解除溯及既往的德国也对该规定进行了修改，原因在于该规定虽然符合逻辑推理但无视实质公平，不利于对非违约方的保护和对诚实信用原则的维护。[66]实际上，当合同一方当事人出现违约时，非违约方的损害赔偿请求权业已成立，虽然该请求权是源于原合同，但不应因合同的解除而被消灭，这就意味着，即使合同被解除，非违约方也可以主张损害赔偿请求权。

2. 待履行合同解除后合同相对方损害赔偿请求权之基础

有观点认为，应当对合同相对方的损害赔偿请求权区分讨论，即根据损害赔偿请求权的基础将其区分为两种，一是根据债务人企业破产申请受理前的违约行为而享有的损害赔偿请求权；二是根据债务人企业破产申请受理后，管理人对待履行合同的解除而享有的损害赔偿请求权，由于管理人的解除权为法定解除权，被法律所认可，故管理人解除待履行合同不涉及破产方的违约，该损害赔偿请求权的基础在于法律规定而不在于破产方违约。[67]本文赞同该观点将合同相对方损害赔偿请求权区分讨论的思维路径，但本文认为破产申请受理前后的损害赔偿请求权之基础都应当是违约行为。诚然，间隔期内破产企业对待履行合同的中止履行以及管理人对待履行合同的解除都是法律规定而赋予各自的权利，但我们并不能因为存在法律规定而断然认为破产方不是违约。实际上，无论是破产方中止履行的权利还是管理人挑拣履行的权利，都源于债务人企业进入破产程序这一特殊状态，而法院受理该破产申请的原因在于债务人企业的资不抵债的经济状态，其终究原因在于债务人企业经营不善、无法应对正常的商业风险而导致资不抵债或履行不能，这与不可抗力或情势变更并不相同。故虽然法律赋予管理人挑拣履行的权利，但管理人解除待履行合同确应归责于破产方，属于破产方的违约行为。因此，合同相对方的损害赔偿请求权，

[66] 参见杜景林、卢谌：《德国债法改革：〈德国民法典〉最新进展》，法律出版社 2003 年版，第 78 页。
[67] 参见兰晓为：《破产法上的待履行合同研究》，人民法院出版社 2012 年版，第 184 ～ 187 页。

无论是基于破产申请受理前或后的原因，其基础均是破产方的违约行为。当然，确实存在债务人企业因不可抗力或客观情势的异常变动而进入破产程序的情形，但在上述情形下，破产方对待履行合同的解除自然可以依据不可抗力或情势变更之原因，无须依据管理人的挑拣履行权利。

3. 待履行合同解除后合同相对方损害赔偿请求权之性质

我国破产法规定待履行合同解除后，合同相对方的损害赔偿请求权应当为普通债权，比较法上各个国家也多规定如此，如日本[68]、德国[69]。如此规定之目的在于对破产法价值目标的追求，如果赋予损害赔偿请求权以优先效力，则与赋予合同相对方对已履行部分恢复原状请求权以优先效力的影响相类似，不利于破产财产的最大化，不利于债务人企业的复苏重生，不利于全体债权人之间的平等清偿，对此已在上文关于待履行合同解除效力之价值选择部分进行了介绍，此处不再赘述。

虽然目前的通说和共识均认为待履行合同解除后合同相对方的损害赔偿请求权为普通债权，但解释路径有所区别。有观点认为该损害赔偿请求权为破产债权而非共益债权的原因是因为其实质上根源于债务人企业对合同的履行不能而非破产管理人的管理行为。[70]也有观点对此解释方法进行否定，原因在于不是所有的共益债权均来自破产管理人的管理行为，前者存在逻辑漏洞，并进而提出，合同相对方的损害赔偿请求权实则为使全体债权人受益之对价，本质上为共益债权，但为了防止赋予其优先性而使管理人解除合同时产生过多顾虑，故将其降格为破产债权。[71]相较而言，本文更赞同前者的观点，从共益债权的含义来看，其是指在破产申请受理后，为全体债权人的共同利益或者为破

[68] 参见《日本破产法》第 54 条；参见李飞：《当代外国破产法》，中国法制出版社 2006 年版，第 739 页。

[69] 参见《德国破产法》第 103 条；参见〔德〕莱因哈德·波克：《德国破产法导论》，王艳柯译，北京大学出版社 2014 年版，第 84 页。

[70] 参见韩长印：《破产宣告对未履行合同的效力初探》，载《法商研究》1997 年第 3 期。

[71] 参见刘颖：《反思〈破产法〉对合同的处理》，载《现代法学》2016 年第 3 期。

产程序的进行而发生的债权，具有优先受偿的效力。[72] 而正如前一部分所述，待履行合同解除后合同相对方享有的损害赔偿请求权，其基础根源在于债务人企业的履行不能，而履行不能是债务人企业进入破产的原因，必然无法发生在破产申请受理之后，因此不符合共益债权的应有之义，应当属于破产债权的范畴。

4. 待履行合同解除后合同相对方损害赔偿请求权之范围

对于待履行合同解除后合同相对方损害赔偿请求权的范围，学术界存在不同观点，有学者认为其范围应当限定为合同相对方因此遭受的实际损失，原因包括：认为我国合同法对于合同解除规定的损失赔偿应为实际损失；[73] 认为如果允许合同相对方主张实际损失之外的损害赔偿，如利益损失，有悖于破产法赋予管理人挑拣履行合同权的目的，即减轻债务人企业的负担；[74] 等等。有学者认为该范围除了实际损失之外，还应当包括履行利益，如果履行利益难以主张，则可以主张信赖利益，但信赖利益和履行利益不可兼得，因为获得履行利益的前提即需为合同准备付出代价。[75] 也有学者认为该范围应当包括实际损失、履行利益和信赖利益，原因在于信赖利益的丧失可能性和计算确定性。[76]

本文处理思路仍是，先进行理论分析，如果分析结论符合价值选择，则无须另行制定规则，维护理论体系稳定性的同时，彰显价值原则。从理论分析入手，我国民法学界对于合同解除后损害赔偿请求权的范围素有争论，交锋点在于是否应当包括履行利益，以王利明老师为代表的学者认为，由于非违约方选择的救济手段为解除合同，表示非违约方并不希望继续履行合同，因此非违约方不应当享有履行合同所带来的利益；[77] 以韩世远老师为代表的学者认为，

[72] 参见许德风：《破产法论：解释与功能比较的视角》，北京大学出版社 2015 年版，第 168 页。

[73] 参见李永军：《论破产管理人合同解除权的限制》，载《中国政法大学学报》2012 年第 6 期。

[74] 参见郑远民：《破产法律制度比较研究》，湖南大学出版社 2002 年版，第 76 页。

[75] 参见王欣新、余艳萍：《论管理人对待履行合同的选择权》，载中国民商法律网 http://old.civillaw.com.cn/article/default.asp?id=46824，2017 年 2 月 28 日访问。

[76] 参见兰晓为：《破产法上的待履行合同研究》，人民法院出版社 2012 年版，第 197 页。

[77] 参见王利明：《合同法研究（第二卷）》，中国人民大学出版社 2003 年版，第 305 ～ 307 页。

非违约方因合同解除而享有的损害赔偿请求权不随着合同解除而消灭，应当包括履行利益，同时在不重复弥补的情况下，还可以包括信赖利益、固有利益等赔偿。[78]通过比较可以发现，其实前者观点中对于履行利益排除的理由，在破产法待履行合同的结构框架中并不适用，因为对于待履行合同，具有解除权的是破产管理人，而破产方实则违约方，作为非违约方的合同相对方对于选择继续履行或者解除合同不存在主动权，因此由于解除权人不希望继续履行合同而不应当享有履行利益的观点，无法适用。本文支持后者的观点，认为破产法待履行合同情形下，合同解除后的损害赔偿请求权应当包括履行利益。

理论分析完成后进入价值判断环节，本文认为，待履行合同解除后的损害赔偿请求权包括履行利益，也符合破产法调整的价值原则。从利益平衡的角度而言，合同相对方虽然作为非违约方，但其在破产程序中的地位非常被动，如果管理人选择解除合同，其本就需要承担已履行部分恢复原状请求权以及实际损失赔偿请求权作为普通债权而无法获得全部清偿的损失。即使损害赔偿请求权的范围涵盖合同相对方的履行利益，也仅仅是作为普通债权按比例受偿。诚然，由于债务人企业陷入破产状态，应当优先保护全体债权人的利益而非个别债权人的利益，但破产法规则已经在清偿顺位上作以调整，如果再对权利范围进行限缩，则可能造成显失公平的结果，难以实现利益平衡。

同时，本文同样赞成履行利益和信赖利益不能兼得的安排。对合同相对方赋予的损害赔偿请求权，旨在弥补其因合同解除而遭受的，且恢复原状请求权无法涵盖的损失。损害赔偿请求权范围的安排，应当既能抹平请求权人遭受的损失，但又不能使请求权人因此而获得多余利益。履行利益即履行合同而应获得的利益，如果合同相对方主张履行利益，那么其应当负担履行合同的相应代价，即为履行合同进行准备的支出，因此不应当同时主张信赖利益。但是履行利益难以证明而无法主张时，合同相对方也可以转而主张信赖利益。

概言之，本文认为合同相对方因待履行合同的解除而享有的损害赔偿请

[78] 参见韩世远：《合同法总论（第三版）》，法律出版社 2011 年版，第 538 ～ 539 页。

求权，应当包括实际损失、履行利益或信赖利益，履行利益和信赖利益不应当同时主张。

5. 司法解释对所有权保留买卖合同的规定分析

对于所有权保留买卖合同解除后合同相对方的损害赔偿请求权的性质问题，司法解释仅对买受人破产的情况进行了规定。在出卖人破产并解除合同的情况下，买受人的损害赔偿请求权，虽未进行规定，但根据最高院对司法解释的理解和适用，其应当属于破产债权。[79] 在买受人破产并解除合同的情况下，如果出卖人因取回的标的物价值减损而遭受损失，可以从买受人已支付的价款中进行相应抵扣，如果不足以弥补的，出卖人的损害赔偿请求权应当作为共益债务。

本文仅对买受人破产并解除合同的情况进行分析。如果买受人已支付的价款能够弥补出卖人因标的物价值减损而遭受的损失的，出卖人可以自行抵扣并将剩余部分返还予买受人，本文认为这并不是司法解释的特别规定，而是依据理论分析即可得到的结论。出卖人可以就标的物价值减损主张损害赔偿请求权，作为出卖人的合同相对方可以将该损害赔偿请求权与作为买受人的破产方的价款返还请求权进行抵销，出卖人的损害赔偿请求权并非源于第三方对债务人企业的债权，该抵销不存在破产法上禁止抵销的事由。如果买受人已支付的价款不能弥补出卖人因标的物价值减损而遭受的损失，则对超出部分形成的债权，属于损害赔偿请求权，根据上文的分析应当属于普通债权，但司法解释赋予其共益债权的属性。对此，最高人民法院给出三点原因：（1）破产企业选择解除合同是因为这样更有利于债务人财产，符合共益债务的本质；（2）买受人解除合同，出卖人并无过错，给予标的物减损而形成的债权应当作为共益债权；（3）买受人解除合同后，双方应当恢复原状，买受人占有标的物不再具有合法依据，应当予以返还，而给予该占有所导致的标的物价值减损为不当得

[79] 参见奚晓明：《最高人民法院关于企业破产法司法解释理解与适用——破产法解释（一）·破产法解释（二）》，人民法院出版社 2013 年版，第 412 页。

利，属于破产企业的共益债务。[80]

本文认为上述理由均难以成立。(1)如上文对损害赔偿请求权性质的讨论，共益债务/共益债权是破产申请受理后产生的，而出卖人由于标的物价值减损而享有的损害赔偿请求权应当源于破产申请受理前的违约行为，不符合共益债务/共益债权对产生时间的限制;(2)如果仅因出卖人无过错即赋予其共益债权的优先地位，那么大多数合同相对方均非违约方而不存在过错，岂不是应当将几乎所有的损害赔偿请求权作为共益债权;(3)不当得利的特质在于，非基于法律原因，一方获利而另一方受损，二者存在因果关系，但出卖人标的物价值减损并不意味着买受人因此获利，难以得出不当得利的结论。

诚然，本文不赞同最高院在司法解释理解与适用中给出的各项原因，但本文认为，在买受人破产并解除合同的情况下，如果出卖人取回的标的物价值受损而买受人已支付的价款未能完全弥补，对于超出部分的损害赔偿请求权作为共益债权赋予优先地位具有合理性。合理性来源于所有权保留买卖合同的基本原理。所有权保留买卖合同具有经济担保功能，使出卖人保留所有权以担保其应得的价款利益，避免买受人在支付全部价款之前丧失支付能力而对出卖人造成的损失，因此，该标的物在一定意义上成为担保物，买受人为担保人，出卖人为担保权人，由于标的物由买受人持有，因此该担保类似于抵押。结合担保法理论，如果因为抵押人的行为使抵押财产减少的，抵押权人可以要求抵押人就抵押财产减少的价值部分补充提供相应担保。[81]相应地，所有权保留买卖合同中，如果因买受人的原因使标的物价值减损，那么对于减损部分所对应的损害赔偿价款，也应当具有担保性能。进而言之，出卖人要求买受人就标的物价值减损进行损害赔偿应当具有优先性。因此，在标的物价值减损而买受人已支付的价款不能完全弥补的情况下，出卖人可以就超出部分请求损害赔偿，该损害赔偿请求权的性质是共益债权，这是有别于其他损害赔偿请求权的特殊

[80] 参见奚晓明:《最高人民法院关于企业破产法司法解释理解与适用——破产法解释(一)·破产法解释(二)》，人民法院出版社2013年版，第421页。

[81] 参见高圣平:《物权法担保物权编》，中国人民大学出版社2007年版，第210～211页。

规定，也是对所有权保留买卖合同特殊性质的回应。

（三）待履行合同解除的违约金问题

违约金分为赔偿性违约金和惩罚性违约金，前者旨在依据双方在合同签署时预估的损害赔偿金额，弥补非违约方的损失，后者旨在就违约行为对违约方进行惩罚和制裁。根据上文对合同相对方因待履行合同而享有的损害赔偿请求权基础的分析，管理人对待履行合同的解除实质上属于破产方的违约行为，如果待履行合同中规定了违约金条款，则涉及该条款的适用问题。

赔偿性违约金之目的在于对非违约方进行损害赔偿，同时避免请求损害赔偿时的举证计算问题，于是预先约定一定的金额，按照此标准进行赔偿，[82]因此非违约方的违约金请求权与损害赔偿请求权性质相同，均应当作为破产债权而受偿，且同时应当适用我国合同法的规定，如果双方当事人约定的违约金数额过低或过高均应当进行调整，标准与损害赔偿请求权范围相类似。另外，鉴于违约金和损害赔偿均在于弥补非违约方遭受的损失，故合同相对方不可同时主张两项权利。概言之，合同相对方因待履行合同的解除而遭受的赔偿，不应当超过其受到的损失。

惩罚性违约金之目的在于对违约方进行惩罚制裁而非弥补损失，因此其可以与赔偿性违约金或损害赔偿并存。但是在债务人企业进入破产程序的情况下，对债务人企业的惩罚需要从破产财产中支付，如果按照普通债权进行主张，会转嫁于全体债权人，既不符合破产法的价值目标，也无法实现惩罚性违约金之目的。如果对其不再清偿，那么也有悖于合同的意思自治原则以及双方在订立合同之初对此规定的目的。因此本文认为，应当将惩罚性违约金作为劣后债权，待普通债权均已清偿完毕再进行清偿。

尚需强调的是，上述对赔偿性违约金和惩罚性违约金确立的规则，应当适用于管理人依据破产法赋予的挑拣履行权利而解除待履行合同的情况，如果

[82] 参见韩世远:《合同法总论（第三版)》，法律出版社 2011 年版，第 658 ～ 673 页。

因破产申请受理前的违约行为而引致合同相对方对违约金的主张，则无论是赔偿性违约金还是惩罚性违约金，由于其已在破产申请受理前成立，因此都应当作为普通债权而受偿。

六、管理人对待履行合同解除权的限制

破产法赋予管理人的挑拣履行权使其有权利对待履行合同选择继续履行或解除，如果管理人选择继续履行，能够维持双方当事人订立合同之初衷，同时法律也赋予合同相对方担保请求权，因此对合同相对方利益影响不大；如果管理人选择解除合同，正如上文所述，合同相对方虽作为非违约方，但其处于明显的被动和劣势地位，对合同相对方产生的影响明显大于继续履行合同的情况。因此，需要对管理人对待履行合同的解除权进行适当限制，以平衡各方当事人的利益。

（一）管理人对待履行合同解除权的限制原则

从比较法的角度来看，在美国破产法下，破产管理人解除待履行合同后需要得到法院的同意，而法院对此确立了包括商业判断、沉重负担、利益平衡在内的多项原则。其中商业判断原则是指，破产管理人依据继续履行合同和拒绝合同对破产财产的影响进行判断，[83]是目前大多数法院采取的主要原则。沉重负担原则是指，如果选择继续履行合同不会造成破产财产的绝对减少，管理人就不应选择拒绝合同，而应当选择继续履行。[84]进而言之，如果履行原合同能使破产方受益，而订立新合同可以使破产方获得更大的利润，管理人不应拒绝履行原合同，因为原合同的履行并没有造成破产财产绝对减少的结果。利益平衡原则是指，如果管理人解除合同而使合同相对方遭受的损失明显多于破产

---

[83] See Vern Countryman, Executory Contracts in Bankruptcy: Part I, Minn. L. Rev (1972), pp.439-492.

[84] 参见许德风：《破产法论：解释与功能比较的视角》，北京大学出版社2015年版，第140～141页。

方获得的利益，则管理人不应解除合同。[85]

与美国破产法对待履行合同的调整不同，我国破产法对管理人对待履行合同的解除未设立同意要件，管理人可以自行进行解除，而无须得到破产委员会或人民法院的同意。但在上文中本文分析认为，如果合同相对方对于破产管理人的解除存在异议，则可以根据合同法上对于合同解除异议的规定，向法院提出确认之诉，由法院确认解除合同的效力。本文认为，无论是管理人衡量是否选择合同，还是法院在合同相对方提出异议后衡量是否确认管理人解除合同的效力，都应当平衡各方主体的利益，需要在维护全体债权人利益、实现债务人企业复苏、保护合同相对方利益中寻找平衡。

商业判断原则是待履行合同规则设计的出发点和根本点，赋予管理人挑拣履行合同权利的目的就在于促进破产财产的保值和增值，以尽可能最大化地对全体债权人进行公平清偿。因此，该原则应当是对管理人解除权规范的基础原则。但在此同时，如果完全不考虑合同相对方的利益，不仅无法实现实质公平，也对作为合同法之基础的意思自治原则和诚实信用原则有所损害，甚至会影响社会公益和公共秩序。虽然沉重负担原则的内容多少有些苛刻，也存在无法满足债权人利益最大化的基本原则的情况，但其传达的对待履行合同处理方法的思考，确有可取之处。即使订立新合同带来的收益会高于原合同的收益，但解除原合同而重新订立新合同却不一定真正有利于破产方，因为解除原合同不仅需要恢复原状，还要赔偿原合同相对方因此遭受的损失，在某些情况下可能会得不偿失。从中我们可以总结的经验在于，在考虑对待履行合同选择继续履行或是解除时，应当进行整体考量，而不能仅根据现有的利益分配情况作出决定，还需要考虑管理人作出选择之后，破产方应当承担的情况。关于利益平衡原则，本文认为其是平衡各方主体利益、避免管理人的选择权给合同相对方或社会公众造成重大损失的重要原则。但与美国规定的，合同相对方受损远高于破产方获利时限制合同解除的情况不同，本文认为，如果合同相对方因合同

[85] 参见许德风：《破产法论：解释与功能比较的视角》，北京大学出版社 2015 年版，第 142 页。

解除而遭受严重损失，甚至危害到合同相对方生命权、居住权、劳动权等基本利益以至于对社会公共秩序产生不良影响，即使破产方因合同解除而获得的利益高于合同相对方受损，也应当对合同解除进行限制。

概言之，本文认为，无论是管理人行使其选择权时，还是法院在判断管理人对待履行合同的解除是否合理正当时，都应该从两方面进行考量，一方面是对待履行合同的解除应当有利于破产财产的最大化，另一方面是对待履行合同的解除不应当对合同相对方造成明显不合理的损失，更不能威胁到社会公序良俗和公共秩序，从而对待履行合同项下各方当事人利益进行平衡，体现破产法的价值原则。

（二）管理人对待履行合同解除权的限制类型

对于某些特殊类型的待履行合同，应当对管理人对其的解除进行限制，比较法上对此的讨论有很多，例如美国破产法上对于租赁合同、知识产权许可合同、集体劳动合同等合同解除的限制，德国破产法上对于租赁合同、雇佣合同、所有权保留合同等合同解除的限制，日本破产法上对租赁合同、雇佣合同、承揽合同等合同解除的限制。与上文论述的，管理人行使选择权和人民法院受理合同相对方的异议申请时应当遵循的原则不同，虽然在对具体类型合同进行分析界定其是否应当被限制时，也需依据上文确立的原则，但本部分讨论的限制类型，以及参考的比较法上的情况，都是将这些应当限制解除的合同类型规定在具体的法律条文中的，也就意味着法律明确规定，对于某些特殊类型的合同，需要排除管理人的解除权。诚然，基于立法技巧可以加上类似于“法律法规另有规定的除外”的表述以避免极端特殊情况的出现，但在判断选择何种待履行合同应当限制解除时，还需极其谨慎，只有当对某种类型的合同解除普遍不符合法律的价值原则时，法律法规才应当进行规定。

一方面，实践中合同情况纷繁复杂，界定对某种类型合同的解除会严重损害合同相对方的利益或社会公共利益绝非易事，如果限制过于广泛，则难以实现对全体债权人利益和债务人企业利益的维护；但从另一方面而言，如果确实存在应当限制管理人解除权的合同而不进行规定，无法对司法实践进行调整，却也不利于对合同相对方利益和社会公共利益的保护。故本文仅试着对下述几类典型合同进行分析判断，以避免上述不利情形的发生。

1. 租赁合同

未到期的租赁合同属于破产法上的待履行合同，是各国破产法对于待履行合同解除限制讨论的重点问题，其原因在于，无论是出租人破产还是承租人破产，解除租赁合同对于承租人的影响都是巨大的，因此需要谨慎为之。对破产法下租赁合同的解除应当区分承租人破产和出租人破产两种情况，本文将进行分别讨论。

对于承租人破产的情形，从比较法的视角而言，各国均规定承租人破产应当限制出租人的解除权。在承租人破产的情况下，出租人作为合同相对方，而合同相对方对于待履行合同而享有的约定解除权或法定解除权理应排除，这不仅发生在租赁合同的情形下，对于其他类型合同也应当适用，上文已经对其原因进行具体分析，此处不再重复。而限制出租人解除租赁合同，除了有利于破产财产保值增值、符合破产法赋予破产管理人挑拣履行权的实质要义以外，还在某些情况下有利于破产程序的顺利进行，其原因在于一些破产企业的办公场所并非自有不动产，而是租赁物业，如果允许出租人解除租赁合同，则债务人企业将失去办公场所而阻碍破产程序的顺利进行。[86]另外，即使限制出租人的解除权而按照承租人的选择继续履行租赁合同，出租人也可以请求承租人提供担保，其租金请求权具有优先效力，也与合同法上的不安抗辩权相对应，实为对出租人的保障。

对于出租人破产的情形，从比较法的视角而言，各国也均倾向于出租人不得解除或拒绝租赁合同，但由于在出租人破产的情况下，既要使破产财产保值增值以保护全体债权人和债务人企业的利益，也要保护承租人的居住权或其

[86] 参见孙宏涛、何睿：《浅论破产宣告对未履行合同的影响》，载《淮阴工学院学报》2006年第4期。

他方面的稳定预期，同时考虑到“买卖不破租赁”的适用，情况较为复杂，各国的规定也有具体区别。美国破产法规定出租人有权拒绝履行租赁合同，但这不意味着承租人必须搬出房屋，而是赋予承租人选择权，即其可以选择搬出租赁房屋并主张损害赔偿，也可以选择继续租赁该房产并继续缴纳租金，但此时作为出租人的破产方可以不再承担包括维修等在内的从合同义务，而对这些从合同义务的不履行给承租人造成的损失，允许与其租金进行抵销。[87]日本破产法规定，如果租赁合同已经被登记产生对抗第三人的效力，则破产管理人不应解除该租赁合同。[88]德国破产法规定了租赁合同作为长期债务关系应当得以延续。[89]

本文认为，从利益平衡的角度而言，对于租赁合同出租人破产的情况应当根据承租方的租赁用途决定。如果租赁用途为居住，承租人的居住权应当得到优先保护，在出租人破产时，应当对管理人的解除权进行限制，同时适用买卖不破租赁的原则。但需要强调的是，对管理人解除权的限制并不意味着破产方不能与承租人协商解除合同，如果双方达成合意，自然可以对租赁合同进行解除。[90]另外，本文赞同美国破产法规定的允许破产方选择拒绝履行从合同义务的模式，这样可以使破产企业从繁冗的如维护、修理等义务中抽身而有更多精力去更好地处理破产事宜，而就出租人义务的减少，承租人也可以缩减租金给付义务而进行抵销。

如果租赁用途不是居住，而是工业、商业等用途，自然不存在对承租人居住权的保护问题，但应当注意到的是，此时如果双方租赁的是土地且承租方已在该土地上建设不动产，则应当另行讨论。本文认为，如果承租人租赁用途

[87] See 11 USC §365 (h).

[88] 参见《日本破产法》第56条；参见李飞：《当代外国破产法》，中国法制出版社2006年版，第739页。

[89] 参见《德国破产法》第108条；参见李飞：《当代外国破产法》，中国法制出版社2006年版，第48页。

[90] 参见王欣新、乔博娟：《论破产程序中未到期不动产租赁合同的处理方式》，载《法学杂志》2015年第3期。

不是居住，也未在该租赁物上建设不动产，则承租人的租赁债权与其他债权人的债权无异，管理人自然享有解除权；但如果承租人在租赁物上建设不动产而享有所有权，其在该租赁物上享有物权权益，如果管理人解除合同会妨碍承租人的物权权益，故承租人可以据此受到优先保护，应当限制管理人对租赁合同的解除权，且适用买卖不破租赁的原则。

概言之，对于出租人破产的情形，本文认为应当根据租赁用途进行区分，如果租赁用途是居住，则应限制管理人对租赁合同中主要权利义务（即交付租赁房屋和给付租金）的解除权，而允许管理人对租赁合同中次要权利义务（即维护、修理等）进行解除，也即管理人可以对租赁合同规定的权利义务进行有条件的缩减。如果租赁用途是工业、商业等非居住用途，应当根据承租人是否建设不动产而有所区分，如是，则应当限制管理人的解除权，如不是，则不应限制管理人的解除权。

2. 商品房买卖合同

商品房买卖合同在房地产开发企业破产案件中极为常见，但由于其涉及的合同相对方众多，而各主体之间的法律关系又十分繁杂，加之一些债权主体的特殊性（如购房人、建筑工人等），对商品房买卖合同的处理较为复杂。如果破产方为商品房买卖合同中的买受人，则无须过多规定，也不应当限制管理人的解除权。本文仅讨论破产方为商品房买卖合同中的出卖人的情况。

在商品房买卖合同权利义务关系中，出卖人负有交付房屋并协助办理产权登记以移转房屋所有权的义务，买受人负有支付购房款的义务。而在商品房买卖合同解除的利益关系中，形成直接冲突的是债务人企业的利益和买受人的权益，前者主要是指债务人企业通过解除合同而受益的经济权利，后者主要是指买受人通过购买房屋而实现的“居有定所”的居住权，显然在一般情况下，买受人的居住权应当高于出卖人的经济权。对于商品房买卖合同的不同情况，本文将进行分情况讨论。

对于出卖人已向买受人交付商品房但尚未办理完毕过户手续或尚未办理完毕产权证的情况，如果买受人尚未付清价款，则属于破产方项下的待履行合同，司法解释曾有规定“尚未办理产权证或产权过户手续但已向买方交付的财产”不属于破产财产，该规定确立了上述财产应当归属于买受人的立法思路，解除合同的后果实则违背该立法思想，[91]另外，基于对买受人居住权的保护，上述合同不应被解除。在出卖人业已协助买受人办理产权登记并完成所有权的移转，但房屋尚未交付予买受人的情况下，虽然出卖人尚未履行完毕其承担的合同义务，但买受人已经享有房屋所有权，如果出卖人此时选择解除合同，既不符合对买受人享有物权的保护也不符合对买受人居住权的维护，故应当对上述情况下商品房买卖合同的解除进行限制。

如果房屋买卖合同已经进行了预告登记，根据我国物权法规定，如果未经预告登记权利人同意而对经预告登记的不动产进行处分的，该处分并不会产生物权效力，这就意味着预告登记之目的在于对不动产的物权进行固定，以避免其发生不利于预告登记权利人的物权变动，也即法律认为经预告登记的不动产的所有权应当归属于预告登记权利人，如果解除经预告登记的房屋买卖合同，则作为预告登记权利人的买受人无法最终获得标的房屋，既不符合预告登记制度理论，也不利于对买受人生存利益的保护。因此，对于已进行预告登记的房屋买卖合同，应当限制管理人的解除权。

如果未交付房屋、未办理产权登记也未进行预告登记，是否管理人可以行使解除权，本文认为可以依据买受人已履行义务的程度作为标准进行判断，从而在各方当事人之间达到利益平衡。根据法释〔2002〕16号司法解释的规定，在房地产开发企业纠纷案件中，如果房屋买受人已经支付全部或大部分购房款后，工程价款优先权不得对抗买受人。另外，根据法释〔2015〕10号司法解释的规定，如果买受人已经支付房屋价款的50%及以上，则在对登记在房地产开发企业名下的房屋进行执行时，该买受人可以提出异议而排除执行。结合上述两个条文，我们可以揣摩立法者的利益衡量，即当买受人已经支付全

---

[91] 参见王欣新、张思明：《房地产开发企业破产中的房屋产权界定与合同履行》，载《人民司法·应用》2016年第7期。

部或大部分购房款时，其生存利益应当得到优先保障，而全部或大部分购房款的标准应当是50%以上。因此，对于未交付房屋、未办理产权登记也未进行预告登记的房屋买卖合同，本文认为，如果买受人已经支付50%以上购房款，则应当限制管理人的解除权，如果买受人支付的购房款不足50%，则管理人可以依据判断选择继续履行合同或是解除合同。

3. 劳动合同

对于是否需要限制管理人解除劳动合同，应当根据不同破产程序进行区分对待，破产清算程序旨在对债务人企业的债权债务关系进行清算并对破产财产进行变价和分配，待破产程序终结后债务人企业办理注销登记，因此债务人企业的主体消灭成为破产清算的最终结果，而解除所有劳动合同也应当成为破产清算程序中的应有之义。在破产和解和破产重整程序中，债务人企业将得以存续，无论是从促进债务人企业复苏重生的角度出发，还是本着维护职工权益的目的出发，都应当限制管理人对劳动合同的解除。

与限制管理人解除其他类型合同未被规定于法律法规的情形不同，劳动合同法对企业破产情形下劳动合同的处理方法进行了规定。一方面，如果用人单位被宣告破产，也即启动破产清算程序，劳动合同自动终止；另一方面，如果用人单位进入破产重整程序，则允许其进行经济性裁员，但规定了一系列的前置程序，如需要向工会或职工大会说明情况并听取其意见，且方案须向劳动行政部门报告，同时也规定了经济性裁员中的被裁减人员在六个月内有优先录用权，另外，对于一些属于弱势群体的员工，不应被经济性裁员。我国劳动法的规定与破产程序相衔接，同时也兼顾了债务人企业的利益和企业员工的权益。但稍有不足之处在于，对于破产重整程序中不属于经济性裁员的情况（即裁员规模不足20人或职工总数10%以上的情况），以及破产和解程序中的情况，均未进行规定。当然，如果企业进入破产和解程序同样符合“生产经营发生严重困难的”，也可以进行经济性裁员。因此，问题转换为在破产重整程序和破产和解程序中不属于经济性裁员的情况下，管理人是否有权解除劳动合同。本文认为，此时应当限制管理人对劳动合同的解除权，既然企业尚未发生经济性裁员，可以推断企业的经营情况尚未至“严重困难”的境地，或者债务人企业对其复苏或重生有着较为现实的预期，此时应当优先保护雇员的劳动权利，而劳动权又与生存权和发展权相衔接，限制管理人对劳动合同的基础亦能避免对雇员生存发展带来的不利影响。当然，在上述情况下，亦应允许用人单位和雇员对劳动合同的协商解除。

七、结论

破产法中待履行合同的基础问题由于其自身的复杂性和规定的不完善性，存在极高的讨论价值。对此，本文在贯彻破产法具有民商法和经济法的双重属性的基本思路下进行研究，对于我国立法规定存在不足、学术讨论存在争议、实践操作存在疑问的情况进行回应。

从研究方法而言，本文认识到破产法中待履行合同的特殊性，一是在于其作为破产法和合同法的交织领域，存在法律适用上的矛盾；二是在于其涉及众多主体的利益选择，存在利益判断上的冲突。本文认为对待此问题，应当运用理论分析和价值判断并行的研究方法，如果理论分析之结论符合价值判断之选择，则无须另行制定规则，如果二者结果相悖，才涉及根据调整目标而进行另行规定的情况，从而通过解释论的方法减少法律中的特殊规定和处理，在维护价值目标的同时维护法律体系的稳定和一致。

从研究内容而言，本文对待履行合同解除的相关概念原则、表现形式、模式制度、法律效果和运用规则进行了讨论：第一，应当对我国破产法对待履行合同的界定进行解构和补充，待履行合同应当是，在破产申请受理前成立的，且在破产申请受理前尚未终止的，双方当事人未履行、未完全履行主给付义务或对合同目的之实现具有必要性的从给付义务，或对上述义务之履行不符合约定的双务合同。第二，在对待履行合同解除进行规则设计和实践把握时应当秉承破产法对其调整的价值目标，具体包括秩序、公平、效率、社会利益和利益平衡。第三，管理人对待履行合同进行否定分为解除模式和终止 / 拒绝履行模式，差异在于否定行为的作用方向，我国选择解除模式的原因在于与合同理论体系的衔接。第四，应当完善并细化管理人解除权的相关规定，包括解除权的性质、主体、时限、间隔期、异议处理等。第五，应当明确待履行合同的法律效果，包括待履行合同解除的溯及力问题、损害赔偿问题和违约金问题。第六，根据社会利益原则和利益平衡原则，应当在某些合同类型中对管理人的解除权进行限制，包括租赁合同、商品房买卖合同、劳动合同等。

论非金钱债务实际履行的限制条件

——基于对《合同法》第 110 条的研究

张铁砾

内容摘要　实际履行又称继续履行、强制履行，相比其他违约救济方式，其更符合合同的价值目的。然而对于非金钱债务，一些情况下或是无法实际履行，或是没有实际履行的必要。对实际履行的适用，大陆法系和英美法系的态度有很大区别，对此我国《合同法》从整体上进行了规定，较准确地反应了我国司法领域对实际履行的态度，但表述较为笼统，对实践中的疑难问题仍缺乏指导性。因此，笔者在《合同法》第 110 条的框架下，结合既有研究，对非金钱债务实际履行的限制条件进行了实证分析和比较研究。一方面，总结了非金钱债务实际履行限制条件适用的具体情形；另一方面，从比较法角度对实际履行的效率考量等疑难问题提出了解决方案。

关键词　非金钱债务　实际履行　限制条件

一、非金钱债务实际履行限制条件的问题由来

（一）法律规定的概括性

在《合同法》第 110 条中，非金钱债务继续履行之限制条件被分为“法律

作者单位：北京市顺义区人民法院。

上或者事实上不能履行”“债务的标的不适于强制履行或者履行费用过高”“债权人在合理期限内未要求履行”三种，笔者认为这一规定所包含的情形是较为全面的，但由于不够详细，又缺乏配套解释，因此在实践上造成了适用不统一的局面。司法判例中在涉及此类案件时，往往直接套用第 110 条之规定，却无法对具体适用标准作出合理解释，这有违司法程序的严谨性和权威性。并且在一些具体问题上，第 110 条也不能给出合理的解答，如“法律上不能强制履行”包含诸多具体情形，其中通说认为涉及人身性的合同属于“法律上不得强制履行”的情形，而预约合同的标的是“订立本约”，涉及当事人的行为，因此具备一定人身性。然而如果仅根据第 110 条的规定就认为预约合同不适用继续履行，似乎也有违预约合同的订立目的，未能将预约合同实际履行的其他因素考虑在内。并且，强制当事人交付标的物等措施也在一定程度上限制了当事人的人身自由。究竟什么程度的人身性才属于第 110 条规定的情形，应当结合实际情况进行分析和明确。最高人民法院相关的法律解释中，在涉及预约合同的履行问题之时也规避了这一争议问题，因此目前司法实践中仍然缺乏统一的标准。[1]

在第 110 条三项限制条件的内部也存在一些理解上的冲突和重叠问题，例如上述涉及人身性的合同如标的为服务和劳动的合同，有学者认为也可以归类于“债务的标的不适于实际履行”的情形。[2]在这一点上，不可否认的是第

---

[1]《最高人民法院关于审理涉及国有土地使用权合同纠纷案件适用法律问题的解释》第 10 条：“土地使用权人作为转让方就同一出让土地使用权订立数个转让合同，在转让合同有效的情况下，受让方均要求履行合同的，按照以下情形分别处理：（一）已经办理土地使用权变更登记手续的受让方，请求转让方履行交付土地等合同义务的，应予支持；（二）均未办理土地使用权变更登记手续，已先行合法占有投资开发土地的受让方请求转让方履行土地使用权变更登记等合同义务的，应予支持；（三）均未办理土地使用权变更登记手续，又未合法占有投资开发土地，先行支付土地转让款的受让方请求转让方履行交付土地和办理土地使用权变更登记等合同义务的，应予支持；（四）合同均未履行，依法成立在先的合同受让方请求履行合同的，应予支持。未能取得土地使用权的受让方请求解除合同、赔偿损失的，按照《中华人民共和国合同法》的有关规定处理。”

[2] 参见王利明：《合同法研究》，中国人民大学出版社 2015 年版，第 563 页。

110 条的规定有其欠妥之处，但是笔者希望以民法解释论的目光来探讨这一问题，通过合理的解释，达到正确、统一适用这一条款的目的。而“合理期限”的计算标准往往需要法官根据事实情况进行自由裁量，过大的自由裁量空间势必造成同案不同判等问题的发生。“履行费用”的计算标准亦是一个由来已久的话题，实践中运用该款作出的判例很少，而学术界对于效率违约的争议也导致这一标准难以统一。因此笔者认为，在这样的背景下，如果能将实践中的判例、学术界的观点与第 110 条的规定结合进行汇总和分类，必将为解决非金钱债务实际履行的限制条件问题提供一剂良药。

（二）实践中的争议

由于法律规定不够详细、缺乏指导性，在实践中出现过一些适用上的混乱局面。面对相同性质的案件，不同法院可能会作出不同的判决和认定。例如，同样是基于合作关系而订立的演艺经纪合同，在出现违约行为导致双方缺乏信任基础时，针对实际履行问题，就出现了同案不同判的现象。

在上海第一中院审理的“上海唐人公司与林某合同纠纷案”[3]中，违约方林某要求解除合同，而上海唐人公司则请求合同继续履行。终审法院确认演艺经纪合同的性质与简单的委托合同不同，而是包含了多种权利义务关系的综合性合同，因此当事人不具有任意解除权。法院认为双方签订的《经理人合约》是在自愿公平和诚实信用的基础之上成立的，只有当双方互相配合才能有利于其各方的发展。而现在林某明确表示想要解除合约，双方在合同的履行过程中产生了难以调节的矛盾，使得信赖与合作基础缺乏，因此合同难以继续履行，应当自判决生效之日起解除。法院同时指明，其所作出的解除合同的判决不影响对违约责任的追究，但考虑到唐人公司只是要求对方继续履行合同，没有提出违约责任的请求，因此对于合约解除所造成的损失法院没有作出处理。相似地，在上海市高级人民法院审理的“贾某与上海东锦文化传播有限公司其

[3] 上海市第一中级人民法院，（2013）沪一中民一（民）终字第 2086 号民事判决书。

他合同纠纷再审案”[4]中，法院认为由于演艺经纪合同是基于信任合作关系签订的合同，当一方已有很强的解约意愿时，勉强维持合作关系并不利于双方的发展，无法实现合同目的。因此虽然艺人贾某不享有单方解除权，法院还是以“继续履行合同显然对双方均无益处”为由判决合同解除。可以看出，法院在此运用了《合同法》第 110 条第 2 款进行判决，即基于合作关系、信任基础签订的合同，当签订合同的信任条件缺失时，无法继续履行。

然而在北京市第三中级人民法院审理的“蒋某与天津唐人影视股份有限公司合同纠纷案”[5]中，法院在事实及案件性质部分作出了同上述判例相同的认定，却最终作出了截然相反的判决。法院同样认为演艺经纪合同属于综合性合同，否定了蒋某的单方解除权，但在合同继续履行的问题上，法院认为合同双方虽然的确在履行合同的过程之中产生了纠纷，但案件事实中并不存在导致合同无法履行的法定情形。虽然合同双方彼此之间的信任是合同履行的基础和条件，但信任的缺失并不能构成合同解除权的法定理由。蒋某主张的合同解除权，缺乏法律上的依据，因此法院不予认可。蒋某上诉主张依据《合同法》第 110 条关于债务的标的“不适于”强制履行的规定，法院认为没有依据，因此不采纳。可以看出，同样是涉及违约方明确提出不愿意继续合作、非违约方请求继续履行、双方信任基础缺失，而对《合同法》第 110 条的不同理解却造成了完全不一致的判决结果。

对于预约合同能否继续履行的问题，由于对《合同法》第 110 条中“法律上不能继续履行”的理解不同，在实践中也出现了判决不一致的现象。多数法院对预约合同的继续履行问题持否定态度，认为预约合同的标的“签订本约合同”涉及人身性，因此无法强制。例如，在江苏省淮安市淮安区人民法院审理的“李某与淮安市宇恒公司合同纠纷案”[6]中，法院认为双方签订的《房屋订购协议书》在性质上属于商品房预售合同。该合同是双方依据真实的意思表示

[4] 上海市高级人民法院，(2014) 沪高民一（民）再提字第 8 号民事判决书。

[5] 北京市第三中级人民法院，(2016) 京 03 民终 13936 号民事判决书。

[6] 江苏省淮安市淮安区人民法院，(2015) 淮法商初字第 0354 号民事判决书。

签订的，被告已经在2014年12月1日取得《商品房预售许可证》，因此合同有效成立。但法院认为该案不可以强制履行缔约，理由在于强制缔结本约与合同法意思自治的原则相违背，同时又不符合继续履行的法律要求。因此，法院不支持原告的实际履行请求。而至于双方是否应当完成《商品房买卖合同》的签订，法院认为原被告可以自行继续协商，依照合同自治的要求处理。

在“福建省莆田市广源饲料有限公司与陈某建设用地使用权转让合同纠纷案”[7]中，最高人民法院则认为在预约合同可以继续履行的条件下，基于诚实信用原则，依法应当实际履行。判决书如是写道：“关于《预约合同》是否可以强制履行的问题，当事人履行合同应当遵循诚实信用原则。《预约合同》与《委托合同书》都没有约定陈某有违法行为时，广源公司有权解除合同，《委托合同书》约定陈某因建设中的违法行为导致土地转让正式合同不能签订或者受到行政处罚，应自行承担后果。《预约合同》包括国有土地使用权转让及国有土地使用权不能办理过户登记时转为租赁关系两种履行方式，广源公司的签约目的是获得土地使用权转让价款或收取租金。现无充分证据证明国有土地使用权确实无法办理过户；即使国有土地使用权不能办理过户，双方可以依据《预约合同》第8条约定订立土地出租协议，以通过收取土地租赁费形式获取对价。据此，二审法院判决继续履行合同并无不当。”[8]

（三）理论界的探索

目前我国关于非金钱债务的实际履行的研究尚存在不足，大多数以实际履行为主题的学术探讨都将焦点放在《合同法》第107条以及理论研究层面。对于第110条的具体情形和分类缺乏系统研究，面对实践中的疑难问题难以达成统一的观点。例如，对于上述“合同的标的不适于强制履行”的情形，有学者认为应当包含两种。其一主要是指基于信赖关系而产生的合同，其二则是以

[7] 最高人民法院，(2014）民申字第935号民事判决书。

[8] 最高人民法院，(2014）民申字第935号民事判决书。

服务和劳务为标的的人身性合同。[9]然而人身性的合同不能继续履行其实也可以归类为“法律上不能继续履行”的情形，因此这种解释方法会造成法条上适用的重叠和交叉。对于预约合同能否继续履行的问题，有人认为预约合同债务标的属于人身性质，因此是不得强制的，实际履行也会同合同法的意思自治原则相违背，如果法院对合同各方的缔约过程进行过多的干预，势必会与当事人真实的意思表示相违背，因此应当严格按照法律规定，不得适用强制履行。然而也有学者认为，考虑到预约合同独立性等方面的性质，其实际履行问题应当考虑案件的具体情形来决定预约合同当事人是否应当实际履行。[10]在预约合同明显缺乏实际履行的条件、无法继续履行时，则不可适用这一违约救济措施。但是当现实条件允许预约实际履行、签订本约之时，其救济措施中也应当完整的包括实际履行的内容，将强制履行纳入其违约责任体系之中，从而实现订立预约的目的，维护当事人的权益。这一论述实际上肯定了预约合同可以实际履行的观点，而没有将其严格限制于《合同法》第 110 条的规定之中。

关于“履行费用过高”的认定，也出现了不同的观点。根据法经济学派的效率违约理论，“承诺人可以随意违约，只要其损害赔偿可以使对方的处境不比合同履行的情况差，并且承诺人在进行赔偿后还可以获得额外的收益”[11]。按照这一理论，履行费用过高的计算标准将会很低，而受法经济学相关研究的影响，也出现过不少学者对我国合同法实际履行的限制条件提出了质疑。但目前主流的观点仍认为“履行费用过高”应当有严格的限制，只有当履行费用过高达到不成比例的程度，才可以适用本条的规定，而这一标准很难得到统一。实践中运用这一条作出的判决很少，南京中级人民法院审理的“新宇公司诉冯某案”[12]是适用该条款作出判决的经典案例，在该案中，法院通过履约成本是否

[9] 参见王利明:《合同法研究》，中国人民大学出版社 2015 年版，第 563 页。

[10] 参见王利明:《预约合同若干问题研究——我国司法解释相关规定述评》，载《法商研究》2014 年第 1 期。

[11] Andrew Burrows：Remedies for Tortsand Breach of Contract，Lexis Nexis UK，2004，p.474.

[12] 南京市中级人民法院，(2004) 宁民四终字第 470 号民事判决。

超过各方所获利益进行了比较判断，对于该判决结果的准确性，学术界也存在褒贬不一的看法。

另外，也有学者认为，《合同法》第110条的规定是不完整的，其并不能完全包括实践中非金钱债务实际履行所应当限制的所有情形。这些情形具体包括以下几个方面：第一，在情势变更等场合，由于不能归责于当事人使得合同的履行出现困难，或者履行将会导致不公平现象的发生。第二，法律中有明确的规定，在出现违约行为时不得强制履行，而只能适用金钱救济。例如，《合同法》第311条中的规定，在货运合同出现纠纷时，承运人要对货物的损坏承担损害赔偿的责任。第三，在一方可以通过其他的方式获得替代履行之时，不应当强制违约方继续履行合同。[13]而对于这些情形，笔者认为，是可以通过解释将其纳入第110条规定的框架之内的。

（四）比较法审视

与我国实践相似，在德国法中，实际履行也被放置于优先适用的位置。2008年修订的《德国民法典》对实际履行适用的限制条件进行了详细的规定，将实际履行的限制条件分为四项：第一，当履行对于债务人及其他任何人都不能完成时，债权人的实际履行请求权消灭。这一规定与我国《合同法》第110条规定的第一种情形相对应，但表述比我国合同法更为严格，强调了只有在任何人都不能按照合同约定完成履行义务时，才可以适用本条款。第二，根据合同标的物的性质及诚实信用原则的要求，若实际履行所需成本与债权人从中获取的利益明显不成比例时，债务人可以拒绝实际履行。这一项与我国《合同法》第110条第3款相对应，而《德国民法典》更强调了在衡量债务人需要为实际履行所付出的成本时，要将其对履行障碍的产生所负的责任考虑在内，可见这一表述比我国《合同法》的规定更为详细，明确了衡量和比较的标准问题。第三，《德国民法典》规定债务人需要亲自完成履行行为，但是由于出现

---

[13] 参见韩世远：《合同法总论》，法律出版社2014年版，第611页。

履行障碍而导致债权人和债务人在履行行为上的利益相悖时，则可以认定为债务人的履行是不能够被合理期待的，此时不能适用强制履行。笔者认为这与我国《合同法》第 110 条中“债务标的不适于履行”相对应，但《德国民法典》更明确了这一规定的立法目的，即出于对保护债权人的利益的考虑。[14]第四，如果债权人曾经要求损害赔偿及其他救济措施，则其继续履行请求权于此时消灭。[15]这种情形明确了实际履行的适用需要债权人主动选择，当其选择适用违约赔偿时，则给付请求权被排除，而此处并没有对债权人的履行请求权的期限进行限制。可以看出，《德国民法典》中对于实际履行限制条件的规定与我国基本相一致，但是具体条文内容更为严格和详细，履行不能问题上强调“其他任何人”都不能完成履行，债权人的履行请求权上没有对期限作出限制。较之我国，《德国民法典》中实际履行的优先位置更加突出，对其进行的限制条件更为严格。[16]

在英美法系中，损害赔偿是违约救济的适用原则，而实际履行只是衡平法上的补充，只有在赔偿不能充分满足被承诺方的需求时，才能运用实际履行，因此实际履行的限制条件非常严格，而效率违约理论也在一定程度上影响了英美法系对实际履行的适用限制，使得其更加注重合同履行中的效率问题。有学者认为，适用实际履行应当严格遵守以下两个原则：第一，实际履行只能在损害赔偿不足以提供救济时才能作为补充被采用；第二，法院只有在综合

[14]《德国民法典》第 275 条：“（1）履行对于债务人及其他任何人是不可能完成的，则排除债权人的给付请求权。（2）考虑到合同的标的物及诚实信用的要求，实际履行所需要的成本与债权人从中获取的利益明显不成比例时，债务人可以拒绝实际履行。在衡量债务人需要为实际履行所付出的成本时，需要将其对履行障碍的产生所负的责任考虑在内。（3）此外，如果债务人需要亲自完成给付行为，而债务人面临的履行障碍与债权人的履行利益相冲突，导致不能合理地期待债务人履行给付的，不能强制债务人履行义务。”

[15]《德国民法典》第 281 条第 4 款：“如果债权人要求以损害赔偿代替实际履行，则债权人的实际履行请求权消灭。”

[16] See Theodore Eisenberg，Geoffrey P. Miller：Damages Versus Specific Performance，Lessons from Commercial Contract，Jounal of Empirical Legal Studies，2015（12）.

现实因素后，认为强制履行在被执行时才可以发布实际履行令。除此之外，还应当把其他各方面的因素考虑在内，如当事人的清偿能力、合同的内容以及性质等。对于以提供服务为内容的合同，由于难以对履行的质量进行判断，双方的纠纷容易导致信任的缺失，强制履行会使得一方陷于类似奴隶的地位，因此一般不得适用实际履行。[17]总体来说，在英美法系中，只有金钱赔偿不足以弥补损失，并且法院认为履行完全可以继续之时，才可以考虑采取实际履行的救济措施。近年来，英美的判例中也逐渐扩大实际履行的适用范围，赋予了法官更大的灵活性，在判决时更加注重寻找对受害人更为有利的救济方式。美国学者迈克尔曾总结："实际履行与损害赔偿成为可以平等使用的补救方法，是因为损害赔偿常常不能提供充分有效的补偿，并且也只有在赔偿不充分时，债权人才会要求实际履行。"[18]笔者认为大陆法系及英美法系在非金钱债务实际履行限制条件上的规定值得我们学习和借鉴。通过比较我们与之在制度及实践中存在的异同之处，将有助于我们更加全面地把握这一体系的内容，并结合具体案例，将其所适用的具体情形进行准确而详细的解释和分类。

二、法律上或事实上不能履行的具体情形

（一）法律上不能履行

1. 法律上不能履行的定义

法律上不能履行是指履行合同将违反法律法规的规定，在适用时除了考虑第 110 条的规定之外，还应当依据其他具体的法律条文作出判断。例如，合同订立后，由于法律法规发生变化导致合同履行成为非法，因此不能继续履行的情形。与其他几种类型的限制条件相比，法律上不能履行比较容易判断，在实践中运用得也比较多。最具有代表性的例子是由于国际法律的变化，合同双方原

[17] 参见〔英〕P.S. 阿蒂亚：《合同法概论》，程正康译，中国大百科全书出版社 1996 年版，第 54 页。

[18] Randy E. Barnett：Perspectives on Contract Law，Wolters Kluwer，2009，p.43.

签订的黄金买卖合同的标的成为不能流通物，因而合同无法继续履行的情形。[19]

2. 法律上不能履行的类型

笔者通过对判例的收集和总结，发现实践中运用此条进行判决的情形主要包括以下几种。

第一，合同订立时是合法的，但因现实情况或者法律的变化，导致合同失去原有的法律基础从而无法继续履行。这种情形的出现，主要是由于当事人的行为或者客观情况方面的原因致使事实或法律规定出现变化，因此原有的实际履行基础不复存在。例如，在北京市第一中院审理的"黄某华等与刘某等合同纠纷案"[20]中，原告各方曾约定由黄某来及其妻刘某照顾患有精神疾病、生活不能自理的同胞弟弟黄某兰，并继承黄某兰身后的财产。后黄某来死亡，原、被告就刘某的监护资格产生纠纷。被告黄某华等请求法院解除原抚养合同，而原告刘某请求继续履行原约定，终审法院认为法律对监护人的资格范围有明确规定[21]，原被告原约定由黄某来，即被抚养人的同胞哥哥及其妻来担任监护人，黄某来死亡后，刘某失去监护资格，因此本案符合法律上不能继续履行的情形。又如，在"烟台新兴纺织医用品有限公司与中国科学院海洋研究所房屋买卖合同纠纷案"[22]中，原被告签订了转让协议，但在该协议的履行过程中，涉案房产被评定为文物，根据《合同法》第132条[23]的条款，继续履行在法律上无法进行。这些案例在判决时都根据《合同法》第110条的指引，援

[19] 参见王利明：《合同法研究》，中国人民大学出版社2015年版，第563页。

[20] 北京市第一中级人民法院，(2014)一中民终字第05272号民事判决书。

[21]《民法通则》第17条："无民事行为能力或者限制民事行为能力的精神病人，由下列人员担任监护人：(一)配偶；(二)父母；(三)成年子女；(四)其他近亲属；(五)关系密切的其他亲属、朋友愿意承担监护责任，经精神病人的所在单位或者住所地的居民委员会、村民委员会同意的。对担任监护人有争议的，由精神病人的所在单位或者住所地的居民委员会、村民委员会在近亲属中指定。对指定不服提起诉讼的，由人民法院裁决。没有第一款规定的监护人的，由精神病人的所在单位或者住所地的居民委员会、村民委员会或者民政部门担任监护人。"

[22] 烟台市芝罘区人民法院，(2016)鲁民终799号民事判决书。

[23]《合同法》第132条第2款："法律、行政法规禁止或者限制转让的标的物，依照其规定。"

引了其他的法条，从而得出合同的继续履行不符合法律规定的结论。

另外，对于“一物二卖”案件，如甲在同乙签订了买卖合同之后，又与第三人签订合同完成所有权的转移，此时乙无法请求甲继续履行房屋买卖合同，有学者认为此类案件属于事实上的不能履行，因为此类情形中的无法履行，是由于特定标的物发生重大变化，致使合同在事实上无法按照原约定继续导致的。笔者认为，与物品毁损灭失而不能被履行这种典型的事实上无法履行情形不同，“一物二卖”中的合同无法履行最终是遵循了法律上关于所有权取得的规定，因此应当归类为此处的法律上不能继续履行的情形。我国的判例中对于这种情形的认定比较模糊不清，多数直接概括为“法律或事实上不能履行”，而未作出区分，在判决中同时强调“法律”与“事实”上的不能履行。例如，在最高人民法院审理的“东莞市利成电子实业有限公司、河源市源城区宝源房地产发展有限公司与东莞市晶隆实业发展有限公司、东莞市大岭山镇房地产开发公司、东莞市大岭山镇颜屋村村民委员会及麦赞新、蔡月红项目转让合同纠纷案”[24]中，法院认为由于当事人李某已经通过签订《协议书》并支付转让款，实际接管了长新公司、合法现行占有了涉案土地，因此“出于对维持和保护标的物现有的事实、法律秩序的考虑，如果现实的占有人属于有权占有，则应当认为事实上已不能按照合同的约定给付标的物。虽然原告在签订《转让合同书》后也先后支付了6000多万元转让款，但作为签约在先的李某已先行合法占有涉案土地，也先行支付了涉案土地使用权的部分转让价款并进行开发建设。根据《合同法》第110条以及法律解释的规定，对原告要求被告实际履行的主张，本院不予支持”[25]。与“一物二卖”类似，在“樊某与熊某、宜宾怡安龙润置地股份有限公司等执行异议之诉”[26]中，虽然原被告之间签订的房屋买卖合同被法院认定为合法有效，但由于该房产已经被他人在先办理预告登记，因而无法继续履行。

[24] 最高人民法院，(2012）民提字第122号民事判决书。

[25] 最高人民法院，(2012）民提字第122号民事判决书。

[26] 四川省宜宾市中级人民法院，(2016）川15民初95号民事判决书。

在“事实上无法履行”的分类中，有一种情形是标的物的状态发生重大变化导致合同事实上无法履行，笔者认为这一类型应当同此处的法律上不能履行相区分。二者的条件存在诸多相似之处，关键在于判决合同的无法履行终究是基于法律的规定还是客观事实上的障碍。对于合同签订后标的物被认定为不能流通物，或者签订合同后卖方与第三方签订合同并完成交付的“一物二卖”情形，笔者认为这类的不能履行，终究是因为受到了法律的约束和限制，因此将其划归为“法律上不能履行”的类别。在“黄某诉浙江天鸿房地产集团有限公司、第三人吕某、张某、新昌兴厦建筑安装工程有限公司房屋买卖合同纠纷案”[27]中，原告与被告签订住房认购书并约定以房屋折抵工程价款，但事后被告又将房屋卖给第三人，交付并办理了登记。被告违约，但原被告的房屋买卖合同由于第三人取得房屋所有权而不能履行。在“罗某与中国电信股份有限公司岳阳分公司服务合同纠纷”[28]中，原告要求被告电信岳阳分公司将电话号码交予自己使用，但这已在客观上无法继续履行，因为该号码已经变更至案外人名下。法院认为电信岳阳分公司不能为与罗某继续履行合同而单方终止与案外人的服务合同关系，构成新的违约，法院不能根据罗某的诉讼请求判决由罗某继续使用本案所涉号码而侵害善意第三人的利益，形成新的诉讼，故罗某要求电信岳阳分公司继续履行服务合同属上述法律规定的除外情形，因此不能继续履行。这里的不能履行主要是因为法律对于交易安全以及第三人利益的保护，根据买卖合同中关于所有权取得的规定而判决的，因此，其属于法律上的履行不能。

第二，履行内容具有专属的人身性质的合同，在法律上不能采取实际履行。这是因为我国宪法和法律规定公民的人身自由不受侵害，如果对这一类合同进行强制履行，则意味着要对个人的人身进行强制。例如，与提供美容服务的人之间签订的服务合同，在出现违约事由时，因为合同的标的提供美容服务具有人身性，因此无法强制服务提供者继续履行合同；又如，遗赠扶养协议的

[27] 浙江省绍兴市中级人民法院，(2011) 浙绍民终字第 138 号民事判决书。

[28] 湖南省岳阳市中级人民法院，(2016) 湘 06 民终 1799 号民事判决书。

义务人如果在协议履行过程中出现违约行为，并明确表示不再履行合同，则被违约方只能从违约赔偿等方面寻求救济，而无法要求违约方继续履行协议内容。需要注意的是，人身性合同不能强制履行需要把握具体的情形，不能一概而论，并非所有涉及当事人行为的标的都不可以履行，即使是强制当事人给付标的物这样的履行内容，其实也可能被认为涉及对当事人人身的强制。如果将此类合同全部认定为涉及人身强制而不能继续履行，则难以对被违约方的利益进行有效的维护。因此在实践中应当结合具体的案情进行讨论。在这里，实践和学术中争议最多的是预约的实际履行问题。因为，预约的标的是订立“本约”这一行为，能否根据其履行内容为人身性质而排除预约合同的违约救济中实际履行的适用，对此学术和实践中争议颇多，因此笔者将这一部分单独放在下一节予以讨论。

第三，对于特定的合同，法律明确规定不适用强制履行。这通常是考虑到交易的秩序或为了平衡相关人的利益而进行的规定。例如，为了保护其他债权人的利益，在债务人处于破产的状态下，即使某一债权人提出继续履行的请求，也不能得到支持和执行；时效届满后的债务，除非债务人自愿履行，其可以用时效届满为由来拒绝对方当事人提出的履行请求；在货运合同之中，承运人对货物的损毁要承担损害赔偿责任，而不能强制履行；[29]承揽合同的定作人[30]及委托合同的委托人和受托人[31]可以随时解除合同，因此不能强制其继续履行。与前两种类型的法律上无法履行相对比，这种情形不涉及法律或事实上状态的变化，而是在签订时就已经将“实际履行”这种违约救济措施排除在外。

---

[29]《合同法》第 311 条：“承运人对运输过程中货物的毁损、灭失承担损害赔偿责任，但承运人证明货物的毁损、灭失是因不可抗力、货物本身的自然性质或者合理损耗以及托运人、收货人的过错造成的，不承担损害赔偿责任。”

[30]《合同法》第 268 条：“定作人可以随时解除承揽合同，造成承揽人损失的，应当赔偿损失。”

[31]《合同法》第 410 条：“委托人或者受托人可以随时解除委托合同。因解除合同给对方造成损失的，除不可归责于该当事人的事由以外，应当赔偿损失。”

3. 预约合同的实际履行问题探讨

预约是指合同的双方约定为了在将来的某一个时间成立合同而达成的协议。在实践中，这种方式得到广泛的采用，如订购房屋、座位、车票等。最高人民法院在2012年颁布的司法解释中第一次对预约合同的问题进行了规定[32]，但是，这一规定中，并没有对预约合同的效力等问题进行明确详细的阐述，而是对继续履行的问题进行了有意的规避。预约合同是独立于本约合同的，其性质是独立的合同，因此属于合同法的规制范畴。在合同当事人未能够依据预约合同的约定诚实地履行其合同义务之时，即应当依法承担违约责任。由于预约的目的是为签订本约合同作准备，预约的标的是签订本约，因而预约合同的履行涉及一定的人身性。预约合同能否适用继续履行的违约救济，在实践中存在诸多不同观点。

目前的实践中，以判决预约合同不能实际履行的判例居多。例如，在"冠鲁房地产开发有限公司与梁某商品房"预约合同纠纷案中，法院认为："本案中，因梁某与冠鲁房地产公司签订的《认购协议书》是预约合同，而签订这一合同的目的是今后的继续协商，从而最终签订正式的买卖合同。现违约方梁某主动提起诉讼明确表示不履行《认购协议书》，不接受调解，明确表示不再与原告签订买卖合同，按照《合同法》第4条规定，本院不能强制梁某与冠鲁房地产公司签订正式的商品房买卖合同，故继续履行预约合同存在法律上的障碍。"[33]支持预约合同不能适用实际履行的违约责任方式，一方面，由于其标的属于人身性义务，因此不能强制履行；另一方面，强制履行也有违合同的意思自治原则，会造成法院过分干涉当事人缔约过程的后果；此外，强制预约合同当事人强制履行合同，这也同强制执行的基本理论不符，因为根据这一理论，

[32]《最高人民法院关于审理买卖合同纠纷案件适用法律问题的解释》第2条："当事人签订认购书、订购书、预订书、意向书、备忘录等预约合同，约定在将来一定期限内订立买卖合同，一方不履行订立买卖合同的义务，对方请求其承担预约合同违约责任或者要求解除预约合同并主张损害赔偿的，人民法院应予支持。"

[33] 鄂尔多斯市中级人民法院，(2016) 内06民终1579号民事判决书。

申请强制执行须要有执行内容，该内容不包括意志给付，而预约合同的强制执行是缺乏执行内容的。[34]

但是，从制度的目的角度来看，订立预约合同本身就是为了促成本约合同的缔结。[35]因此肯定预约合同的强制履行效力的学者认为，既然属于独立的合同，预约就应当与其他的合同具有相同的效力。当出现违约的情形时，应当赋予被违约方完整的救济权利，即其应当享有请求对方继续履行的权益。一些其他国家和地区的判例中有肯定强制履行适用预约合同的先例。例如，以实际履行为优先的德国就曾在一个案件中明确了预约合同可以有“强制缔约”效果的规则。根据这一规则，当事人应当先向法院说明本约的内容，在对方当事人没有提出异议时，法院可以依据诚实信用原则确定本约合同的最终内容并要求违约方履行。而日本以及我国台湾地区的判例也以采取这种态度和立场的居多，也就是说，当事人有权在对方违反预约之时，请求法院判决强制其订立本约合同。即使对方当事人拒绝订立，也应当自判决之时认定为债务人已经进行了缔结本约合同的意思表示。[36]除此之外，一定程度的人身强制在法律上并不是完全被禁止的，强制履行难免会涉及对人身的强制，强制交付标的物、强制拍卖变卖抵押物，都是在法律上可行的。这些例子中的继续履行都在一定程度上包含人身方面的强制内容，因此，对于人身强制，不应当全盘否定，而是应当在其可行的程度上进行一定的区分和界定。而预约合同的实际履行，正是应当结合案件的其他条件，综合性分析其适用问题。

因此，笔者支持预约合同实际履行“肯定说”的观点，认为不应当否定预约合同中实际履行的适用。而是应当结合实际的情况，适用强制履行的违约救济。第一，预约合同的履行标的是双方在条件成熟之时订立本约，债务人的义务是按照事先约定的条件，与对方订立本约合同。在签订本约不存在其他事实或者法律上的障碍之时，法院完全可以通过判决当事人实际履行来代替当事

---

[34] 参见文晓鹏、王霞：《论实际履行在预约合同中的适用》，载《黑河学刊》2013 年第 9 期。

[35] 参见余立力：《信赖利益新论》，武汉大学出版社 2009 年版，第 75 页。

[36] 参见余烨：《预约违约责任之实际履行问题》，载《法治与社会》2013 年第 21 期。

人完成签订本约的行为，从而达到实际履行的效果。缔结本约合同这一标的不同于强制当事人提供服务、参加表演等限制其人身自由的强制。而笔者认为只有对人身性程度较高，不能由他人代为履行的人身性债务才应当限制适用实际履行。对于预约合同，采取一定强制能够避免交易的混乱，实现订立预约合同的目的，同时又不会对当事人的利益产生过多的干扰，因此是有其必要性和正当性的。第二，只有通过继续履行，才能最大限度地体现预约合同的价值，考虑到预约合同的独立性，应当对其适用与其他合同相同的违约责任方式。如果预约合同的违约责任不包括继续履行，则对当事人的保护是不全面的，因此应当将违约责任的适用选择权交给当事人。第三，当事人签订预约合同之时，就已经对未来会成立本约合同进行了意思表示。因此判决当事人双方继续履行合同，成立本约，也是符合当事人在预约合同中所达成的合意的，并不违背意思自治原则。若预先限制守约方选择违约救济的范围，则对当事人是非常不公平的。[37] 通过强制履行，能够更好地降低预约合同的违约概率，增强当事人的自觉意识。近年来我国的判例中也渐渐出现了为数不多的对预约合同继续履行持肯定态度的判决，如在“陈某诉浙江福田房地产开发优先公司房屋认购合同纠纷案”[38] 中，当事人就房屋买卖签订了预约合同，并约定在买方接到卖方通知后 10 天内签订本约合同。但随后卖方通知称由于成本增加，需要提高购房款。双方协商未果后，买方诉至法院要求卖方继续履行预约合同。终审法院在审查了预约合同后认为双方的预约已经充分具备房屋买卖合同改定主要条款，且依据约定，双方应当依据预订单上的条款办理有关的手续，其他的条款仅需依照商品房买卖合同的格式文本内容以及交易上的习惯确定即可。本案中，并不存在法律或事实上不能够履行的情形，因此判决继续履行预约合同，签订本约合同并完成房屋买卖，体现了对预约合同适用强制履行违约救济措施的肯定。

---

[37] 参见王利明：《预约合同若干问题研究——我国司法解释相关规定评述》，载《法商研究》2014 年第 1 期。

[38] 浙江省高级人民法院，（2003）浙民一终字第 271 号民事判决书。

（二）事实上不能履行

1. 事实上不能履行的定义

实际履行的目的在于督促违约方按照合同约定来完成义务，实现原合同中的内容。但是如果因为违约行为或者情况的变化而导致合同在事实上丧失履行可能，则即使强制违约方履行也不可能实现合同目的。事实上不能履行的判例在实践中出现的最多，其形式较为直观、易于判断，总体上来说是由于某种客观条件的缺失导致合同无法继续的情形。在此，笔者主要以合同标的性质为标准，将不同的情况加以分类。

2. 事实上不能履行的类型

第一，以交付特定物为标的的合同，物品毁损、灭失或状态发生重大变化导致合同无法继续履行。以交付特定物为标的的合同，通常情况下只有通过继续履行才能实现订立合同的目的。例如，难以在商场上找到替代品的特殊标的物、难以估算价值的传家宝。因此对于这类物品在出现违约行为时，只要该标的物还存在，通常应当采取实际履行的救济措施，违约方也不得提出抗辩。[39] 但是特定物若已经毁损灭失或变更状态使得事实上不能履行，则不能要求违约方实际履行，此时继续履行的责任将转化为损害赔偿责任。最高人民法院在 2008 年调整的有关执行工作的规定[40] 中，也同样体现了这一观点。

第二，需要特定人履行某种行为的合同，义务人失去履行合同的能力或状态。例如，参与演出的演员由于车祸受伤丧失履行能力，则该合同处于事实上无法履行的状态。需要注意的是，这种情形在实践中不能被滥用，需要结合

[39] See Ingeborg Schwenzer，Pascal Hachem，Christ Opher Kee：Global Sales and Contract Law，Oxford University Press，2012，p.561.

[40]《最高人民法院关于人民法院执行工作若干问题的规定（试行）》第 57 条："生效法律文书确定被执行人交付特定标的物的，应当执行原物。原物被隐匿或非法转移的，人民法院有权责令其交出。原物确已变质、损坏或灭失的，应当裁定折价赔偿或按标的物的价值强制执行被执行人的其他财产。"

具体的情形，判断是否属于当事人事实上不能履行的情形。在“代某与凤阳县总铺镇黄泥铺社区前村民组、凤阳县总铺镇黄泥铺社区街后村民组确认合同效力纠纷案”[41]中，代某与各村民组订立承包鱼塘的合同，但鱼塘的现实占有人杜某拒绝向代某交付鱼塘使用权，因此代某将村民组作为被告，杜某作为第三人进行起诉，一审法院认为由于鱼塘实际管理权、使用权在杜某手上，因此西黄塘的管理权、使用权的交付存在事实上的履行不能，且代某提供的证据也无法证明村民组事实上能够履行合同，合同属于事实上不能履行，因此判决驳回诉讼请求。笔者认为一审法院将案件简单的归结为事实上无法履行的判决是有失妥当的，其没有综合该案的实际情况，权衡合同的履行可行性。终审法院认为杜某的实际占有没有法律依据，因此应当及时将西黄塘交付给代某，撤销一审判决并判决被上诉人、原审第三人向上诉人交付西黄塘。本案中的一审法院没有根据事实情况将合同的履行问题进行判断，因此出现了法律适用上的错误，可见事实上的不能履行虽然一般较为容易区分，但在实践中仍应当充分考虑案件实情，结合实际，考察合同履行障碍的具体原因，才能作出正确的判断。

第三，需要在特定的时间、地点或在特定状态下履行的合同在违约后无法继续履行。在“河南康辉国际旅行社有限责任公司与郑州市中原区永威鑫城幼儿园旅游合同纠纷”[42]中，原被告签订旅游合同，由康辉公司为幼儿园师生及学生家长提供亲子旅游服务，但在旅行当日，由于司机对路程不熟悉等原因，导致到达时间晚于约定时间，而且旅行中提供的食物过辣不适于幼儿食用，使签约方及旅游参与者没有享受到合同约定中的服务和体验，旅游公司构成违约。但本案中由于旅游公司没有按照合同约定在特定的时间提供服务，在违约后，合同的特定履行期限已经截止，因此不能继续履行合同，只能要求旅游公司进行损害赔偿。在“黄某、肖某与中国石油集团东方地球物理勘探有限责任公司

---

[41] 安徽省滁州市中级人民法院，（2016）皖 11 民终 709 号民事判决书。

[42] 河南省郑州市中级人民法院，（2016）豫 01 民终 11490 号民事判决书。

辽河物探分公司、于某返还原物纠纷案”[43]中，被告工作调动将CT原片遗落在喀麦隆的办公地点，由于时间及地域因素无法给付，因此无法实际履行，此案仍然是属于由于特定的地点、时间方面的限制而导致合同在事实上无法继续履行的情形。在“武汉中源电气有限公司与湖北首信房地产开发有限公司合同纠纷”[44]中，原被告签订合同后，被告又与第三人签订合同，前后两份供电配套工程合同的施工范围一致，但第三人实际进场施工，且涉案的“首府壹号”商住小区部分楼宇已经由该公司部分安装了供电配套设施并运行。在这样一种状态下，由于第三人已经介入施工工作中来、现场的设备安装等条件因素导致无法由原告代替进行施工，因此原被告的合同在事实上无法继续履行。

三、债务的标的不适于强制履行或履行费用过高的具体情形

（一）债务的标的不适于强制履行

1. 债务的标的不适于强制履行的定义

债务标的不适于强制履行，即合同的性质或者合同的标的不适合于强制履行，主要适用于基于人身依赖、信任、合作关系而产生的合同。例如，信托合同、委托合同、合伙合同等。这些合同往往是基于对对方技能、业务、品格等方面的信任而签订的，强制债务人履行义务会与合同的根本目的相违背，因此违约后应当采取解除合同或者损害赔偿等补救方式。

2. 债务的标的不适于强制履行的分类

第一类，也是最典型的“不适于强制履行”的合同，是基于信赖、合作关系产生的合同。例如，由四川省德阳市中级人民法院审理的“富康公司与图腾公司等合同纠纷案”，当事人签订的《合作协议》被认定为合法有效的合同，但法院认为：“现上诉人要求四川图腾继续履行合同，而不再按照合同关于由

[43] 辽宁省辽河中级人民法院，（2016）辽74民终131号民事判决书。

[44] 湖北省武汉市武昌区人民法院，（2015）鄂江汉民二初字第02290号民事判决书。

熙盛酒店承继权利义务的约定，被上诉人四川图腾却明确表示不愿再按照原合同履行权利义务。关于履行合同的主体，当事人分歧也较大。该合作协议履行的基础系当事人的协助，现当事人对于履行主体、具体的履行事项等均存在争议，诸多争议将阻碍合作的进度，势必造成较高的履行成本和社会效率的损失，合作将难以顺利进行。”[45]因此法院适用第 110 条的规定，判定合同不适用强制履行。

从上述案例可以看出，“债务的标的不适于强制履行”与具有人身属性的合同在“法律上不能履行”这两种情况存在一定的交叉。从一定程度上讲，“不适于强制履行”应当是“法律上不能履行”中的一类具体情形。而《合同法》第 110 条将这两种情况作为独立的类型，分别进行了规定。为了避免理解和适用上的混乱，笔者认为应当将这两种情形加以区分，明确两者的界限，从而对法律的规定作出合理的解释。“债务标的不适于强制履行”仅指合同是基于信赖、合作关系签订的，一旦合同各方合作关系破裂、产生纠纷且上诉至法院，则说明合同失去了其签订所依赖的基础，因此是无法强制履行的。在出现合作基础丧失的情形之时，任何一方都可以主张依据《合同法》第 110 条，不再适用强制履行。而具有人身性质而“法律上”不能履行的合同则不一定是基于双方的信赖签订的，合同的履行也不要求这种合作关系的存在。例如，提供保洁服务的合同，合同的履行只需要一方主动提供服务、另一方相对被动地接受服务，并不需要双方的配合，只有在提供人身性质标的的一方违约且明确表示不再履行合同时，合同才由于法律上无法强制而不再适用强制履行。不可否认的是，即使通过这种解释，“债务的标的不适于强制履行”也难免被认定为“法律上不能履行”中的一类。但为了法律适用上的清晰，出于通过对法律进行解释以使其能够得到更加合理明确适用的初衷，笔者认为应当将基于信赖关系的合同单独归为不适于强制履行的项下。只有在人身性的合同没有明确的信赖和合作关系基础需求之时，才将其归类为“法律上”的不能履行。在“王某、北

[45] 四川省德阳市中级人民法院，(2016) 川 06 民终 1053 号民事判决书。

京幻某纵横网络技术有限公司与上海某霆娱乐信息科技有限公司著作权合同纠纷案”中，原被告签订《委托创作协议》，约定王某在协议期间只为某霆公司创作作品，后王某违约，某霆公司请求判令其继续履行合作。对此，二审法院认为：“在委托创作协议中，合同双方协议王某是某霆公司的‘专属作者’，其仅能创作‘协议作品’，不可以为他人创作作品，亦不得将作品交予第三方发表，在协议期间以外创作的作品，某霆公司享有优先受让权，并且规定了王某交稿时间和字数等。这些义务涉及王某的创作自由，具有人身属性，在性质上并不能强制履行，并且如果强制王某不得创作协议作品以外的作品，也不符合著作权法鼓励创作的立法目的。在王某违约时，某霆公司不得请求王某继续履行，只能请求王某支付违约金或者赔偿损失。因此，某霆公司请求继续履行合同将涉及对王某创作行为的强制，本院难以支持。”[46]该案即属于“法律上”的不能履行的类型，由于合同强制将会限制人身自由，且合同的履行并不是以双方的合作为基础，而仅是一方以提供劳务为合同标的，因此其区别于上述的“合同不适于强制履行”的类型。而在“龙川县妇幼保健院诉广东勤联亿通信息科技有限公司技术服务合同纠纷案”[47]中，双方之间订立的合同以双方当事人的合作为基础，法院依据案件事实认为当事人签订的《信息系统合同》是勤联公司为了满足妇幼保健院的经营管理等特殊需求所订立的，合同的履行需要双方互相配合。但妇幼保健院已通过第三方公司更换了整个信息系统，并明确提出解除合同的要求，合同双方失去合同赖以存在的信任、合作基础，因此合同在事实上已经失去继续履行的条件，应当驳回继续履行的请求。此案属于“合同不适于强制履行”的情形，通过对比，可以看出上述两案在案件类型和适用法律上的差异。

此外，笔者认为“不适于履行”还应当包括第二类情形，即因不可归责于当事人双方的原因致使合同履行实在困难，如果实际履行则显失公平的合同。

---

[46] 上海市第一中级人民法院，(2011) 沪一中民五（知）终字第136号民事判决书。

[47] 广东省河源市中级人民法院，(2016) 粤16民终975号民事判决书。

有学者认为这一类的情形是《合同法》第110条没有考虑在内的类型。[48]笔者认为此类合同无法继续履行是出于维护公平公正的考虑。这种情况下，虽然合同在事实上依然是可以继续履行的，但是继续履行将显失公平，即并非“不能”强制履行，而是“不适于”强制履行，因此可以通过扩大解释，将这种情况纳入第110条“合同不适于强制履行”的规定之中。例如，在适用情事变更原则场合，往往是不成立强制履行的。[49]情事变更原则的效力可分为两类：第一效力是增减给付，分期或延期履行，拒绝先为给付等；第二效力是解除合同。其中，除分期履行和延期履行属于强制履行范畴，其他效力均不是或排斥强制履行，即在适用情事变更原则时，往往是不成立强制履行的。[50]例如，在“陈某与中共光山县委党校合同纠纷案”[51]中，原被告签订《联合兴建电教室合同》，约定原告作为享有土地使用权的一方以土地使用权作为投资与被告合作建房、共同使用，在合同约定的使用期限未届满前，因合同中约定的土地被县政府拍卖出让，如不及时交付土地将使国家遭受重大损失，因此原告请求解除与被告签订的《联合兴建电教室合同》。法院最终适用情事变更原则，认为继续履行将显失公平，因此判决解除合同。

3. 综合性经纪合同的实际履行问题分析

演艺人员与经纪公司签订的演艺经纪合同，在性质上属于无名合同，因其不属于《合同法》所规定的十五类有名合同之一，曾有学者将其归为委托合同的类型之中，但最高人民法院在2009年的《知识产权案件年度报告》中

[48] 参见韩世远：《合同法总论》，法律出版社2011年版，第611页。

[49]《最高人民法院关于适用〈中华人民共和国合同法〉若干问题的解释（二）》第26条：“合同成立以后客观情况发生了当事人在订立合同时无法预见的、非不可抗力造成的不属于商业风险的重大变化，继续履行合同对于一方当事人明显不公平或者不能实现合同目的，当事人请求人民法院变更或者解除合同的，人民法院应当根据公平原则，并结合案件的实际情况确定是否变更或者解除。”

[50] 参见崔建远：《合同责任研究》，吉林大学出版社1992年版，第187页。

[51] 河南省信阳市中级人民法院，(2011) 信中法民终字第693号民事判决书。

将其定性为综合性合同，从而不能按照委托合同的规定适用单方解除规则。[52]由于这种合同也涉及一定的信任关系，因此在一方违约时能否适用继续履行的救济措施，理论和实践中存在一些分歧。在北京市第三中级人民法院审理的“蒋某诉唐人影视案”[53]中，当事人蒋某主张由于其与唐人影视之间的演艺经纪合同无法正常履行，双方失去信赖合作基础，因此请求解除合同。但法院驳回了蒋某的诉讼请求，这意味着蒋某与唐人影视之间仍然要继续履行演艺经纪合同。但在此之间，对于此类案件，法院多数以双方订立合同所依赖的“信任关系”消失，根据《合同法》第110条“合同不适于强制履行”的规定，认定合同不能继续履行，如前述“林某与上海唐人之间的合同纠纷案”[54]的判决。又如，在北京市第二中级人民法院审理的“阿某与中视亚太国际传媒广告（北京）有限公司合同纠纷一案”[55]中，法院同样认为演艺经纪合同的履行以当事人之间的主观信任为基础，现在一方当事人已经明确表示无继续履行的可能，在这种情况下，如果强迫双方继续维持合作关系，势必难以达到合同的目的，影响双方权益的实现，因此，认定合同不能继续履行。

笔者认为，演艺经纪合同是一种具有多重性质的综合性合同，其内容中包含了委托、行纪、居间等诸多合同的任务。虽然其不同于委托合同，当事人在合同中不享有任意解除合同的权利，但这并不影响演艺经纪合同基于合作和信赖关系订立的基础。从维护行业秩序的目的，的确应当限制艺人的解除权，但考虑到第110条“合同不适于强制履行”的法律规定以及合同的性质，采用强制履行的救济措施实为不妥。因为演艺经纪合同与上述的需要当事人配合、信任的合同性质类似，并且演艺工作需要艺人亲力亲为，当其与经纪公司的矛

[52]《最高人民法院知识产权案件年度报告（2009）》第五部分第28项：“演艺合同是一种综合性合同，关于演出安排的条款既非代理性质也非行纪性质，而是综合性合同中的一部分，不能依据合同法关于代理合同或行纪合同的规定孤立地对演出安排条款适用单方解除规则。”

[53] 北京市第三中级人民法院，（2016）京03民终13936号民事判决书。

[54] 上海市第一中级人民法院，（2013）沪一中民一（民）终字第2086号民事判决书。

[55] 北京市第二中级人民法院，（2015）二中民（商）终字第04890号民事判决书。

盾已经上升至需要司法机构解决的层面，双方已经处于无法协商的敌对状态，信任与合作将难以继续。如果在这样的情况下法院依然判决继续履行合同，在艺人仍然不履行时，法院无从执行判决；即使艺人被强迫履行，双方的合作状态及效果也恐怕难以达到合同订立的目的，对艺人及经纪公司都会产生不利的影响。因此笔者认为此类纠纷不宜适用继续履行，而是应当严格依据第 110 条"合同不适于强制履行"的规定，限制实际履行的适用。而为了维护演艺行业的秩序，保障契约精神，可以考虑从提高艺人赔偿数额来增加艺人违约成本的角度来督促艺人认真对待合约，慎重考虑违约后果。以提高违约成本的方式防止艺人违反综合性经济合同约定在我国已有相关的先例，如在上海市第一中级人民法院审理的"甲公司与张乙其他合同纠纷上诉案"[56]中，当事人双方间的合同就约定，当艺人违约导致合同终止时，艺人应"以现金赔偿该代理人（经纪公司），金额计算以该艺人于本合约被终止前十二个月的总收入的三倍或三百万港元（两者以金额较高者为最终赔偿金）"。法院在考虑了违约方在双方合约解除前的实际收入及经纪公司所尽经理人义务的具体情况后，判令其赔偿经纪公司 300 万港币。

（二）履行费用过高

1. 履行费用过高的定义

在衡量实际履行的适用及限制时，除要考虑合同的履行能否实施外，还应当考虑合同的履行在经济上是否具有合理性，即是否会造成损失和浪费。相比于事实上的绝对不能履行等情形，此处的不能履行属于一种相对的不能履行。例如，合同的标的物落入大海之中，为了打捞需要花费巨资，然而打捞所需要的费用与标的物的价值明显不成比例。我国合同法仅仅规定了"过高"，没有对具体的标准作出进一步限制。[57] 在前述德国民法中，"履行费用高"被

---

[56] 上海市第一中级人民法院，（2012）沪一中民一（民）终字第 2158 号民事判决书。

[57] 参见吴兴光、龙著华、周新军、叶昌富等：《合同法比较研究》，中山大学出版社 2002 年版，第 316 页。

定义为债权人因履行而获得的利益与履行合同所需要的费用显著不成比例，达到违反诚实信用原则而无法承受的程度。

南京市中级人民法院审理的“新宇房地产公司与冯某合同纠纷案”[58]是为数不多的适用该条款所作出判决的案例。在这一经典案例之中，原被告原本成立了商铺买卖合同，但由于经营不善，房地产公司欲收回商铺将广场改为统一经营，但是被告不退商铺，阻碍了原告施工和整顿计划的实施，因此原告请求被告退回商铺，希望退回购房款并提供足够的经济补偿。终审法院认为，本案中双方的购房合同有效成立，且原告的行为构成违约。虽然继续履行是违约责任的首要方式，但法律如此规定的目的是考虑到实际履行比其他的救济措施更能保障合同目的的实现。然而本案中，如果强制履行合同，对于原告而言就必须以6万余平方米已经失去经营环境的建筑为被告的22.5平方米的商铺提供服务；对于被告而言，在这样一种失去经营环境中的建筑里经营店铺亦不能达到其履行合同的目的。同时，对于原告而言，继续履行所需要支付的费用过高，因此合同不适用继续履行的救济措施。本案中，法院对于合同履行费用的判断，是从三个角度展开的，第一，从合同法该条款的目的出发，分析双方订立合同的目的与继续履行合同所能实现效果的契合度；第二，将被告继续履行所能获得的利益与原告继续履行所需要支付的成本进行对比；第三，将被告继续履行所能获得的利益同违约所获得的利益进行对比。综合各种条件，作出合同不适用继续履行的判决。

在英国的“联合保险协会与阿吉尔商场合同纠纷案”[59]中，终审法院也作出了与“新宇房地产公司与冯某合同纠纷案”[60]相类似的判决结果。本案的原被告签订租赁合同，原告承租被告名下购物中心的部分场地开设超市，但由于持续亏损，原告决定结束营业、解除合同并赔偿被告因此而蒙受的损失，然而被告拒绝原告的请求，主张合同的继续履行。法院认为，第一，被告是在采取了措施仍无力扭转商场亏损局面的情况下才作出的回收决定，继续履行合同将

---

[58] 南京市中级人民法院，(2004）宁民四终字第470号民事判决书。

[59] Cooperative Insurance Society v. Argyll Stores（Holding）Ltd，(1997）3ALLER197.

[60] 南京市中级人民法院，(2004）宁民四终字第470号民事判决书。

对被告造成巨大的经济损失；第二，这一场地没有发挥出应有的商业价值，强制履行该合同将会造成社会资源的浪费；第三，如果允许合同解除，如果原告对被告进行充分的赔偿，则不会对被告利益产生过高的损害；第四，解除合同将会使被告能够重新整顿场地，弥补营业亏损，合理利用资源，并且也可以为社会创造更多的价值。在该判决中，法院考虑到了社会资源和价值的因素，在保障被违约方的权利不会受到巨大损害的情况下，力求使社会资源得到充分利用，使得社会的福利最大化。[61]英国的相关法律中，一直以损害赔偿作为违约责任的首选方式，但是在该案的判决中，法官同样认可了实际履行的价值，认为当赔偿不能够弥补损失之时应当判决合同实际履行，从而维护被违约方的权利。但是在损害赔偿充分、可以更好地利用资源、实现效率之时，就应当选择损害赔偿作为救济方式。

2. 效率违约理论对我国实际履行限制条件的影响分析

效率违约，是法经济学的经典理论之一，它主张以最高效的方式来合理配置社会资源。其权威定义是合同一方当事人在违约的收益超出自己履约的预期收益时，选择主动违约的理性行为。[62]根据这一理论，在出现效率违约之时，违约方可以不再履行合同。[63]《布莱克法律词典》将效率违约解释为有意违约，且违约方支付损害赔偿从而代替继续履行。[64]波斯纳在《法律的经济分析》中对效率违约作出如是论述："在一些情形之中，一方当事人可能会因为违约会比履行约定产生更丰厚的收益而选择违约；此时，如果其违约后的收益也高于对方履约的收益，且违约方对对方的赔偿是充分而有限的，则会存在

[61] See Edward Yorio: Contract Enforcement: Specific Performance and Injunctions, Little, Brownand-Company, 1989, p.48.

[62] 参见〔美〕波斯纳:《法律的经济分析》(上)，蒋兆康译，中国大百科全书出版社 1997 年版，第 153 页。

[63] See Peter Linzer: On the Amorality of Contract Remedies–Efficiency, Equity and the Second Restatement, 81 Colum.L.Rev, 1981, p.114.

[64] See Bryan A. Garner: Black's Law Dictionary, Thomson West, 2004, p.564.

违约的激励，这种违约激励是应当的。”[65]

效率违约理论将效率违约具体分为不同的类型，笔者选取其中最具研究价值和理论意义的三类进行分析。第一类效率违约是转售型效率违约，指双方订立买卖合同，在合同履行届满、尚未完成交付之前，出现第三方以更具有诱惑力的价格向卖方购入商品，卖方违约从而将商品转售予第三方的类型。第二类是减损型效率违约，指交易双方订立买卖合同后，由于交易标的的成本价格高于合同的价格，卖方在合同履行过程中提出违约的情形。第三类是缓和型效率违约，指双方订立合同约定一方为另一方加工某种产品，在生产尚未完成前，由于委托加工生产的一方认为合同规定的价格高于合同标的的实际价值而违约。[66]根据这样分类，我们可以看出，效率违约是普遍适用于合同各方的，其对合同当事人权益的保护是平等的。不仅合同的履行方可以依据该理论提出违约，在接受履行的一方亦可能发生效率违约的情形。

效率违约理论将“效率”作为最主要的价值追求，力求通过社会财富最大化，使有限社会资源得到最合理的运用。按照这一理论的要求，违约方的违约收益不仅要高于其履行约定的收益，还要超过被违约方履行约定的收益。因为前者是违约方违约的动力和原因，后者则是这一违约行为合法化的事由。只有违约行为同时给违约方和守约方带来收益，才能实现这一理论追求社会财富最大化的价值追求。理论和实践中，对效率违约理论的争议颇多，在我国的《合同法》中也没有对这一理论作出明确的认同。不可否认的是效率违约理论存在很多瑕疵和问题，虽然其力求通过损害赔偿来使双方利益最大化，但在很多情况下却忽略了被违约方利益诉求的特殊性。根据 Richard Craswell 的无差异原理，违约救济的目标在于使被违约方处于同合同顺利履行一样好的状态，也就是说，要使得受承诺人的状态在违约方违约并采取救济措施同违约方履行之间

[65]〔美〕波斯纳：《法律的经济分析》（上），蒋兆康译，中国大百科全书出版社 1997 年版，第 153 页。

[66] See Melvin Richard Craswell, Alan Schwartz: Foundations of Contract Law, Law Press, 2004, p.20.

没有差异。[67]按照这一原理的要求，受到标的物的特定性、证明方面的不确定性等条件的限制，损害赔偿往往很难满足受承诺人的要求，而只有实际履行才能更有效地确保被承诺人的期待得以实现。效率违约理论在其与诚实信用原则的关系、与合同道德追求目的、“社会财富最大化”的价值取向及对效率的追求是否能够真正实现等问题方面也饱受诟病。[68]

效率违约理论固然有其局限性，但笔者认为，这一理论依然有其存在的价值及可供借鉴的内容。随着我们社会的发展、经济的兴旺，合同的追求也在发生着改变。在合同发展之初，进行交易、缔结合约的目的还仅仅是获取物品的使用价值，但之后随着市场的发展进步，对于交换价值的期待渐渐变为订立合同的首要追求。现在随着物质的丰富，市场上出现了越来越多的商品，数量、种类、数额、场所也趋向于丰富。这种情形的出现使交易中出现了很多相同或者类似、可以互相替代的产品。在这样的一种社会背景下，实际履行往往可以被其他的方式替代，损害赔偿通常可以达到与实际履行相同的效果，甚至是可以减少强制履行带来的不必要的损失。为了顺应时代的变化，各个国家的法律也在实践中将实际履行和损害赔偿共同加以运用。可以说对于合同中“效率”的强调，正是顺应了社会的发展和历史的要求，而效率违约理论的出现，也在一定程度上契合了这一趋势。[69]而对于效率违约有违诚实信用原则的看法，也是十分欠妥的。诚实信用原则是指当事人应当善意地履行合同义务，在从事民事活动时不滥用权利、规避义务，其将当事人对自身利益的追求限定在不损害他人合法利益且不对社会整体利益造成影响的范围之下，而效率违约并非仅仅关注违约方的利益，实际上根据上述效率违约的不同类型，我们也可以看出，效率违约理论的目的是在衡量各方利益得失后，在保证守约方利益得到

[67] See Richard Craswell: Efficiency, Renegotiation and the Theory of Efficient Breach, 61S.Cal.L.Rev, 1988.

[68] See Arthur Von Mchren: International Encyclopedia of Comparative Law, VolumeVII/2: ContractsinGeneral, Tubi.

[69] 参见王甜：《论效率违约理论适用的限制》，河北大学2013年硕士学位论文。

充分补偿的前提下使得双方利益最大化，从而节约社会成本，让社会财富最大化。因此，效率违约理论同样关注民事主体之间利益关系的平衡问题，从这一点看，其并不违背诚实信用原则，而恰恰是与其要求一致的。[70]

从近几年合同法的发展历程来看，强调“契约必守”的大陆法系也逐渐将“效率”思想融入司法之中去，上文中《德国民法典》第275条的表述实际上就是对“效率”的肯定。在我国，虽然合同法并不直接存在效率违约理论的内容，但依然可以在其中看到“效率”的踪迹。比如，我国合同法对普通合同的形式没有作出强制性要求、委托合同的解除权以及本文所论述的非金钱债务实际履行限制条件的规定，都是对“效率”这一价值追求的体现。《合同法》第110条的“履行费用过高”表明实际履行是具有可替代性的，虽然继续履行是优先适用的违约责任方式，但在一些特定情况下，损害赔偿和实际履行具有相当的效果。在前文所说的“新宇公司与冯某纠纷案”[71]之中，法院适用实际履行的限制规定，既避免了当事人的损失，同时也防止了社会财富的巨大浪费，这同样体现了效率思想的应用，也体现了效率违约思想与诚实信用原则的契合。这一判决不仅将双方的利益问题考虑在内，更防止了社会财富的浪费，妥善处理了合同当事人利益得失与社会整体利益之间的关系。在英国的“联合保险协会与阿吉尔商场合同纠纷案”[72]中，虽然适用了效率违约理论，但是并没有以损害赔偿来完全替代实际履行这种方式。效率违约理论在实际上支持损害赔偿和实际履行在违约责任领域各有其适用的范围，二者并不矛盾。因此，在我国，实际履行仍应当处于违约责任中的主导位置，效率违约则应当作为一种例外，在不违反违约责任体系的基础之上，发挥其在理论及逻辑判断上的价值。而笔者认为，目前我国实际履行限制条件对效率违约理论的借鉴还不足，实际履行的除外制度存在很大欠缺。“新宇公司与冯某纠纷案”虽然依据《合同法》第110条作出了较为合理的判决，但是依然反映了合同法面对“有效率”

[70] 参见刘廷华:《论实际履行的适用与限制的法经济学依据》，载《北方法学》2010年第6期。

[71] 南京市中级人民法院，(2004) 宁民四终字第470号民事判决书。

[72] Cooperative Insurance Society v. Argyll Stores (Holding) Ltd, (1997) 3ALLER197.

的违约这一问题上所存在的欠缺：一方面，第 110 条的规定在认定履行费用的标准上缺乏统一性，导致法官的自由裁量权过大，极有可能出于主观方面的影响作出不利于当事人的判决；另一方面，第 110 条所规定的情况非常单一，还不能覆盖效率违约理论所包含的所有类型。“履行费用过高”仅仅强调了债务人履行成本过高的情形，而效率违约理论中还包括债权人的履行成本高于履行利益、违约收益高于各方履行利益的情形。对此，笔者认为应当充分借鉴效率违约理论的逻辑和价值思维，通过解释和完善将效率违约理论中的不同类型运用到实际履行限制条件的体系之中来。

3. 履行费用计算标准

综合上述分析，笔者认为根据我国的司法实践、理论研究，借鉴效率违约理论的逻辑，在计算履行费用时，应当注意以下几个方面的问题。

第一，应当明确在某些特定的条件下，可以选择用损害赔偿来代替合同的履行。例如，在合同的标的物容易取得、可以替换、履行行为可以被代理履行的情况下，不能一味地追求实际履行，而忽略了“效率”的价值。对于一些特定物、富有当事人精神寄托性的物品，则应当明确不得适用该条的规定，在这些情况中，应当肯定实际履行的适用。

第二，关于履行费用的范围问题。这里的履行费用不只包括债务人履行债务所付出的金钱和其他耗费，还包括法院监督和执行实际履行所付出的成本。在实践中，履行费用的计算不仅要考虑金钱的耗费，还要将执行的时间考虑在内。因为强制履行往往需要法院的持续监督，如果履行的时间过长，则势必会造成过高的司法成本，造成司法资源的浪费。在英美法中，若实际履行需要经过一定的期限，而在此期间法院需要持续地对债务人的履行行为进行监督，则通常情况下，法院会拒绝作出实际履行的判决。[73]笔者认为，将监督时间考虑在履行费用的计算范畴，主要是因为对合同履行实行长期监督在经济上是不合理的，法院会为此付出较高的执行成本，因此这种经验和做法是值得借鉴的。

---

[73] See Alan Schwartz：The Case of Specific Performance，89YaleL.J，1979，p.271.

第三，履行费用高低的判断标准问题。根据效率违约的理论，合同适用损害赔偿并不单纯是因为履行费用高，而应是达到不合理的程度。也就是说，履行费用过高应达到不成比例的程度，并不是只要履行费用高于债权人的履行利益就不能判决实际履行，因为即使需要花费很高的费用但如果损害赔偿并不能够比实际履行更有效率，还是应当选择实际履行。因此，此处的“履行费用过高”实则是指“履行费用不合理，其包括了履行合同的花费超过合同各方履行合同所能获得的利益之和的情形”。这里的履行费用过高没有一个确定的数额，而应是相对于债权人的履行利益而言的，笔者认为在司法实践之中，对于履行费用高低的判断，应当结合当地的实际经济情况，首先比较履行所耗费的成本及履行所带来的收益，其次要比较被违约方由于违约而承受的损失以及履约所可能获得的利益，接下来还要比较违约的损害与履行可以避免的损害。[74]

四、债权人在合理期限内未要求履行

（一）继续履行的请求权人

《合同法》第110条确定实际履行的请求权人是债权人。在通常的情况下，实际履行是由遵守合同约定的一方当事人提出的，但是，在实践中，也出现过违约方积极要求实际履行，但对方请求解除合同的情况。在我国香港地区,《合同法》规定法院判决实际履行时，要考虑“原告自己的行为是否不当”，在原告自己的行为存在过错的情况下，法院可以不适用继续履行。在此处原告的过错主要是指合同基于被告人的认识错误而成立，而原告对此是知情的。基于公平和诚实信用原则，法院认为这种情况不得强制被告履行合同。[75]可见，并不是所有的被违约方都享有实际履行请求权，而需要根据合同签订及履行的实际状况来进行判断。而关于此处“要求履行”的请求方式，有学者指出，其可

[74] 参见陈伯诚、王伯庭:《合同法重点难点问题解析与适用》，吉林人民出版社2000年版，第54页。
[75] 参见何美欢:《香港合同法》，北京大学出版社1995年版，第67页。

以表现为多种形式，包括当事人直接请求对方履行合同、通过诉讼或仲裁的方式请求履行、在诉讼或者仲裁中就继续履行问题提出反诉或者反请求、债权人就债务人继续履行的请求没有相反的意思表示、债务人交付且债权人接受了部分货物、双方就实际履行进行协商等方式。[76]

即使在以损害赔偿为首要救济方式的美国，也出现过违约方享有实际履行请求权的判例。在 1971 年，加州法院审理的"麦克法顿诉奥科"一案中，确立了"故意违约方也享有要求合同实际履行的权利"的原则。[77]在该案中，原被告达成协议，约定被告分期付款购买一处不动产及其之上的林木。合同履行过程中，该土地之上的林木被人砍伐，于是被告停止金钱支付。原告起诉至法院，要求收回土地，但被告在收到传票后提出继续履行合同的诉求。虽然原告拒绝接受被告继续履行合同，但法院认为被告的行为没有明显的过失，也不构成明显的欺诈。在此情况下，违约并不严重，且被告愿意继续完成该合同，原告也不会因为合同的履行而受到损害，因此合同应当实际履行。可以看出，作为一种违约救济方式，实际履行通常是守约方的权利，然而在一些特殊情况下，只要符合继续履行的使用条件，应当允许违约方当事人也有权提出实际履行的请求。在这种情形中，应当根据违约方的违约事由、可能给对方带来的损失等各方面的因素来综合分析，作出是否采取实际履行措施的判决。因此笔者认为，实际履行的请求权人不应仅限于非违约方。在双方都存在违约行为之时，如果有一方提出实际履行，而履行是可行的、不会为任何一方带来巨大的损害，则应当肯定当事人的履行请求权，保障交易的正常进行；在单方违约的情况下，如果违约的一方主动提出继续履行的请求，且客观条件也符合允许继续履行，对被违约方的权利不会造成损失，也同样应当允许合同依照约定继续履行。

---

[76] 参见崔建远：《对〈合同法〉第一百一十条第（三）项规定的理解》，载《人民法院报》2008 年 10 月 16 日。

[77] 参见王军：《美国合同法》，对外经济贸易大学出版社 2004 年版，第 74 页。

（二）合理期限的确定

实际履行制度中对请求权的期限进行了规定，且实际履行请求的举证责任由提出实际履行请求的一方当事人承担。这一规定借鉴了《国际商事合同通则》[78]中的相关条款，使得实际履行的适用能够不仅保护债权人的利益，还可以维护债务人的利益，体现了对当事人实际履行请求权的限制。其目的和价值在于督促请求权人积极行使自己的权利。此外，考虑到被请求实际履行的人需要一定的准备时间及条件，如果想要继续履行合同，请求人也应当在合理的期限内提出请求。关于此处“合理期限”的性质，有学者认为是对强制履行请求权“除斥期间”的规定，也就是在这一期限经过之后，不能再要求债务人强制履行。[79]这种论述忽略了除斥期间的适用对象问题，除斥期间仅适用于形成权，而实际履行请求权是一种债权，因此此处的“合理期限”不属于除斥期间。“合理期限”也不同于诉讼时效期间，因为其起算点不同于诉讼时效，也不存在中止、中断、延长的问题。因此，有学者认为其属于一种独立的“失权期间”，在期限届满时，权利人若未请求对方继续履行，便丧失了请求履行的权利。[80]同法律规定中的其他时效制度相类似，规定合理期限的意义在于督促权利人及时行使自己的权利，避免当事人的权利义务长时间处于不确定的状态。

一般认为，如果当事人在对方违约后，提出违约金或损害赔偿等其他救济方式，则视为对继续履行的放弃，德国民法中也对此进行了规定。而所谓合理期限是一个不确定的概念，需要结合合同的性质和种类、债务的性质和种类、交易习惯或惯例、当事人双方的意思，在实践中进一步明确。在“文昌鲁

[78]《国际商事合同通则》第7.2.2条（e）款：“如果一方当事人未履行其不属于支付金钱的债务，另一方当事人可要求其履行，除非：……有权要求履行的一方当事人在已经知道或理应知道该不履行后的一段合理时间之内未要求履行。”

[79] 参见李昊：《论德国积极侵害债权制度的变革》，载《研究生法学》2011年第1期。

[80] 参见崔建远：《对〈合同法〉第一百一十条第（三）项规定的理解》，载《人民法院报》2008年10月16日。

海水泥实业有限公司与琼海港隆港务有限公司港口作业纠纷案”[81]中，法院认为港隆公司在对方出现违约行为后长达一年的时间内没有要求鲁海公司继续履行，同时无法提供证据证明其在此期间曾积极主张权利，因此超过了要求履行的合理期限。在“肖某与赵某房屋买卖合同纠纷案”[82]中，双方于 2016 年 3 月 7 日签订二手房买卖合同，当事人于 5 月 6 日提起上诉，而法院认为没有证据证明赵某在合理期限内要求对方履行合同，且被告又以明确的方式表示将不再履行合同中规定的义务，因此判决合同不能继续履行。这两个案例中，当事人提出请求的时间分别是合同成立后的一年以及两个月，时间段是有较大差距的，却都被认定为当事人未积极主张权利，因此不再继续履行。前一个案例涉及比较复杂的港口作业合同，根据交易习惯，需要较长的时间才能判断当事人履行合同的意思。而后者是较为简单的房屋买卖合同纠纷，通常情况下，双方会在合同中约定具体的所有权转让、登记等手续办理时间。在约定合同成立后及时办理的情况下，如果当事人没能在对方延迟履行合同之时及时主张自己的权利，则可以认定为其未能在合理期限内要求继续履行。由此可以看出合理期限的具体时间只应当结合实际情况进行裁量，不同的案件性质不同，合理期限的认定可能会有较大的差别。例如，在一些时令性很强的债务履行如鲜花、水果的买卖合同中，如果债权人请求债务人继续履行的时间过迟，债务人就会因季节已过而无法交付约定种类和品质的标的物，或虽然能够从他地购入但费用过高。在这些情况下，债权人指定的合理期限应当严格地受到季节的限制。

五、结论

综上所述，笔者认为我国关于非金钱债务实际履行限制条件的规定在总体上是完整的，且符合我国的实际情况。这一规定既考虑了对债权人、债务人

---

[81] 海南省高级人民法院，（2016）琼民终 277 号民事判决书。

[82] 广东省珠海市中级人民法院，（2016）粤 04 民终 2635 号民事判决书。

权利的保护，又将效率等价值包含在内，是公平合理的。但是《合同法》第110条过于宽泛，缺乏指导性，使得当事人难以预测违反合同可能会给自己造成的后果，也导致法院在适用中出现不一致的判决。因此，对于我国《合同法》第110条规定的非金钱债务实际履行的限制条件，笔者认为可以通过以下解释和补充，使这一体系更加完整和丰富。

第一，对于“法律上或事实上不能履行”，笔者认为主要包括以下几种类型：“法律上不能履行”可以分为合同订立后由于现实情况或法律规定的变化，导致合同失去原有的合法基础；具有强烈的人身性而无法替代履行的合同；法律为了保护交易安全、第三人的利益而明确规定不能强制履行的合同三类。其中，对于预约合同的实际履行问题，笔者认为并不是所有的预约合同都应当被认定为具有人身性而不适用继续履行。而是应当根据实际情况，综合考察案件事实及合同适用的法律判断是否能够实际履行。“事实上不能履行”可以根据合同的内容，分为以交付特定物为标的的合同，物品毁损、灭失或状态发生重大变化导致合同无法继续履行；需要特定人履行某种行为的合同，义务人失去履行合同的能力或状态无法继续履行；需要在特定的时间、地点或在特定状态下履行的合同，在违约后无法继续履行三种情形，从而在实践中进行准确的判断和应用。

第二，对于“债务标的不适于强制履行以及履行费用过高”，笔者认为不适于强制履行主要指的是以双方的合作与信任为基础而签订的合同，此外还包括因不可归责于当事人的原因致使继续履行将显失公平的情况，主要表现在适用情势变更原则的场合。对于综合性经济合同，实践中出现了不一致的司法判决。笔者认为综合性经济合同兼具委托、居间、代理等多重性质，是当事人依据合作和信赖关系而订立的，因此在出现违约，一方当事人明确表示将不再继续履行合同时不应当适用强制履行的救济措施。因为在双方处于敌对的状态下，信任缺失，法院将无从执行强制履行的判决，而合同当事人的状态也会导致其无法实现合同订立目的。出于对维护演艺行业秩序的考虑，可以从提高违约方赔偿数额、增加其违约成本来督促当事人认真对待合约。而对于履行费用过高的问题，笔者认为可以借鉴效率违约理论，明确应当在履行费用“不合理”的情况下，不适用继续履行。在费用的计算上，还应当将履行需要的时间、不同地区的实际经济情况等因素考虑在内，通过比较履行所耗费的成本及履行所带来的收益、被违约方由于违约而承受的损失以及履约所可能获得的利益、违约的损害与履行可以避免的损害，来计算履行费用。

第三，对于“债权人未能在合理期限内要求实际履行”，笔者认为一方面虽然实际履行通常是守约方的权利，但在违约行为发生后，只要符合继续履行的适用条件，应当肯定各方当事人都有权提出实际履行的请求，从而最大限度地实现当事人的利益；另一方面对于合理期限的确定，笔者认为应当明确该期限是在具体案例中，通过将权利人主张权利的时间同权利实现所需要的时间、交易习惯中合同履行所实际需要的时间、合同的性质和类型、当事人的意思表示结合来确定的，而实际履行请求权的举证责任属于提出实际履行请求的当事人一方。

论超龄就业法律冲突及解决之道

郑远航

内容摘要 因超龄就业引发的法律纠纷日益增多，但在处理此类纠纷时，“同案不同判”的情况时有发生。究其原因，是我国对于超龄就业问题存在立法冲突，对超龄就业关系如何定性、适用哪些法律进行规制尚不统一，在一些案件中无法适用更公正的劳动法律规范来进行调整。我国现行的硬性退休制度以及社保制度阻碍了劳动法律规范在调整超龄就业关系过程中的适用，需要提出对于超龄就业纠纷“同案不同判”尴尬现状与相关立法冲突以及针对退休制度和社保制度的改进建议。

关键词 超龄就业 法律冲突 退休 社保 协调

引 言

由于人口政策和人口结构的变化，我国正在加速步入老龄化社会，老年人所占的比例越来越高，同时由于年轻人口比例降低，整个社会劳动力不足，所以社会主体在达到法定退休年龄或者超过法定退休年龄后继续参加工作的现象越来越普遍。老年人（达到法定退休年龄或者超过法定退休年龄的主体）就

作者单位：北京正山律师事务所。

业或者退休再就业与标准劳动相比较，属于一种特殊的就业形式，但是已经普遍出现在现代的社会劳动环境中。由此引发的社会问题也日益增多，与之相关的法律问题也呈增长趋势，本文将以其中比较有代表意义的超龄就业问题作为研究对象，界定超龄就业问题，分析超龄就业问题产生的原因，在处理超龄就业问题时出现的问题以及提出针对这些问题的解决措施。目前世界各国基本都出台了相关的法律规范来对这一现象进行规制，当然我国也不例外，同样通过立法的方式对超过法定退休年龄的劳动者就业进行法律调整，但遗憾的是，我国的相关立法并没有对超龄就业关系的法律性质进行定性，在具体法律适用上也模棱两可，存在一定的立法冲突，理论界以及实务界对待这一问题的态度也一直存在较大分歧。一方观点认为超龄就业关系的法律性质应当被认为是劳务关系，不应当接受劳动法的调整；另一方观点则认为达到法定退休年龄或者超过法定退休年龄的劳动者继续为用人单位提供劳动，其与用人单位之间的法律关系应当被确定为劳动法律关系，应当适用劳动法律法规对其进行调整。尽管随着法律的完善，逐渐形成以是否开始享受养老保险为界限进行划分，但这样做有其弊端，不利于劳动力市场的稳定，也不利于经济的发展。

一、超龄就业的界定及特征

近年来，随着社会的发展、科技的进步，人民的生活水平、生活质量显著提高，人民的身体素质和寿命也有很大提升，部分劳动者在达到法定退休年龄后，仍然具有劳动能力。同时，用人单位在某些特定岗位（如教师、医生等）上更偏好于聘用那些具有丰富工作经验的劳动者。这些因素使超龄就业现象越来越多地出现在当今社会。

（一）超龄就业的概念

首先，超龄就业现象是指，行为主体在达到法定退休年龄或者超过法定退休年龄后，仍然继续为原来的用人单位或者重新为新的用人单位工作的现象。[1]产生超龄就业这一现象的原因有很多，但最主要的原因首先是劳动者身体素质提高，现今医疗水平和生活质量较比从前都有了大幅改善，人类的寿命也有所延长，在达到退休年龄后，劳动者依然具有事实上的劳动能力，可以继续参加工作。劳动者在超龄后继续参加的工作往往是一些有较高技术要求或需要丰富经验的工作类型，超龄劳动者在完成此类工作任务时较普通劳动者有一定优势，这也是用人单位返聘的主要原因之一。其次，超龄就业的成本较普通用工的成本低，因为我国法律未对超龄就业进行具体规定，在是否需缴纳社保等问题上没有明确规定，导致多数用人单位未为超龄劳动者缴纳社保，从而节约用工成本，但实际是对超龄劳动者权益的一种侵害。

（二）超龄就业的表现形式

通过对与超龄就业问题相关的案例进行搜集及分析整理，我们可以将超龄就业的情况分为以下几种类型：（1）按照国家规定已经办理退休手续后，又被其他单位聘用的；（2）劳动者在达到法定退休年龄后，已经完成了退休手续，通过用人单位进行返聘，又回到原用人单位，继续为原用人单位提供劳动的；[2]（3）劳动者在达到法定退休年龄后，并没有办理退休手续，也没有开始享受养老保险待遇，但是仍然继续在原用人单位工作的；（4）用人单位未为其缴纳基本养老保险费，达到法定退休年龄以后，仍在该单位继续工作的；（5）劳动者在达到法定退休年龄之前从来没有与任何用人单位建立过劳动法律关系或者在达到法定退休年龄之前已经解除了劳动法律关系，在达到法定退休年龄后又来用人单位工作的。

在我国目前的劳动法和社会保障法法律体系下，第一种和第二种情形在实际生活中很普遍，如在学校、医院或者科研单位，一些有经验、有技术的老员工，在退休后仍然会被返聘回原单位继续工作。

---

[1] 参见李娜：《退休再就业法律问题研究》，吉林大学 2013 年博士学位论文。

[2] 同上注。

对于前文所述的第三种情况，是指达到法定退休年龄或者超过法定退休年龄的劳动者，并没有办理退休手续，也还没有开始享受养老保险待遇，但是仍然在原单位继续从事工作。通过在中国裁判文书网上查找分析近些年来与超龄就业问题相关的司法判例，其中比较典型的案例有程某诉某酒店案，在该案中，1952 年生人程某于 2011 年来到该酒店从事炒菜工作，签订了为期半年的固定期限劳动合同。在劳动合同到期后仍继续工作，程某于 2014 年在工作中突发急性脑梗死，丧失语言能力。随后程某申请劳动争议仲裁，仲裁委却作出了《不予受理通知书》，其理由是程某与该酒店之间不存在劳动法律关系，双方之间仅存在劳务关系。后程某向法院提起诉讼，但法院也否定了程某与酒店之间的劳动关系，仅将此案作为一般人身损害赔偿案处理，并在划分责任的过程中，确认由于程某未尽到对自身身体状况的注意义务而导致发生损害，负主要责任。而对于酒店，则由于其雇佣超龄人员未尽到注意义务组织员工体检并且在案发后未及时申报进行工伤认定负次要责任。（既然之前法院否认了双方的劳动关系，而在责任划分的时候又依据在劳动关系中存在的工伤认定申报制度划分责任，这难道不是自相矛盾？）这极大地损害了劳动者的利益，使劳动者的合法利益陷于一种无法保障的境地。

上述第四种情况是指超过法定退休年龄的劳动者，因为用人单位没有为其缴足基本养老保险费，在达到法定退休年龄后，不能依法享受基本养老保险待遇。其中典型的案例如下：出生于 1958 年 3 月 15 日的李某，在 1997 年入职某公司，但是该公司始终未为李某缴纳养老保险金，随后在 2007 年 12 月，李某和用人单位签订了一份新的劳动合同，并没有约定固定的劳动合约期限，在合同期限一栏中写明了此份合同为一份无固定期限劳动合同。两年后公司组织员工体检，李某被诊断患有高血压，用人单位于 2009 年 7 月 20 日以李某已经达到法定退休年龄为由，向李某送达了《终止劳动合同通知书》，解除其与李某之间的劳动关系，李某不服遂向当地的劳动争议仲裁委员会提出劳动争议仲裁申请。在本案中，已经年满 50 周岁的李某达到了我国现在的法定退休年龄，用人单位向其发出《终止劳动合同通知书》并以李某达到法定退休年龄为由终止双方的劳动关系，其法律依据是《劳动合同法实施条例》（国务院令第 535 号）（以下简称《实施条例》）第 21 条[3]的规定，[4]李某于 2008 年 3 月 15 日达到法定退休年龄时，双方的劳动关系即已经终止了，此后双方的法律关系应当被认定为劳务关系，而非劳动关系，所以后来双方之间解除的是劳务关系，不需要支付赔偿金。但是李某认为应当适用《劳动合同法》第 44 条规定[5]，而且当李某达到法定退休年龄后依然来到公司上班，公司并未对此提出异议，所以可以看出双方在这一问题上达成了合意，双方是具有事实劳动关系的。劳动争议仲裁委员会作出的仲裁结果是：第一，因为本案当事人身患疾病，尚处在医疗期内，用人单位不得在劳动者的医疗期内提出终止劳动合同；第二，由于李某在用人单位工作期间没有缴纳社保，是因为用人单位的过错导致李某无法享受养老保险待遇，对于这一事实，用人单位应当承担责任，为李某补交社会保险并赔偿李某的损失。从裁判结果可以看出，劳动争议仲裁委员会回避了双方法律关系定性的问题，只是针对具体的问题作出了具体的裁判，对本案的核心问题避而不提。

上述第五种情况是指务工主体由于之前未建立或已经解除了先前的劳动关系，在达到法定退休年龄后又到新的用人单位提供劳务，针对这一情况，在我国目前的劳动法律法规体系和司法实践的过程中，裁判结果存在很大的争议，有些法院倾向于将此种情形的法律性质定性为劳务关系，而有些法院更倾向于将此种情况定性为劳动法律关系。

如果再对上述超龄就业的五种表现形式继续精炼归类，可以大体上分为两大类，第一大类是指达到法定退休年龄或者超过法定退休年龄的劳动者，而且他们已经办理了退休手续并且已经开始享受养老保险待遇的情况；第二大类主要是指那些达到法定退休年龄的劳动者，但是没有办理退休手续也没有开始享受养老保险待遇的情况。

---

[3] 当劳动者达到法定退休年龄时，双方的劳动关系终止。

[4] 参见王国杜、谢晖：《已达法定退休年龄劳动关系是否自动终止》，载《中国劳动》2010 年第 1 期。

[5] 当劳动者开始依法享受养老保险待遇或者领取养老金才可以终止劳动关系。

（三）超龄就业的特征

超龄就业现象具有诸多特点，其中比较有代表性的特点有以下几点。

1. 用工成本低

由于超龄就业现象主体的特殊性，用人单位在招用此类劳动者时，往往不会或者无法参照适龄劳动者的标准为其缴纳社会保险以及公积金等。同时由于这些劳动者有时并不被视作该用人单位的正式员工，在发放劳动报酬时，用人单位所需要缴纳的税款也较适龄劳动者更少，所以相比之下，超龄就业关系具有用工成本低的特点，完成同样的工作，当雇佣超龄劳动者时，用人单位更能节约成本。

2. 法律保护不完善

当超龄劳动者与用人单位发生法律纠纷时，往往不能适用劳动法律进行调整，而只能适用民法上有关违约或者侵权的规定进行保护，甚至有时当超龄劳动者遭遇工伤时，只能由自己买单，对于本已处在弱势地位的超龄劳动者有失公允。当同单位的适龄劳动者与用人单位发生劳动法律纠纷时，可以使用倾斜保护劳动者权益的劳动法律来维护自身权益，而同样接受用人单位管理，为用人单位提供劳务的超龄劳动者却只能用相对"公平、平等"的民事法律进行维权，这显然是一种实质上的不平等。

3. 法律关系性质不清

在超龄就业关系中，这种关系的法律性质在定性上有较大争议，我国对此创设的相关法律也存在一些矛盾，不管是国家层面的立法还是地方层面的立法都多多少少有些冲突，有些规范性文件将这种法律关系定性为劳动法律关系，有些则将此法律关系定性为一种民事法律关系即劳务关系。因为上述的立法冲突，导致在理论界和实务界对这一问题的认识和处理上也存在很大分歧。首先，在理论界，有些观点认为应当适用《实施条例》第21条的规定，只要是超过法定退休年龄的主体，就丧失建立劳动关系的资格，所以其与用人单位的关系应当被认定为民事法律上的劳务关系；而持相反观点的学者则认为，应当适用《劳动合同法》第 44 条第 2 项的规定，认为只要是还没有依法享受基本养老保险待遇，就不能认定为劳动合同终止，达到或者超过法定退休年龄的劳动者依然受劳动法保护。同时，由于我国各个省市也出台过规范超龄就业关系的地方性法规，所以全国范围内，类似案件的裁判结果可能出现完全不同的情况，对超龄就业关系的定性无法形成统一意见。其次，在实务中，用人单位往往是通过与超龄劳动者签订一份名为“劳务合同”的法律文件的方式，来建立双方之间的法律关系，但是在此份“劳务合同”的实际履行中，却出现了几乎所有的标准都与“劳动合同”的标准相同的情况，如本应当地位平等的双方当事人，却变成了用人单位一方对劳动者进行监管的不平等现象，这实际上是一种阴阳合同的情况，但是这类情况在超龄就业领域内基本成为常态，当发生纠纷时，用人单位也往往会拿出双方签订的“劳务合同”进行抗辩，主张双方之间的法律关系为劳务关系，不应当被劳动法律规范所调整。比较典型的案例：黄某于 2013 年 9 月至某物业公司工作，双方签订了劳务（聘用）协议，约定用工性质为超龄人员，用工期限自 2013 年 9 月 22 日至 2015 年 9 月 21 日，岗位为医院勤杂工，工资参照本市最低工资标准。双方均可以提前 30 日书面通知对方解除协议，没有提前 30 日的，应赔偿对方 30 日工资。同日，物业公司与黄某签订了工作岗位协议书并进行了培训，培训内容为集团规章制度，双方约定工作地点为该市中医院手术室，岗位为保洁员。从合同内容上看，这明显是一份劳动合同，它符合《劳动合同法》对劳动合同内容的规定，而且从该份合同的内容以及对黄某培训学习集团规章制度这几点上看，双方之间的法律关系也宜认定为劳动关系，因为劳动关系与劳务关系的区别主要体现在人身依附性以及工作代表性上，本案中黄某接受物业公司的管理，双方并不是劳务关系中地位平等的关系，这即人身依附性的体现，同时黄某在工作的过程中是代表物业公司进行工作的，她所进行的工作是一种职务行为，并非劳务关系中的由其提供劳务的行为。2015 年 2 月，物业公司以黄某违反公司规章制度为由进行劝退，黄某工作至同年 3 月 8 日。在劝退理由上，也体现了人身依附性，因为物业公司开除黄某的理由是其违反公司规章制度，这体现了双方并不是地位平等的劳务关系，而应是用人单位管理劳动者的劳动关系。随后黄某向劳动争议仲裁委提出仲裁申请，但仲裁委以其达到法定退休年龄双方不存在劳动关系为由不予受理。黄某随后诉至法院，法院以同样理由作出了确认双方法律关系为民事劳务关系的判决。

二、规制超龄就业的相关法律及立法冲突

（一）规制超龄就业相关立法的矛盾

目前，我国有关劳动关系的法律规定已经渐成体系，在解决由劳动关系或者其他关联法律关系引发的争议时，也做到了有法可依，我国的劳动关系法律体系虽然已经成型，但仍存在一些瑕疵，其中本文重点论述的就是当前劳动关系法律体系中的瑕疵之一 ——立法冲突。相关劳动法律立法冲突主要表现在以下两个方面：其一是在国家层面存在的立法冲突，造成在国家层级立法冲突的原因主要是我国有关劳动领域的立法在时间跨度上较大，从新中国成立初期到 21 世纪头十年，都有与劳动领域相关的立法，这些立法难免会存在一些矛盾和冲突；其二是在地方层面，地方层面的立法冲突产生的主要原因如下：地方关于劳动领域的立法一般都是以国家层面的立法为基础和标准，但是由于我国国家层面的相关立法也存在一定缺陷，如规定过于原则化等，各个地方再以此为基础创设自己的地方性规定难免存在差异，最终导致的结果就是不同的地区对于案情基本相同的案件，处理机关的处理方式以及法院的裁判结果都有可能相去甚远。

前文所提到的立法冲突，不仅仅是存在于文本中的“书面冲突”，这些冲突还严重影响到了对劳动领域具体法律问题的处理，给司法实践带来了很多困难，这也反作用于劳动领域内的法律规范，极大地影响了法律的公正性和权威性，所以，与劳动关系相关的法律冲突应当引起重视，并加以化解。由于本文所论述的重点问题是有关超龄就业问题的法律冲突，所以下文将从国家层面法律冲突以及地方层面法律冲突两个方面进行阐述。

1. 国家层面立法的矛盾

国家层面关于劳动关系的立法是指现行的用于规范劳动法律关系，调整劳动法律关系的法律、行政法规、部门规章以及与劳动法律关系相关的复函、答复、意见、通知、指导意见等。[6]其中，主要的法律有3部[7]，约120篇行政法规、75篇司法解释、3877篇部门规章[8]，上述规范性法律文件构成了我国国家层面的劳动法律规范体系。

在我国目前的劳动法律规范体系中，全国人民代表大会常委会制定的《劳动合同法》第44条第2项与国务院制定的中华人民共和国《劳动合同法实施条例》第21条之间存在规范冲突，同样是规定劳动合同终止的情形，在效力位阶更高的法律中的规定是当劳动者开始依法享受基本养老保险待遇才终止劳动合同，而在效力位阶较低的行政法规中的规定却是只要劳动者达到法定退休年龄，劳动合同便终止。立法者的立法思路可能是粗略地认为劳动者达到法定退休年龄就都可以依法享受到养老保险待遇，但是，在实际生活中，却又有一定数量的劳动者因为种种原因在超过或者达到法定退休年龄时并不能依法享受基本养老保险待遇，如在前文所述的黄某案中，黄某之前一直作为个体户缴纳养老保险，按照法律规定只有达到55周岁之后才能领取养老金，在由于经营不善需要来到企业参加劳动时，企业中女职工的退休年龄是50周岁，她已经超过法定劳动年龄，在法院看来其无法建立劳动关系。所以黄某在50周岁到55周岁可以开始领取养老金的这5年中，即使用人单位招录其进行工作，但是黄某与用人单位之间建立的法律关系也没有被认定为劳动法律关系，当因为工作发生纠纷时黄某也无法通过劳动法律法规获得保护，这无疑产生了对劳动者保护的真空地带。不论是适用《劳动合同法》第44条第2项还是适用《实施条例》第21条，都不能很好地保护当事人的利益。所以中央的相关

[6] 参见李文静、黄昆：《现行劳动关系立法冲突与衔接分析研究（上）——国家层面劳动关系立法》，载《中国劳动》2016年第12期。

[7]《劳动法》《劳动合同法》和《劳动争议调解仲裁法》

[8] 北大法宝：载 http://bjlx.pkulaw.cn/cluster_call_form.aspx?menu_item=law，2018年3月22日访问。

立法存在矛盾，在解决某些超龄就业引发的社会问题时不能完善地保护当事人的利益。

《劳动法合同法》第 44 条第 2 项与《实施条例》第 21 条分别对劳动合同终止的条件作出了不同的规定，前者规定的是开始享受养老保险待遇则劳动合同终止，后者规定的是劳动者达到法定退休年龄则劳动合同终止。《实施条例》第 21 条的规定应当如何理解呢？造成某些方面与上位法冲突的客观现实原因是什么呢？仅仅是因为立法技术方面的问题吗？在实务中，有大量的劳动者像上文黄某案中那样，在达到法定退休年龄后仍然不能依法享受基本养老保险待遇，如果要求用人单位遵守上位法的规定，那么用人单位将一直与超龄劳动者保持劳动关系，这样做与我国硬性退休规定相悖，而且在实际操作上也有一定难度，所以此《实施条例》实际上是一种另辟蹊径的解决措施。但是不论如何，这两项规定始终是一种立法矛盾的表现，终究会造成一些"同案不同判"的裁判结果。

2. 地方层面立法的矛盾

地方层面关于劳动法律关系立法也同样是劳动关系法律体系的重要组成部分，其中地方性法规约有 394 篇，地方政府规章约有 515 篇。[9] 自 2007 年 6 月《劳动合同法》颁布至今，各省制定了相应的地方性法规进行配合。[10] 上述这些地方规范性文件在一定程度上填补了中央立法空白、细化了国家层面上的原则性规定。但是由于各个地方对国家层面的规范在理解上存在不可避免的差异，导致了我国各个地方对相同问题的规范不同，处理结果相去甚远。下文将重点介绍与超龄就业相关的地方规范性文件中的规定。

由于中央所创设的规范性文件在这一问题的处理上从未形成统一意见，所以全国各地在执行中也难免会有不同意见，其中比较有代表性的有以下两种：第一种意见接近《实施条例》第 21 条的内容，即当主体达到法定退休年龄或

---

[9] 北大法宝：载 http://bjlx.pkulaw.cn/cluster_call_form.aspx?menu_item=law，2018 年 3 月 22 日访问。

[10] 比较有代表意义的与之配合的地方性法规分别是《辽宁省职工劳动权益保障条例》《重庆市职工权益保障条例》和《深圳市和谐劳动关系促进条例》。

者超过法定退休年龄，其就只能与用工单位建立劳务关系，适用民事法律法规进行调整，持此意见的地方性立法有：山西省制定的《山西省劳动合同条例》、山东省制定的《山东省劳动合同条例》《穗中院意见》以及浙江省高院发布的《关于审理劳动争议案件若干问题的意见》《关于审理劳动争议案件若干问题的解答（二）》《深圳市中级人民法院关于审理劳动争议案件的裁判指引（2015）》。

第二种意见以是否开始享受养老保险待遇为标准，对于已经达到法定退休年龄或者超过法定退休年龄的主体，如果没有开始享受养老保险待遇，那么其与用人单位之间建立的法律关系应当被认定为劳动法律关系；而已经开始享受养老保险待遇的主体，其与用人单位建立的法律关系宜被认定为一种民事法律关系，即劳务关系。这种态度否定了开始依法享受养老保险待遇的主体与用人单位建立劳动关系。采这种态度的地方性立法有《深圳市中级人民法院关于审理劳动争议案件若干问题的指导意见（试行）》《广东省高级人民法院关于审理劳动争议案件若干问题的指导意见》《广东省中山市中级法院关于审理劳动争议案件若干问题的参考意见（2011）》等。

（二）处理超龄就业纠纷的具体法律适用情况

针对超龄就业引发的各种劳动法律纠纷，诸如超龄劳动者工伤赔偿问题以及用人单位与超龄劳动者解除法律关系等纠纷，我国也出台了一些具有针对性的法律规范，这些法律规范主要可以分为以下两类，其一是明确维权途径以及超龄就业关系如何定性的法律规范；其二是解决具体纠纷（诸如超龄劳动者工伤问题）的法律规范。

1. 明确维权途径以及超龄就业关系如何定性的法律规范

除了我国《劳动合同法》第 44 条以及《实施条例》第 21 条之外，近年来我国新出台了一些新的规范性法律文件，其中有关维权途径以及明确超龄就业关系法律性质的主要有以下几部：2010 年 9 月 13 日发布的《最高人民法院关于审理劳动争议案件适用法律若干问题的解释（三）》（以下简称《解释三》）第 7 条规定："用人单位与其招用的已经依法享受养老保险待遇或领取退休金的人员发生用工争议，向人民法院提起诉讼的，人民法院应当按劳务关系处理。”2015 年 9 月 30 日最高人民法院民一庭《关于达到或者超过法定退休年龄的劳动者（含农民工）与用人单位之间劳动关系终止的确定标准问题的答复》中规定：“对于达到或者超过法定退休年龄的劳动者（含农民工）与用人单位之间劳动合同关系的终止，应当以劳动者是否享受养老保险待遇或者领取退休金为标准。”

通过上述对维权途径以及明确超龄就业是否构成劳动关系的法律规范可以看出，在目前我国劳动法律的体系下，对几种不同类型的超龄劳动者的态度也不相同，对于那些已经办理了退休手续的人员，重新被原单位返聘继续工作，或者与新单位签订合同提供劳动的，其与用人单位之间建立的法律关系应当被划定为民事法律关系，即劳务关系；对于已经达到或者超过法定退休年龄的劳动者（包含农民工在内）等其他几种类型的超龄劳动者与用人单位之间的法律关系在定性上，要以其是否已经开始依法享受基本养老保险待遇或者领取退休金为标准，这也是“社会保险标准说”在解决超龄就业问题时的具体体现。同时，在解决此类纠纷时的维权途径也与其法律关系的定性相对应，当超龄劳动者与用人单位之间的法律关系被确定为劳务关系时，就应当适用解决民事法律的途径进行维权；而当老龄劳动者与用人单位之间的法律关系被确定为劳动法律关系时，就应当遵循解决劳动争议的程序，即在进行民事诉讼之前，必须先进行劳动争议仲裁程序。

2. 解决具体纠纷的法律规范

针对由超龄就业现象引发的具体劳动纠纷，我国除了新出台了一定数量的规范性法律文件予以规定，以超龄劳动者遭遇工伤这一具体问题为例，2007 年 7 月 5 日，最高人民法院行政审判庭《关于离退休人员与现工作单位之间是否构成劳动关系以及工作时间内受伤是否适用〈工伤保险条例〉问题的答复》规定，根据《工伤保险条例》第 2 条、第 61 条等有关规定：“离退休人员受聘于现工作单位，现工作单位已经为其缴纳了工伤保险费，其在受聘期间因工作受到事故伤害的，应当适用《工伤保险条例》的有关规定处理。”2010 年 3 月 17 日、2012 年 11 月 25 日，最高人民法院分别下发了《关于超过法定退休年龄的进城务工农民因工伤亡的，应否适用〈工伤保险条例〉请示的答复》(〔2010〕行他字第10号)、《关于超过法定退休年龄的进城务工农民在工作时间内因公伤亡的，能否认定工伤的答复》(〔2012〕行他字第13号)，均作出了相同的规定："用人单位聘用的超过法定退休年龄的务工农民，在工作时间内、因工作原因伤亡的，应当适用《工伤保险条例》的有关规定进行工伤认定。"2016年3月28日，人力资源社会保障部发布的《关于执行〈工伤保险条例〉若干问题的意见（二）》（人社部发〔2016〕29号）第2条规定："达到或超过法定退休年龄，但未办理退休手续或者未依法享受城镇职工基本养老保险待遇，继续在原用人单位工作期间受到事故伤害或患职业病的，用人单位依法承担工伤保险责任。用人单位招用已经达到、超过法定退休年龄或已经领取城镇职工基本养老保险待遇的人员，在用工期间因工作原因受到事故伤害或患职业病的，如招用单位已按项目参保等方式为其缴纳工伤保险费的，应适用《工伤保险条例》。"

分析我国近年来推出的新的相关规范性文件，当超过法定退休年龄的劳动者认定工伤或者视同工伤是以是否享受基本养老保险待遇或者用人单位是否为超龄劳动者办理工伤保险手续等因素来考量的，这也是"社会保险标准说"的一种表现。以是否缴纳工伤保险为标准的，如〔2007〕行他字第6号所作出的规定；以是否享受基本养老保险待遇为标准的，如〔2010〕行他字第10号、〔2012〕行他字第13号中所作出的规定等。但是，由于工伤认定的问题是以劳动关系的确认为前提的，所以解决此类问题的前提、本质或者核心关键点是确定超龄就业关系的法律性质，当其法律性质得以确认时，工伤等具体问题也就迎刃而解了。

（三）上述立法冲突及法律适用情况的评述

采取目前上述观点就是将已领取社保的主体与用工单位建立的法律关系纳入民法范围内调整，但是笔者觉得有不合理之处，应当将其纳入劳动法调整为宜。对比将此种法律关系纳入劳动法律规范中调整以及将其纳入民事法律范围内进行调整，笔者选择前者的理由主要有以下几点。

1. 人身损害赔偿上的优势

在发生人身损害情况下，具体来说可以分成两种类型，第一种类型是提供劳务的一方因劳务造成他人损害，在民事法律范围内，可以依据《侵权责任法》第35条的规定，由接受劳务的一方承担赔偿责任，而在劳动法律的范围内，也同样是需要由用人单位承担赔偿责任，在这种情况下，无论是适用民法还是劳动法的效果都是一样的；第二种类型是提供劳务的主体在提供劳务的过程中造成了自己的人身损害，在民法的范围内，由雇主承担雇主责任进行赔偿，雇员所遭受的损害应当由雇主对其全额进行赔偿，[11]而在劳动法的范围内，用人单位同样需要赔偿，但是赔偿的数额并非劳动者的全部损失，因为其中大部分的损失可以通过工伤保险进行赔付，用人单位仅需要承担劳动者停工留薪期工资福利待遇、停工留薪期护理费、5—6级的伤残津贴、5—10级一次性伤残就业补助金这四项即可，相比之下用人单位所面临的经济压力就小了很多。

通过上述分析，我们可以发现将这种法律关系纳入劳动法范围内进行调整，较之将其纳入民法范围进行调整，主要有以下两方面的优势，其一是对于雇主或用人单位一方，可以减轻其赔付压力；其二是对于雇员或者劳动者一方，通过申请工伤保险进行赔付，可以保证得到稳定的赔偿，如果是用民法调整的话，在雇主如果拒绝赔付的情况下，对于雇员来说只能主张雇主一方的违约责任，通过民事诉讼等方式维护自身的利益，最后得到的结果可能也不理想。所以将其纳入劳动法而非民法调整这样的做法既有利于用人单位（雇主）一方也有利于劳动者（雇员）一方。

2. 合同内容上的优势

如果用民法调整此种法律关系，就表示此种法律关系适用民事法律的种种规则，而其中最重要的一项规则就是意思自治，契约双方可以自由地决定合

[11] 参考《最高人民法院关于审理人身损害赔偿案件适用法律若干问题的解释》第11条第1款的规定，雇员在从事雇佣活动中遭受人身损害，雇主应当承担赔偿责任……

同的内容，如此之下难免会出现掌握更多资源掌握更多信息的一方在签订此类契约的过程中利用自己的优势地位压榨另一方。具体来说，雇主一方一般来说对工作的内容、完成难度及完成时间了如指掌，而雇员一方与之相比显然处于劣势地位，当订立合同时，雇主一方完全可以凭借其信息优势，与雇员签订合同要求其在一定期限内完成一定工作，但是雇员每天不得不进行高强度长时间的工作。同时雇员的一些劳动报酬等可能也比较低，其他一些福利待遇也无法保证，即使是与单位内部的员工从事一样的工作，得到的回报可能也比他们少。但是如果将这种关系纳入劳动法律的调整范围内，就意味着这种法律关系的权利义务内容必须符合劳动法的规则，具体来说在工时、工资以及福利待遇这几点上必须符合劳动法的规定，工资不低于最低工资标准、同工同酬等。通过劳动法进行调整而不用民法调整一方面是保护雇员的合法权益，另一方面是为了维护劳动市场的公平稳定。

3. 合同稳定性上的优势

第三点要比较的是两种情况下的稳定性，如果将此法律关系归纳为民事法律关系，那么双方在解除此种法律关系时，仅仅需要承担违约责任，如果造成了损害可能还需要赔偿，但是不论怎样，违约成本在大多数情况下都是不高的，而且都是可以违约的，没有强制力进行约束，但是如果将其归纳入劳动关系，那么就有法定的强制力进行保护，用人单位不能随意解除与劳动者之间的劳动合同，否则除民事责任外，可能还需要承担行政责任，劳动合同相比一般的民事合同有更强的稳定性，这对于合同的双方都是有利的，对雇员来说，不用担心自己会突然被“炒鱿鱼”丧失收入，对于雇主来说，不用怕雇员突然“撂挑子”不干，留下烂摊子等着收拾。

4. 争议解决程序优势

当在合同履行过程中发生争议时，两种情况下的解决方式存在差异，如果适用民事法律规范，一般需要去进行诉讼，如果适用劳动法律规范，在我国有专门的劳动争议解决程序，应当适用劳动争议仲裁程序，至少就目前来看，从效率的角度出发，劳动争议仲裁程序具有一定优势。

选择将其纳入劳动法律规范中调整还是将其纳入民事法律范围内进行调整的根本问题是究竟将此种法律关系定性为劳动关系还是劳务关系，如果从法理上进行分析，就需要比较两种关系的区别。两者有许多区别，如它们产生的依据、使用的法律、主体范围、待遇、给付劳动报酬适用的原则、雇主义务等方面，但是劳动关系与劳务关系最本质的区别是当事人双方是否具有人身从属性。劳动关系中的双方具有人身依附性，劳动者服从用人单位有关工作安排、着装规定、作息时间等方面的规定；而劳务关系中的双方当事人居于平等地位，一方无须服从于另一方的管理，只需按约定尽到应尽的义务即可。

综上所述，人身依附性是区别劳动关系和劳务关系的重要标准，人身依附性这一标准在实践中也较易应用，通过是否统一着装、统一出勤、配发工牌、按月发放工资、享受福利待遇以及遵守用人单位的各项规章制度、听从用人单位的劳动安排和各项监督等就可判断其法律性质。同时，在认定是否建立劳动关系时，应当以实质要件为标准，而不应当仅仅看形式要件，在实际中，有时超龄劳动者在与用人单位建立法律关系时，超龄劳动者往往由于其自身谈判能力及法律知识储备不足等原因，与用人单位签订的是一份名为“劳务合同”的法律文件，如果仅仅看合同的名称和形式等，从形式角度分析，双方建立的法律关系应当是劳务关系，而在实际履行合同的过程中，却方方面面体现出劳动关系的特征，所以在鉴别区分两种关系时一定要做到从实质要件出发，而不是仅仅基于形式要件作出判断。对于超龄就业现象，在确定其法律性质时应当适用上述标准进行判断。

当然，结合目前大部分超龄就业案件的实际情况，从法律关系的三要素角度对超龄就业法律关系进行分析，从法律关系的主体方面分析，超龄就业法律关系的主体一方是符合我国劳动法律规定的用人单位，与之相对的另一方是超过我国法定退休年龄的超龄劳动者；超龄就业法律关系的客体是超龄劳动者一方向另一方主体即用人单位一方提供劳动，通过劳动向用人单位一方换取与其劳动价值相等的物质劳动报酬，超龄劳动者提供劳动的行为以及用人单位提供的物质劳动报酬就是超龄就业法律关系的客体；最后超龄就业法律关系的内容主要包括用人单位一方对超龄劳动者进行管理、给其下达工作命令等权利，以及应按时按量向超龄劳动者支付劳动报酬、保障超龄劳动者劳动环境安全等义务，与之相对的，超龄劳动者有服从管理之义务，有要求用人单位支付劳动报酬、要求用人单位保障其劳动环境安全等权利。通过前文的分析，笔者更同意将超龄就业法律关系定性为劳动法律关系，而非劳务关系，因为从其表现形式以及其法律关系的要素上分析，超龄就业法律关系都与劳动法律关系更为接近，尤其是在人身依附性这一特点上，超龄劳动者往往是依附于用人单位的，接受其管理与工作安排，并非劳务关系所要求的那样——双方是地位平等的主体，由于超龄劳动者与用人单位之间的地位是不平等的，是一方管理另一方的关系，所以，在确定超龄就业法律关系的性质时，笔者支持将其确定为劳动法律关系。将其纳入劳动法的调整范围，而放弃使用民法进行调整。

（四）对于立法冲突及法律适用中存在问题的解决途径

对于目前经常用于调整超龄就业现象的法律规范，即全国人民代表大会常委会制定的《劳动合同法》第 44 条第 2 项与国务院制定的《劳动合同法实施条例》第 21 条，解决此二者之间的规范冲突，应当通过修订法律规范的方式予以解决，统一劳动合同终止的标准，将劳动合同终止的标准统一确定为《劳动合同法》第 44 条第 2 项规定的情形，在劳动者开始享受养老保险待遇之时方终止劳动合同。在司法机关或者劳动争议仲裁委员会解决因超龄就业引发的劳动争议时，禁止或限制《实施条例》第 21 条的适用。

对于其他具体的由超龄就业引发的法律问题，诸如超龄就业者在工作过程中因为工作原因遭遇人身伤害等问题，暂时同样可以采取前文提到的处理方式，即对于已经开始享受养老保险待遇的超龄就业者，将其与用人（工）单位的法律关系确定为劳务关系，通过民法（诸如合同法、侵权责任法）的救济途径予以保护；而对于已经达到法定退休年龄或者超过法定退休年龄的劳动者，如果他们还没有开始享受养老保险待遇的，应当将其与用人（工）单位的法律关系确定为劳动关系，当发生工伤、工亡等情况时，参照正常劳动关系情形下的处理方式进行解决，适用《工伤保险条例》的规定进行救济。

通过上述解决措施，可以暂时缓解现存的超龄就业法律矛盾，但是如果真的想从根源上解决这一问题，需要的不仅仅是改变当前的相关立法，而更需要对其背后的其他相关制度进行改革。

三、造成超龄就业法律冲突的制度原因

（一）超龄就业法律冲突产生的制度原因

造成我国有关超龄就业法律冲突的真正原因是制度设计问题，由于我国现行退休制度存在缺陷，以及我国的退休制度与社会保险制度之间的协调问题，造成我国在立法时顾此失彼，当顾及退休制度时，就确立“达到法定年龄劳动合同终止”，当顾及退休制度与社保制度协调问题时，就规定“开始享受养老保险待遇劳动合同终止”，无法统一意见。分析我国目前的退休制度以及退休制度与社保制度之间的协调关系，可以发现其中存在一些缺陷，这些缺陷反映在法律制度的建立上就造成立法缺陷，从而引发了各种社会问题。

1. 我国现行退休制度的缺陷

我国对于退休制度和社会保险制度在制度设计上存在一些制度缺陷，在这两个制度与其他制度相协调时，尤其是与劳动关系制度进行联动时，难免会有冲突发生。

首先分析我国退休制度存在的缺陷，我国目前现行的退休制度是一种硬性退休制度，即达到法定退休年龄之后就必须退休，但是在实际操作中，劳动者在达到法定退休年龄时，其劳动权往往并不能够被完全限制，所以就出现了超龄就业的现象。在这里我们应该先讨论法定退休年龄与劳动权之间的关系，在我国，劳动者具有劳动权首先应该是一名适格的劳动者，主体不具有瑕疵。主体不具有瑕疵有关其年龄的要求就是其年龄应当在合法劳动年龄的范围内，但是，对于合法劳动年龄的规定却不明确，法定退休年龄与合法劳动年龄之间的关系也未作出明确的规定。首先说法定退休年龄，综观我国有关法定退休年

龄的规定，从过去到现在，从法律法规到部门规章，一向都有比较严格的规定。《国务院关于工人退休、退职的暂行办法》是 1978 年 5 月 24 日第五届全国人大常委会第二次会议原则批准的法律性文件，在其中第 1 条第 1 项中规定："男年满六十周岁，女年满五十周岁，连续工龄满十年的"，应该退休。因为到目前为止我国还没有其他更新的法律规定，所以这是我国现行法律中适用于所有企业、事业单位等用工主体关于退休年龄效力位阶最高的法律规范。在原劳动保障部制定的《关于制止和纠正违反国家规定办理企业职工提前退休有关问题的通知中》规定："国家法定的企业职工退休年龄是：男年满 60 周岁，女工人年满 50 周岁，女干部年满 55 周岁。"原劳动社会保障部办公厅《关于企业职工"法定退休年龄"涵义的复函》又重申了"国家法定的企业职工退休年龄"是指国家法律规定的正常退休年龄，即"男年满60周岁，女工人年满50周岁，女干部年满 55 周岁"。而对于合法劳动年龄来说，我国《劳动法》以及《劳动合同法》等法律法规中并没有明示合法劳动年龄具体是指哪些年龄，没有具体说明其上限和下限，但不可否认的是，合法劳动年龄对判断行为主体的劳动权利能力有着至关重要的影响。法定退休年龄与合法劳动年龄对劳动法律关系的成立有影响，如果法定退休年龄就是合法劳动年龄的上限，那就表示超过法定退休年龄的主体已经超过合法劳动年龄，丧失了劳动机会，无法与其工作单位形成劳动法律关系，反之，如果合法劳动年龄的上限不被法定退休年龄所限制，也即表示行为主体即使超过了法定退休年龄，依然并不被排除在合法劳动年龄之外，依然享有劳动权利能力，不会出现主体不适格等问题，依然可以与工作单位建立劳动法律关系。

目前上述两种观点都各自有其依据，其中支持第一种观点的学者主要持以下依据，根据我国《实施条例》第 21 条的规定，"劳动者达到法定退休年龄的，劳动合同终止"，我国劳动者达到法定退休年龄时，双方的劳动关系消灭，因为劳动法律关系消灭的原因是劳动者自身的原因，其满足了一定的条件，所以理解为是劳动者自身出现一些情况导致原劳动合同不能继续履行，是一种主体不适格的情况，或者说是一种劳动权利能力瑕疵，不再具有完整劳动权利能力，此情况可以理解为法定退休年龄是合法劳动年龄之上限，超过法定退休年龄即超过合法劳动年龄，丧失劳动主体资格，产生劳动权利能力瑕疵，不能建立并与用人单位维持劳动法律关系；支持第二种观点的论据主要是根据我国《劳动合同法》第44条第2项的规定，“有下列情形之一的，劳动合同终止：……（二）劳动者开始依法享受基本养老保险待遇的……”说明我国劳动合同的终止条件是劳动者开始依法享受基本养老保险待遇，而并非仅仅由是否达到法定退休年龄决定，即只有到了劳动者开始依法享受基本养老保险待遇时，劳动者才不能建立劳动法律关系，才出现主体不适格劳动权利能力瑕疵等问题，在这之前，劳动者年龄不论几何，都应当被认定为其在合法劳动年龄的范围内，所以是否达到法定退休年龄并非合法劳动年龄的上限，我国法律并没有对合法劳动年龄的上限作出限制，本着法无禁止即可为的原则，超过法定退休年龄的主体与其工作单位建立的法律关系应当被定性为劳动法律关系，适用劳动法律进行调整并予以保护。

针对上述两种观点，笔者相对来说更同意第二种观点，即法定退休年龄不应被视作合法劳动年龄的上限，法定退休年龄不决定主体能否与其工作单位建立劳动法律关系，也不能因为主体到达法定退休年龄就否定其劳动权利能力，具体理由有以下三点：（1）支持将法定退休年龄作为合法劳动年龄上限即劳动权利能力完整与否的界限之依据——《实施条例》第21条，其虽然规定了劳动者达到法定退休年龄期劳动合同终止，但该规定针对的是之前在本单位工作的劳动者，即之前已经与原单位之间存在劳动合同的劳动者，该条规定所要调整的“劳动合同”应当是之前已经存在的，所以在法条语言上用了“终止”一词，我认为该条文的规定适用于且仅适用于上一个劳动合同，而非将来的几个劳动合同。按照这样的逻辑即使是在我国《劳动合同法》第44条第2项中的规定，“劳动者开始依法享受基本养老保险待遇的，劳动合同终止”，这也可以理解为是对上一个已经存在的劳动合同效力的调整，并未对行为主体未来签订的劳动合同的效力进行确认，未对行为主体能否建立新的劳动法律关系进行规制，本着法无禁止即可为的原则，我认为上述两条法律条文都不能作为否定行为主体建立新的劳动法律关系的依据。（2）在研究超过法定退休年龄的人员参与务工这一问题时，我们可以借鉴我国有关未成年人参加生产劳动，与用人单位建立劳动关系签订劳动合同的规定。在我国《劳动法》第15条中规定：禁止用人单位招用未满16周岁的未成年人。但是，在我国某些特别的行业中，如在文艺行业、演艺行业以及体育行业中，由于上述行业自身的特点，需要招用一些未达到16周岁的未成年人进行工作，对这样现存的客观现实，我国也作出了规定："文艺、体育和特种工艺单位招用未满十六周岁的未成年人，必须遵守国家有关规定，并保障其接受义务教育的权利。"由此可见，我国对于劳动年龄的下限并未作出严格限制，既然在未成年人领域都可以作出适当宽松的规定，那么对于劳动年龄的上限作出严格的限制显然是有失公平的，所以我认为法定退休年龄不应当被作为劳动年龄的上限，法定退休年龄不决定超龄务工主体是否具有劳动行为能力以及劳动权利能力，也不决定超龄务工主体能否与其工作单位建立劳动法律关系。（3）在我国的劳动法律体系中，法律规定了大量劳动者享有的法定权利，而这些权利可以统称为"劳动权"，"劳动权"又可以根据劳动者个人权利指向的具体对象分为三类，分别是①以国家及其机关为义务主体的权利；②以用人单位为义务主体的权利；③以劳动者组织为义务主体的权利。针对上述每一种义务主体，我国的劳动者都拥有大量具体的权利，但是这些权利都比较虚化，都多多少少存在类型缺失、指向不明、内容虚化、救济不足等问题，由于本文论述的问题是超过法定退休年龄的劳动者能否与用人单位之间建立劳动关系，是否享有"劳动权"，在法律的规定中是否赋予了超过法定退休年龄的劳动者相应的权利。根据上文提出的三种权利分类，进行整理分析，发现"劳动权"应当是一项公民的基本权利，"公民的基本权利是指由宪法规定的公民享有的必不可少的某些权利"[12]"基本权利是个人对国家的要求"[13]"基本权利和基本义务，是指由宪法所规定的，公

[12] 周叶中：《宪法》，高等教育出版社2001年版，第251页；魏定仁、甘超英、付思明：《宪法学》，北京大学出版社2001年版，第226页。

[13] 韩大元：《比较宪法学》，高等教育出版社2003年版，第138页。

民享有和履行的最主要的权利和义务”[14]这些基本权利由宪法规定[15]，因此也被称为宪法权利。从历史角度看，我国的宪法在发展的过程中不断完善对劳动权的规范，在 1949 年的《共同纲领》中，并没有用明确的条文规定劳动权，没有规定选择职业的自由，也没有其他对劳动权的规定，只是在其中的第 8 条[16]中写明了人民“遵守劳动纪律”的义务，而且还不是单独将其列为独立的一条，仅仅是将其放在了保卫祖国、守法、爱护公共财产、应征公役兵役还有纳税义务的条文中，作为该条文的一方面内容进行了规定。当然在此份宪法性文件中，对劳动权的救济和保障也是只字未提。到 1954 年，我国颁布“54 宪法”，该部宪法中将之前宪法或宪法性文件中的“人民”一词替换为“公民”一词，并在第三章“公民的基本权利和义务”中，写明了公民具有劳动权和休息权，以及获得社会保障的权利。同时，在该部宪法中的第 16 条专门规定：“劳动是中华人民共和国一切有劳动能力的公民的光荣的事情。国家鼓励公民在劳动中的积极性和创造性。”虽然该条规定有浓浓的政治味道，但是它仍然表明了具有劳动能力的公民进行劳动是受到法律保护的，是应当提倡的，而规定只要公民达到了一定年龄，就丧失劳动能力，这种逻辑在实际生活中是不符合事物发展的客观规律的，因果关系上存在瑕疵。到了 1975 年，我国的宪法仅有短短 30 条，对于劳动权及享受社会保障的权利进行规定的条文仅剩下一条，而且还不是单独一条，只是作为第 27 条第 2 款存在[17]，当然还不是独立的一款，而是和受教育权并列安排在一起。到了 1978 年，我国宪法对劳动权的规定有了一定发展，其中第 48 条不仅规定了公民具有劳动权，而且也声明

[14] 魏定仁、甘超英、付思明：《宪法学》，北京大学出版社 2001 年版，第 226 页；许崇德：《宪法》，中国人民大学出版社 1999 年版，第 139、251 页；周叶中：《宪法》，高等教育出版社 2001 年版。

[15] 参见周叶中：《宪法》，高等教育出版社 2001 年版，第 251 页；魏定仁、甘超英、付思明：《宪法学》，北京大学出版社 2001 年版，第 226 页。

[16] 参见《共同纲领》第 8 条。

[17] 1975 年《宪法》第 27 条第 2 款：公民有劳动的权利，有受教育的权利。劳动者有休息的权利，在年老、疾病或者丧失劳动能力的时候，有获得物质帮助的权利。

了国家在安排劳动就业方面的义务。[18]第49条规定了公民的休息权，强调了国家在限制工时及休假方面的义务。[19]在第50条中对公民享有从社会获得物质保障的权利及国家提供物质保障的义务进行了规定。[20]而在我国现行的宪法中，第42条[21]明确规定了我国公民有劳动的权利。宪法作为我国法律效力位阶最高的法律，确认了公民拥有进行劳动的权利，而超过法定退休年龄的劳动者当然也是公民之一，其劳动权是应受到宪法及法律保护的，是不容侵犯的。但是在法律具体的实施过程中却有着许多阻碍，限制了我国公民进行劳动的权利，其中对超龄劳动者劳动权的限制正是本文所论述的重点及待解决的问题。从权利内容上来分析，劳动权应该是一种由劳动自由权与劳动保障权两部分有机组合到一起所形成的公民权利，具体来说，对于超过法定退休年龄的劳动者，限制其进行劳动，是一种限制"劳动权"的表现。劳动者拥有劳动自由权，可以自由选择从事哪种职业，自由选择与哪个用人单位建立劳动关系，与用人单位之间建立劳动关系与否等，当劳动者不能进行上述自由选择时，其劳动权即受到了侵犯，是不应被法律所允许的。

而且，我国当前的法定退休年龄，较其他国家稍显不合理。例如在德国，其法定退休年龄规定为65岁，但是从2012年开始，德国政府为了应对人口老龄化的问题，也开始推行延迟退休的政策，计划到2030年把退休年龄延长到67岁。又如在法国，2010年其将法定退休年龄由60岁提高至62岁，并且也在逐步延长。世界其他国家也在逐步提高法定退休年龄，这显然是整个世界的

[18] 1978年《宪法》第48条：公民有劳动的权利。国家根据统筹兼顾的原则安排劳动就业，在发展生产的基础上逐步提高劳动报酬，改善劳动条件，加强劳动保护，扩大集体福利，以保证公民享受这种权利。

[19] 1978年《宪法》第49条：劳动者有休息的权利。国家规定劳动时间和休假制度，逐步扩充劳动者休息和休养的物质条件，以保证劳动者享受这种权利。

[20] 1978年《宪法》第50条第1款：劳动者在年老、生病或者丧失劳动能力的时候，有获得物质帮助的权利。国家逐步发展社会保险、社会救济、公费医疗和合作医疗等事业，以保证劳动者享受这种权利。

[21]《宪法》(2018年修正)第42条第1款：中华人民共和国公民有劳动的权利和义务。

发展趋势，也是大势所趋。我国当前的法定退休年龄制度设置存在一些缺陷，应当作出调整。

2. 我国现行养老保险制度的缺陷

随着我国社会加速步入老龄化社会，老年人在社会中所占的比例越来越高，在保障老年人生活的基本要求这一问题上，通过我国目前的养老保险体系是心有余而力不足的，这主要是因为我国当前的养老保险制度在设计上存在以下缺陷。

首先，我国的养老保险体系在权利分配上不平等。由于我国现行的养老保险体系在制度设计上就存在先天的不平等，所以使得社会上不同的群体在享受养老保险时，不论是领取条件还是领取的多少都有所区别，并不是所有主体平等对待的。尽管从现状上看，我国社会中的需要享受养老保险的目标人群基本都被养老保险的体系所覆盖，但这只是“万里长征的第一步”，我国养老保险的保障程度还有很大的完善空间，特别是在我国社会中的不同群体之间，他们养老保险的缴费状况和享受待遇状况仍然存在很大的差别，在公民权利的均等化和养老保险制度的公平化领域内，还存在诸多问题需要解决。在我国，有相当数量的超过法定退休年龄的退休劳动者，即便达到了领取养老金的条件，开始领取养老保险金，但是他们所享受的养老保险金的数额并不能满足其保障基本生活的需要，所以他们重新回到工作岗位，赚取劳动报酬就成了其唯一选择。

其次，由于我国养老保险制度在设计时采用了双轨制的形式，即将城镇企业职工和机关事业单位工作人员相区分，适用两套不同的标准，而且对于农村居民和城镇居民在享受养老保险待遇时也存在差异，这就导致我国养老保险的标准不统一，可能有些主体可以依靠养老保险待遇生活，而有些主体所享受的养老保险待遇并不足以维持日常生活，其迫不得已需要靠自己的劳动换取报酬来维持生计。

最后，我国养老保险的缴纳以及发放同样存在问题，如省级之间、城乡之间存在无法衔接的问题，这就导致了许多打工者在来到一个新的打工地时其养老保险不能正常继续缴纳，无法接续。虽然劳动者的养老保险的个人账户部分可以随本人转移，但是社会统筹部分无法流动，这显然是不公平的，这样做有利于劳动力流出地区而不利于劳动力流入地区，这也导致了地区间养老保险的结构性失衡。

对于超龄就业问题，我国目前的养老保险制度所存在的最大问题是，养老保险待遇覆盖面及养老金金额不能满足社会主体基本的生活需要，因为种种原因（如一些打工者变更打工地后，养老保险不能正常接续，按期缴纳）不能享受养老保险待遇。所以对于超过法定退休年龄的社会主体的物质生活保障就不能仅仅通过养老金这一条途径来解决，应该鼓励他们通过劳动力换取更多的劳动报酬来满足他们的物质生活需求。

3. 目前退休制度与社保制度联动上的缺陷

在我国当前的法律体系中，结合分析我国《劳动法》与《社会保障法》的立法思路，社会个体的劳动权与其社会保险待遇显然是一种“鱼与熊掌”的关系，二者相互对立，处在一种“有你无我、有我无你、不共戴天”的状态，尤其在处理超龄就业引发的法律问题（如确定超龄就业的法律性质以及超龄劳动者遭遇工伤时应当如何处理等问题）时，劳动权与社会保险待遇二者之间“鱼与熊掌，不可兼得”的无奈状况就表现得更加突出了。因为我国《劳动合同法》第 44 条第 2 项中规定“劳动者开始享受基本养老保险待遇的，劳动合同终止”，此条法律条文创设了一种判断双方之间的关系是否构成劳动法律关系的“社会保险标准说”，“社会保险标准说”直接将劳动者的劳动权以及其养老社会保险待遇放置在了彼此对立的位置上。那么享有劳动权与享受社会保险待遇二者之间是否可以并存呢？对于这一问题，在我国劳动法与社会保障法学界存在着较大的分歧，有人认为：“达到法定退休年龄的主体，是否还享有继续劳动的权利，还需要与劳动者能否享受到基本社会保险待遇相结合，协同考量：如若劳动者达到法定退休年龄，但是因为某些原因无法享受基本养老保险待遇，导致该劳动者无法保障其生活，将面临生存问题，此时就不可以剥夺其劳动权利；如若劳动者在达到法定退休年龄后，已经开始享受基本养老社会保险待遇，则其基本生活就有了国家提供的保障，将不会面临生存问题。”[22]当然，也有一定数量的人持反对意见，认为：“劳动关系更应当看作一种类似于合同的法律关系，由合同的两个主体进行自主商定，如果劳动者与用人单位双方协商一致即可建立劳动合同，形成劳动法律关系，而对于养老保险待遇来说，可以被理解为国家对劳动者应尽的给付义务，或者理解为一种对劳动者之前缴纳养老保险金的返还义务，劳动关系与养老保险关系之间没有也不应当有过多关联，因为此两者本就是两个独立的法律关系，将是否享受养老保险待遇作为否定其与用人单位之间劳动法律关系的依据，不仅不具备法理基础，反而会对强制退休制度起到推波助澜的作用，不利于未来退休制度的改革。”[23]

对于上文提及的第一种观点，笔者有以下几点质疑：第一，社会基本养老保险待遇是否能够真正保障退休劳动者的生存权？保证其生活质量？目前我国的养老保险待遇通常低于劳动者在职期间的工资待遇，但是随着通货膨胀加剧等原因造成我国的物价不断增长，而基本养老保险待遇却一直处于增长缓慢甚至停滞的状态，基本养老保险待遇很难满足劳动者维持原本生活水平的需要，而且我国养老保险尚未做到全民参保，百分之百覆盖，有一部分主体在达到法定退休年龄或者超过法定退休年龄时，由于种种原因，他们是无法享受到基本养老保险待遇的。而且，在我国养老保险待遇无法做到“老有所依”的无奈现状下，达到法定退休年龄的人员甚至那些已经享受基本养老保险待遇的人员选择再次就业，与用人单位建立新的劳动法律关系正是其充分实现生存权的必然选择，国家和社会也应该鼓励并支持这种正当行为，而不是通过法律规范等方式剥夺其劳动权，对其保障自身权益的行为进行限制。第二，超龄人员享受社会保险待遇是否会影响劳动者劳动法律关系的建立？有的学者主张已经开始享受基本养老保险待遇的人员与用人单位之间形成的法律关系应当被定性为劳务关系，理由是：“已经开始享受基本养老保险待遇的人员如果仍然受到劳

---

[22] 金荣标：《论退休返聘行为之法律性质》，载《广州广播电视大学学报》2008 年第 5 期。

[23] 姚岚秋：《论超龄劳动关系——超龄劳动者再就业法律关系辨析》，载《中国劳动关系学院学报》2009 年第 4 期。

动法的倾斜保护，这样做对其他适龄劳动者是不公平的。”对于这一观点，笔者存有异议：在一段法律关系中，或者具体来说在劳动法律关系中，参与劳动的主体自身的经济条件对其法律身份的确认并没有直接的影响，我们假设一种情况，一位千万富翁以一位普通劳动者的身份去就业，我们是否应该因为其自身的经济状况很好，不需面临生存保障问题，而剥夺这位千万富翁作为劳动者而应该享有的权利呢？因为这位千万富翁已经拥有了可以保障生活的经济条件，就拒绝承认双方之间存在的法律关系同其他劳动者与用人单位之间存在的法律关系是相同的，而把千万富翁和用人单位之间的法律关系强行定性为劳务关系，这显然是不合理也不合法的。上述这个例子所要表达的观点完全可以适用到已经开始享受基本养老保险待遇的人员与用人单位之间建立的法律关系的定性问题中来，可以证明劳动者自身的经济情况不应该成为否定其与用人单位之间劳动法律关系的因素，况且享受基本养老保险待遇的劳动者的经济情况一般不会有上述这位千万富翁好，该例可以起到举重以明轻的作用，说明“社会保险标准说”是存在理论瑕疵的，不宜被作为否定超龄就业关系为劳动法律关系的标准。在一段劳动关系中，我们常讲的劳动者处于弱势地位并不是指劳动者自身的经济状况或者生存权受到威胁，这种弱势地位应该是指劳动者在这个法律关系中依附于用人单位，具有人身从属性。因此，是否保障劳动者的劳动权，并不能基于其自身的经济状况或者是否已经开始享受基本养老保险待遇为判断标准。第三，解决生存问题并不是劳动权仅有的价值追求。具体来说，劳动者拥有劳动权并行使自己的劳动权的目的除了维持生计之外，还有许多其他的价值追求，如赢得荣誉、收获尊重、发挥社会价值等。而“社会保险标准说”仅仅着眼于解决社会个体的生存问题，并不能完全与劳动权所涉及的价值取向相对应，用是否享受社会保险待遇去评定是否具有劳动权是不全面不完善的。

（二）造成超龄就业法律冲突制度原因的分析

笔者的观点是，首先我国当前的硬性退休制度在一定程度上引发了超龄就业法律纠纷，所以想解决超龄就业法律纠纷，就应当从我国目前的硬性退休制度入手，对其进行改革。

从劳动关系与社会保险关系的角度来说，在确定超龄就业关系是一种劳动法律关系还是一种劳务法律关系时，应该舍弃现在主流的“社会保险标准说”，从双方法律关系的本质特征出发，以此为视角，对超龄就业关系的法律性质进行定性，如果双方之间的法律性质具有劳动法律关系的特质，就应该舍弃社会保险对法律关系性质的影响，认定其为劳动法律关系。笔者主张在确定劳动关系时，不只是以“社会保险标准说”为标准，以超龄劳动者与用人单位之间法律关系的特征为依据确定双方的法律关系，当确定双方为劳动法律关系后，可以再引入一套以是否享受社会保险待遇的标准，将超龄劳动者与用人单位之间的法律关系进行区分，分成两类：第一类是对于那些没有享受基本养老保险待遇的超过法定退休年龄的劳动者，其劳动关系的法律性质应当认定为与标准劳动关系无异；第二类是达到法定退休年龄或者超过法定劳动年龄的劳动主体，如果他们已经开始享受养老保险待遇，在承认其与用人单位之间的法律关系为劳动法律关系的前提下，比照标准劳动关系在某些方面对其进行限制，如在为其缴纳社会保险这方面，可以不为其缴纳养老保险。

另外，我认为目前我国在对待超龄就业关系时所采取的“社会保险标准说”仅仅是一项权宜之计，不宜长期适用。在《解释三》中[24]，首次明确规定了已经开始享受基本养老保险待遇或者领取养老金的人员继续工作或者重新再就业的，与用人单位之间形成的法律关系的性质为劳务合同关系而非劳动法律关系，这条规定也是“社会保险标准说”在我国法律体系中的直接表现之一。此条规定出台的目的是调和前文所指出的中央立法矛盾问题，我国《劳动合同法》第 44 条第 2 项的规定与《实施条例》第 21 条的规定存在矛盾，从而引发了诸多“同案不同判”的结果。所以在这样的背景下，设计《解释三》这样的规定实际上是一种应对之举，一种治标的措施。此前我国对超龄就业这一现象

---

[24]《最高人民法院关于审理劳动争议案件适用法律若干问题的解释（三）》第 7 条规定：“用人单位与其招用的已经依法享受养老保险待遇或领取退休金的人员发生用工争议，向人民法院提起诉讼的，人民法院应当按劳务关系处理。”

引发的法律问题的处理方式很难形成统一意见,《解释三》的规定通过明确“社会保险标准说”可以起到一定的统一作用，但是这样的规定更多的是囿于现有的法律体系的不健全的无奈之举。按照“社会保险标准说”，已经开始领取养老金的，其与用人单位之间的法律关系将被确定为民事法律关系，即劳务关系，适用民法调整，这显然是对此类人员的不公平。众所周知，劳动法是倾斜保护劳动者一方的法律，采取这种立法思路的原因是劳动者在劳动法律关系中处在一种弱势地位，所以应当通过倾斜保护的方式实现一种实质上的公平，超龄劳动者和普通劳动者从事同样的工作，为什么标准适龄劳动者可以享受劳动法的保护，而超龄劳动者却不行，只能通过调整平等主体之间法律关系的民法进行保护，在保护力度上较劳动法相差甚远，这是一种不公平的表现。

总而言之，虽然“社会保险标准说”在解决超龄就业引发的法律纠纷上有一定的积极意义，可以避免在司法实践中出现“同案不同判”的情况，但是，此种立法选择却忽视了对超龄劳动者的保护，有失公平，阻碍了社会主体劳动权的行使。

四、造成超龄就业法律冲突制度缺陷的解决

自 1802 年英国通过《学徒健康和道德法》开始，世界各国大都已经制定了现代意义上的劳动法，德国颁布了《工作时间法》《失业救济法》《工人保护法》《集体合同法》等；美国于 1935 年颁布了《国家劳工关系法》(《华格纳法》), 1938 年又颁布了《公平劳动标准法》；我国也于 1995 年颁布实施了《劳动法》，随后多次作出修改，并出台了多部与之配套的法律，如《劳动合同法》《劳动争议调解仲裁法》等。

在上述现代劳动法中，不论适用何种立法体例，采用何种术语（用人单位或雇主，劳动者或雇工），其立法取向或多或少都具有倾斜保护弱势一方、倾斜保护劳动者一方的特点，作为体现了人本关怀的一项基本法律，在一些国家劳动法甚至被称为第二宪法。倾斜保护弱势一方也是现代劳动法的立法初

衷，我国在进行劳动法立法及司法实践中时也充分贯彻了这一理念，始终“不忘初心”。

结合本文论述重点，对于超龄就业关系，在这一社会关系中，不论是从经济实力还是判断决策能力等各方面，超龄就业人员一方全面处于弱势地位，所以这就为适用现代劳动法律对这一社会关系进行调整提供了前提条件。笔者认为适用调整平等主体之间关系的民事法律对超龄就业关系进行规制，表面上看似公平，但却造成了实质上的不公正，用人单位完全可以在这种平等的环境下，利用自身优势，侵害超龄就业者的正当权益，所以，笔者认为应当适用可以倾斜保护弱势一方的劳动法律来规制超龄就业关系，达到实现实质正义的终极目标。

本文重点要解决的问题是将超龄就业关系纳入劳动法的调整范围内，所以，笔者希望从两个角度出发，以求实现这一目标。第一个角度为扩大劳动者范围，将超龄就业者纳入被劳动法调整的劳动者之范畴，具体的解决途径即改变现有硬性退休制度；第二个角度为重新界定法律关系，将劳动关系与社保关系解绑，从劳动关系的权利义务特点出发，划定劳动法律的调整范围，重新将超龄就业关系纳入其调整范围内。

（一）解决造成超龄就业法律冲突制度缺陷的措施

造成超龄劳动者无法适用劳动法律保护的最主要原因是我国目前难以协调劳动法与退休制度、社会保险制度之间的矛盾。我国目前有些省市已经开始试行一些方案来调和这种矛盾，争取在不与社会保险制度冲突的条件下，将超龄就业关系的主体纳入劳动法的调整范围内，使其可以享受劳动法规定的劳动者所享有的一定数量的在劳动法律关系中所必需的劳动权利。例如，上海市采取了“弹性延迟办理养老金”制度，明确了超龄劳动主体与用人单位之间的劳动法律关系，在超龄就业关系的法律性质是劳动法律关系的前提下，既给予了超龄劳动者基本的但是与标准劳动者的劳动权利相区别的劳动权利，又在现有的劳动法与社会保障法法律体系下，努力完善与超龄就业相关的配套劳动法以及社会保障法立法规定，以求达到其所追求的最终目标——以特殊方式对特殊劳动者进行特殊保护。在现有的劳动法与社会保障法法律体系下，要想解决超龄就业与退休制度以及社会保险制度之间的矛盾关系，就必须同时完善退休制度以及社会保险制度两项制度与劳动法律关系的相关规定，否则任何措施都是“治标不治本”的权宜之计。

1. 针对法定退休年龄推行弹性退休制度

从我国目前的退休制度角度着手，将强制退休制度变更为弹性退休制度，停止适用“一刀切”式的硬性法定退休年龄，劳动者结束劳动关系的具体时间，尤其和用人单位双方之间协商决定，将二者之间的劳动法律关系真正视为一种劳动者与用人单位的“私事”，让其双方自主决定由劳动法律关系真正的参与者、真正的主体决定。弹性退休主要是指是否退休、何时退休是在劳动者个人意愿和用人单位需要的基础上决定的，双方进行协商确定退休事宜，政府仅仅作出粗略规定，对退休年龄的下限进行规制。

我国目前的强制硬性退休制度存在诸多问题，将硬性退休改革为弹性退休可以在一定程度上解决这些问题。将强制退休制度变更为弹性退休制度的原因主要有以下几点。

（1）我国现行的法定退休年龄与国民平均预期寿命的提高不相适应

根据我国最新的国民平均预期寿命统计，2018 年我国国民的平均预期寿命为 77.0 岁，较 2000 年我国第五次全国人口普查时，我国国民的平均预期寿命为男性 69.6 岁、女性 73.3 岁有了较大的提升。而目前我国的法定退休年龄是 20 世纪 50 年代制定的，囿于在那个时代我国的生活水平、医疗水平以及社会状况等条件，当时的国民平均预期寿命仅仅为男性 40 岁、女性 42.3 岁。我国目前的国民平均预期寿命较 20 世纪 50 年代整整提高了 30 多岁，对于在当时条件下制定的法定退休年龄，显然无法适应我国现状，与我国目前的国民平均预期寿命有着极大的差距，法定退休年龄无法适应我国目前的人口寿命现状。

（2）我国现行的法定退休年龄与我国的人口结构变化不相适应

尽管近几年我国逐渐施行“全面二孩”政策，但是由于我国多年计划生育的影响，大部分家庭都只有一个子女，再加上现在的年轻人晚婚晚育的思想愈加强烈，导致我国目前新生儿的增长量并不能阻挡我国步入老龄化社会，到2015年为止，我国人口中65周岁以上的老年人口已经超过总人口量的10%。随着老年人口比例的增加，达到法定退休年龄的人口绝对数量以及相对比例都在增加，这样就导致整个社会中的相对劳动人口的比例将会下降，从而导致劳动人口必须负担的退休人员养老保险费用逐渐增加，即人口的老龄化使得整个社会的养老负担增加，偏低的退休年龄使养老保险费用和所需支付的养老金缺口不断扩大，且无法填平。随着社会老龄化的加剧，老年人口的绝对数量和相对比例逐年增加，同时我国社会生活水平也在逐年提高，老年人的消费水平也越来越高，我国养老金的标准也在逐年提高，养老金的支付压力越来越大。

（3）我国现行的法定退休年龄与我国现行的教育制度不相适应

目前我国的教育制度随着20世纪90年代的改革，大学录取率逐年提高，现在我国的高等教育已经基本实现了大众化，国民受教育的程度逐渐提高，同时受教育的年限也不断提高。在目前的教育体系下，国民在接受完法定的九年义务教育后，往往还会再接受三年的高中教育，随后接受三年至四年不等的高等教育，一般本科生毕业时是22周岁，硕士生毕业时是25岁，博士生毕业时是28岁。但是在现行的法定退休年龄制度下，退休年龄不变，但是国民接受教育的年限在延长，那么开始投入工作，进入工作岗位的年龄也在延后，受教育的年限越长工作年限就越短。接受了更高等教育的国民拥有更丰富的知识，掌握更优秀的技能，但是由于法定退休年龄的限制，其工作的年限反而越短，这是不符合社会发展需要的；更高素质人才的培养成本也越高，他们本应该为社会作出更多贡献，可由于法定退休年龄的限制，他们只能早早退出工作岗位。因为根据投入产出理论来分析这一现象：国民教育时间可以被视作国家、家庭以及其本人个人投入的经济成本；劳动者的工作时间可以看作国家、家庭和其个人投资的收益；在我国目前的制度下，工作时间和教育时间成反比例，即接受的教育时间越长，工作时间就越短，这必然导致教育产出收益的降低，造成人力资源的浪费。

在解决超龄就业法律问题时，当法定退休年龄制度变为弹性退休制度，可以从根本上解决超龄就业产生的法律纠纷，因为在采取弹性退休制度后，年龄因素就将不再是决定一个社会主体是否具有劳动能力、是否可以作为法律意义上的劳动者的因素。在考量劳动者与用人单位之间法律关系的性质时，就需要参考其他因素，笔者倾向于参考“法律关系标准说”，通过分析劳动者与用人单位两主体之间的权利义务关系（主要分析双方是否具有人身依附性等）来确定法律关系的性质。到达一定年龄就强制退休的制度，是对劳动者劳动权的限制，即当劳动者达到一定年龄后，其劳动法上的劳动者主体资格即丧失，不再具有被劳动法承认的劳动权利能力以及劳动行为能力。但是当实行了弹性退休制度后，将退休行为转化为劳动者与用人单位之间的“私事”，国家仅仅作出一些粗略的规定，如只通过法律设定最低的退休年龄，或者要求劳动主体在达到一定年龄后定期体检以确定其是否还具有从事该工作的能力，即身体状态及精神状态是否仍然能胜任该工作，但对于劳动者何时退休，具体明确的退休年龄，国家不作规定，而是将权利赋予劳动者及用人单位，即在劳动关系真正的主体之间通过协商订立契约的方式来进行退休。

其实在我国目前的劳动法律体系下，在一些特殊的情况下，已经有一些协商退休的情况存在了，其中比较典型的情况之一就包括党政机关、群众团体、企业、事业单位的女干部退休，在“李某诉某市人力资源和社会保障局一案”[25]中，原告李某是自来水公司的会计员，根据自来水公司的内部管理规范，其岗位可以被认定为技术或者管理岗位，于是在其年满50周岁时，向当地人力资源和社会保障局申请延迟退休，但是某市人力资源和社会保障局非但没有批准李某的延迟退休申请，而且还直接给李某办理了退休手续，于是李某向当地法院提起了行政诉讼，要求撤销市人力资源和社会保障局的批准退休行为。经过法院的审理，首先确定了原告的岗位性质即女干部，根据相关规范性

[25]（2014）甬慈行初字第43号。

文件，原告退休时所处的岗位属于可自主选择 55 周岁退休的岗位。同时，至 50 周岁时，原告连续 5 年以上受聘在会计岗位工作，在第三人公司连续工作也已达 10 年以上，符合上述规范规定的可以选择 55 周岁退休的工作年限条件，同时原告也提出了延迟退休的申请，被告的批准退休行为是违法的，应当撤销。在本案中，当事人作为女干部享有何时退休的自主决定权，即可以决定是在年满 50 周岁时退休，还是在达到 50 周岁后继续在原单位工作，达到 55 周岁再办理退休手续。当然我们目前也不止这一种非硬性退休的情况，与之类似的退休情况还包括单位内部退休等。

尽管我国目前也存在一些非硬性退休的情况，但最常见的、主流的情况仍然是硬性退休，即劳动者达到一定年龄之后，就应当立即办理退休手续，解除与原单位的劳动关系。所以推行弹性退休制度仍有必要，具体来说，可以参考一些国家的经验，对退休制度进行改进。以美国为例，美国按照主体的出生日期将劳动者划分为不同的队列并规定不同的法定退休年龄，这样做有利于综合平衡就业人群的就业需求。[26]针对我国的情况，虽然现在国家已经推出了新的延迟退休政策，即按照劳动者的出生日期设定新的弹性退休年龄，但是目前仍是一项政策，并未通过立法的方式予以确认且此项政策仍然是一种硬性的、强制的退休制度，对于解决超龄就业法律问题的帮助不是特别大。笔者认为只有减少国家对退休制度的硬性调控，才能真正地从根源上解决超龄就业问题，可以通过以下方法来对退休制度进行改进。首先，由国家设定一个最低退休年龄，除了一些特殊主体（如从事危重体力劳动或者有职业风险的劳动）之外，一般主体应当在达到最低退休年龄后才可退休，但是最低退休年龄应当区别于现在实行的法定退休年龄，即当劳动者达到最低退休年龄之后可以选择退休，也可以在自身身体及精神状态允许的条件下继续建立劳动关系。

在上文设定最低法定退休年龄的同时，还需要设定一个上限的退休年龄，

[26] 参见郑春荣、刘慧倩：《我国弹性退休年龄制度设计——基于美国相关制度的实践》，载《人口学刊》2011 年第 3 期。

当劳动者超过这个上限年龄时，无论何种情况都不可以再建立劳动关系，结合我国国民的平均预期寿命，笔者认为将此上限设定在70周岁为宜，因为目前我国大部分国民在达到或超过70周岁后，身体状况和精神状况基本很难再适应工作状态。

对于超过最低退休年龄的劳动者，在其与用人单位签订劳动合同时，也应当作出特殊规定，如此类劳动主体与用人单位只能签订有固定期限劳动合同，而且有固定期限劳动合同的期限不能超过最高退休年龄与劳动者现年龄之差。在劳动合同的内容上，也可以作出一些新规定，如可以添加一些新的解除合同事由，如劳动者突患疾病，双方可以解除劳动合同等，当发生上述情况后，双方解除劳动合同，并为劳动者办理退休手续。

2. 协调社保关系与劳动关系

正如上文的分析，在处理超龄就业问题时，不宜采用“社会保险标准说”，而是应当采取“法律关系特征说”。超龄就业有明显的法律特征，即明确是否具体人身依附性。要确定超龄就业关系的法律性质究竟是劳动法律关系还是民事法律上的劳务合同关系，找到上述两种关系的本质区别是关键。劳动法律关系和劳务合同关系二者最本质的区别是两个关系各自的主体之间是否具有从属性。在日本，占据主流的观点是主张以人格从属性来把握从属劳动的概念，并进而建立独立的劳动法和劳动契约体系，大多数国家都是以人格从属性作为界定标准。结合上述分析，将超龄就业关系套用其中，检验超龄就业关系的法律性质，我们不难超龄劳动者受用人单位的管理，工作内容、工作时间以及工作地点都由用人单位决定，其提供劳务并客观存在于用人单位的组织结构中，在其经营生产中发挥连续和长期的作用。赋予劳动主体劳动者的法律身份，应当着重分析其与用人单位之间的法律关系，如果二者之间的法律关系具有明显的劳动法律关系特征，那就应当尊重这一特征，将此法律关系定性为劳动法律关系。而“社会保险标准说”仅仅考虑劳动主体已经开始享受养老保险待遇这一唯一标准，忽视了劳动法律关系的本质特征——劳动从属性，虽然看起来好像做到了形式上的公平，但其实这是一种事实上的有失公平。

“社会保险标准说”之外的另一解决思路是解除劳动法律关系与社会保险关系二者之间的关系，使两种法律关系脱钩，重新调整享受养老保险基本待遇的标准。目前我国很多的劳动法律纠纷都与社会保险法律关系有着不同程度的关联，如在工伤领域以及医疗领域，就经常发生大量的劳动法律纠纷，当然，回到本文所论述的内容，在养老保险领域中，同样也经常会引发用人单位与劳动者之间的法律纠纷。究其原因，是因为我国《劳动合同法》规定在劳动合同的内容中必须载明有关社会保险的条款，所以说在我国目前的劳动法律体系中，社会保险法律关系和劳动法律关系二者是被紧紧捆绑在一起的。如此这般，在社会保险法律关系中出现的问题很容易就被转嫁给劳动法律关系进行消化。显然，这样的设计将两种本来应该各自独立存在于世的法律关系混同到了一起，使它们像麻花一样拧在了一起，这样做的初衷可能是为了方便管理，节约资源，通过一条途径解决两个问题，但是，在这些年的司法实践中，此种做法的不良后果也增加了《劳动合同法》施行的难度，增加了解决劳动法律关系争议途径的压力，最终将会严重影响劳动法律法规的实施效果。所以，一定要规范捆绑在劳动法律关系中的其他法律关系，尤其是社会保险法律关系，使它们尽快摆脱目前“拧麻花”式的状态。

通过前文的分析，强制退休制度是阻碍超龄就业人员劳动者身份认定的最大障碍，而对享受养老保险基本待遇作为劳动关系终止标准的规定使超龄就业法律关系被认定为劳动法律关系存在有违公平的隐患。所以，排除上述两项隐患，才能做到协调超龄就业关系与退休制度、社会保险待遇制度之间的矛盾，达到“标本兼治”的目的。

对于已经办理了退休手续并开始享受养老保险待遇的主体可以在签订劳动合同后即向社保管理部门报备，停发其养老金，该主体停止享受基本养老保险待遇。而其他几项社保，诸如医疗保险、工伤保险等，用人单位应当参照其他劳动者的标准为其缴纳，保证其依然可以享受到除养老保险外的其他几项社会保险。

（二）解决造成超龄就业法律冲突的制度原因措施的可行性

首先，将硬性强制退休逐步变为弹性退休，从根源上补足超龄人员的主体资格瑕疵，否定那种只要主体达到法定年龄就丧失劳动者资格只能与企业建立民事劳务关系的观点。其次，纠正当前在对待超龄就业问题时采用的“社会保险标准说”，而应当改用“法律关系标准说”，将社会保险关系与劳动关系这两种法律关系区分开，对于超龄就业问题只需要从劳动者与用人单位二者之间的权利义务关系进行分析，来确定其二者之间究竟是何种法律关系。

上述方法的可行性最大的障碍是施行这些措施后，超龄劳动者与用人单位建立劳动合同是否会对适龄劳动者的就业造成冲击，造成更大的就业压力。

对于这一问题，在目前大多数人的观念中，我国当前适龄劳动者的就业仍然面临着很大的压力，而如若通过改革的方式承认超龄就业关系为劳动法律关系，这将导致更多的超过退休年龄人员参与就业，抢占更多的劳动岗位资源，加大适龄劳动者的就业压力。针对这个问题，在全球老龄化的大背景下，这一问题绝对不是我国所独有的所要独自面对的问题，联合国早在 2002 年发布的《老龄问题国际行动计划》就已经指出老年劳动者不会减少年轻劳动者的就业机会，反而更有利于社会经济的良性发展。

尽管从表面上看，超龄劳动者与用人单位建立起劳动关系，更多地进入劳动力市场抢占劳动岗位，与适龄劳动者的就业存在一定的冲突和矛盾，在现代社会，工作岗位问题绝对不是“一个萝卜一个坑”的问题，解决就业问题不能靠拔出一个“老萝卜”，塞进去一个“新萝卜”来解决，应该靠“多挖坑”的方式予以疏解就业压力。我国目前解决超龄就业问题，将超龄就业关系的法律关系认定为劳务关系进行处理，这样做的结果就是不仅不会降低超龄就业现象的出现，减少超龄务工人员的数量，反而会因为用工成本降低的刺激（用人单位以建立劳务关系的方式，继续使用超龄人员完成工作。此种劳务关系建立的成本显然要低于劳动法律关系），更加鼓励用人单位加大对超龄务工人员的使用力度，更加挤占适龄劳动者的就业空间。

因此我们更应当承认超龄就业的法律性质是劳动法律关系，确认超龄务工人员的身份为劳动者，将超龄就业纳入劳动法律法规的调整范围内，同时指导超龄就业者选择与适龄劳动者竞争较小的职业，从而减少超龄劳动者与适龄劳动者之间就业矛盾的发生。在当今中国，随着社会老龄化的加剧，经济发展必然导致劳动资源加速减少。在养老金收支逐渐失衡的大背景下，中央已确定逐步实现延迟退休，在这一过渡阶段，为确保我国经济健康平衡可持续的发展，为缓解种种不利因素，加强对超龄劳动关系的管理与规范势在必行，充分发挥超龄劳动者的价值，让其在经济建设中继续发光发热。

五、重构超龄就业关系之构想

“重构超龄就业关系”就是超龄劳动者在享受基本养老保险的情况下，仍然可以与用人单位建立劳动法律关系。

最初我国设置养老金以及养老保险的目的是给退休后的劳动者一份生活保障，因为在传统观念中，退休即意味着劳动者丧失劳动能力，无法用自己的劳动换取劳动报酬以维持自己的生活，但是随着时代的进步，国民身体状况有了极大的提升，即使劳动者已经退休，但是其可能仍然具有劳动能力，仍然能够自食其力，所以让其退休之后就依靠养老金生活显然是有违社会发展规律的，而且一些劳动者退休后所享受的养老保险金并不能满足其生活的基本需要，所以这部分劳动者也愿意重新回到用人单位继续工作，所以说，更好地协调劳动报酬与养老金二者的关系是必需的。退休后单纯依靠养老保险金生活，领取养老保险金就不能像正常劳动者一样领取劳动报酬这种传统思想已经与当前的社会现实脱节，无法适应当前的情况。所以笔者认为如果想更好地解决超龄就业中的法律问题，不仅仅需要对表面上法律规定的冲突予以化解，还应当从背后相关制度以及制度设计思想上作出改进。上文已经对相关制度的改进方案作出了论述，下文将重点论述改变传统思路的理由和可行性，并简述具体实施方式。

（一）重构超龄就业关系之法理基础

在解决某一个具体的法律问题时，除了分析规制这一法律问题的规范性文件外，也要探究这些规范性文件背后的法学理论基础。对于本文所论述的超龄就业问题，在论述时，除了分析研究规制超龄就业的法律规定外，也将寻找可用于解决超龄就业问题的法学理论基础，通过对与超龄就业相关的法学理论的探究，可以寻找到解决超龄就业法律问题的出发点与落脚点，并明确具体解决途径所追求的社会价值。

“正义”一词，可能代表了法学领域最核心的价值取向，几乎所有的法律，追求的终极目标都是实现“正义”，如《刑事诉讼法》，它追求的目标正是在刑事诉讼过程中实现程序正义。又如我国《侵权责任法》中有关无过错责任原则的规定，同样是追求正义的表现。“正义”是一个很宏观的概念，其中蕴含着平等、自由、民主、公正等诸多理念，“正义”更多的是一种价值判断。如果给正义等词汇下定义，有时发现是困难的，甚至有时感觉不下定义或许会更好，这些词汇往往“只可意会，不可言传”。[27]之所以对“正义”进行定义非常困难，最重要的原因就是“正义”的标准很难把握，不同人对“正义”有着不同理解，不同法律在创设时所追求的“正义”也可能会有差异，如果说一千个人眼中有一千个哈姆雷特，那么一千个人或者一千部法律规范中也就有着一千个不同的正义观。正如博登海默所言：“正义具有一张普罗修斯似的脸，变幻无穷，随时可呈现不同形状，并具有极不相同的面貌。”[28]

尽管对“正义”的概念进行定义极其困难，但是我们仍要尝试进行分析探究。在本文所论述的超龄就业问题中同样也有其特有的“正义观”存在。“正义”可以大致分成两种类型：其一是“形式正义”，其二是“实质正义”。最凸显“形式正义”的法律规范当属我国的《刑事诉讼法》，其中“不经过法院判

[27] 参见李昌庚：《回归自然的经济法原理》，知识产权出版社 2010 年版，第 143 页。

[28]〔美〕E. 博登海默：《法理学——法哲学及其方法》，华夏出版社 1987 年版，第 240 页。

决不得认定任何人有罪”以及“非法证据排除原则”都充分展现了“形式正义”的内涵。而本文所论述的问题，其所在的领域所追求的更多的是一种“实质正义”，这也是当前主流的观点，也是我国劳动法律体系中规范的价值取向。

结合本文论述的核心问题——超龄就业法律冲突及其解决之道，在分析现有法律规范以及探究解决之道的过程中，都将追求“实质正义”作为终极目标，由此出发并回归于此。对于超龄就业者，由于其主体资格的特点，无法与正常的劳动者适用完全相同的规范，所以应当对超龄就业这一问题进行特殊规制以达到实现“实质正义”的目的。由于我国当前规制超龄就业领域的法律规范存在立法冲突，而造成此立法冲突的原因是其背后制度设计存在缺陷，为了实现劳动法所追求的“实质正义”，我们就不能局限于传统思维。在传统思维下，养老保险金是作为劳动者退休后的生活保障存在的，而且是退休劳动者们仅应拥有的唯一一份生活保障，即使在退休后，开始领取养老保险金了，跟用人单位之间建立了与劳动法律关系别无二致的关系，也被认定成为一种民事上的劳务关系，这直接导致一些相关的劳动法律规范无法适用，尤其是那些保障劳动者权益的规定，具体来说，就是那些有关工作时间、工资报酬、劳动安全保障等方面的规定，这是存在的不可回避的缺陷。

但是，如果变换思路考虑这一问题，将基本养老保险金理解为一种由劳动者在未退休前预存的欠款，国家支付的部分可视为此份存款的利息，领取基本养老保险金只是拿回本就属于自己的钱，那么就可以减轻基本养老保险金的国家福利性。在摆脱了传统思路的前提下，可以尝试将养老保险关系与劳动关系两个法律关系解绑，分别进行规制。从法理上说，劳动关系与养老保险关系本来就是两个独立的法律关系，只是我国在构建劳动与社会保障法律体系时，人为地将此两种法律关系进行捆绑，随着社会的发展与进步，此种制度设计逐渐难以适应，所以，在两个法律关系中间重新划清界限势在必行。将上述两个法律关系解绑之后，针对超龄就业问题本文提出的最终解决方式就是在达到弹性退休起始年龄时，劳动者与用人单位双方可以协商终止劳动关系，如果终止劳动关系办理退休手续，那么劳动者与原用人单位之间的劳动关系终止，并开始享受养老保险待遇；如果劳动者认为自己仍然有劳动能力，用人单位也认为劳动者有能力继续工作，双方达成合意继续履行劳动合同维持劳动关系，或者劳动者与原用人单位解除劳动关系后，又与其他用人单位建立了劳动关系的，那么劳动者此时可以正常领取劳动报酬，劳动主体与用人单位之间的法律关系，通过分析其法律关系的特征，确定为劳动法律关系，适用劳动法律中的规定调整这一法律关系，同时也可以正常领取养老保险金，但是有一个情况需要作出说明，此时对于劳动者是否需要继续缴纳养老保险的问题，笔者认为对于基本养老保险，劳动者及企业可以不需要继续缴纳，但是对于企业年金，应当继续缴纳。

（二）对超龄就业关系进行重构之优势

1. 遵循劳动法中的“同工同酬”原则

我国劳动法律明确规定了“同工同酬”原则，意味着只要从事相同的工作就享受相同的劳动报酬，不论劳动主体的其他因素，如年龄、性别等。对于超龄劳动者，由于他们与用人单位之间的法律关系被认定为民事法律关系中的劳务关系，所以在领取劳动报酬时，就有可能出现“同工不同酬”的情况，普通劳动者与用人单位之间的法律关系为劳动法律关系，所以执行的是劳动报酬标准，必须高于或者等于当地的最低工作标准，如果用人单位企图压榨劳动者的报酬，劳动者可以通过劳动法所规定的救济途径进行救济，而对于超龄劳动者，如果将其与用人单位之间的关系定性为一种民事法律关系，那么当处于强势一方的用工单位压榨超龄劳动者，超龄劳动者只能通过协商或者直接提起民事诉讼的方式进行维权，在救济途径上较正常劳动者更少，而且从真正规定权利义务的实体法律规定上看，也无法像正常劳动者一样得到倾斜的特殊的保护。所以，如果将享受养老保险待遇与确定劳动法律关系之间的联系打破，使二者回到法理上相互独立的位置，彼此不再相互影响，即确定劳动者与用人单位之间的法律关系只看双方的权利义务特征，而排除其他法律因素的干扰，这样将最有利于保护劳动者的合法权益，实现同工同酬的目标。

2. 缓解劳动力短缺的压力

由于我国之前施行的人口政策，进入21世纪后，我国社会也开始逐步进入老龄化社会，人口红利逐渐消失，经济增长势头减弱，劳动力短缺的情况日渐严重，所以，通过允许劳动主体享受养老保险待遇的同时又允许其建立劳动法律关系领取劳动报酬，鼓励仍然具有劳动能力的老年人重新投入工作中去，这将更有利于社会的良性发展，也是大势所趋。

（三）对超龄就业关系重构之国外经验

在当今世界范围内，对于协调劳动关系与社保关系，有些国家的规定可以在既享受养老保险待遇的同时，也建立劳动关系，但是此时对享受的养老保险待遇可能会稍加限制。比如，日本的公共养老金制度包括两个方面，其一是对达到一定年龄的所有社会主体发放国民养老金，此种也叫基本养老金；其二是雇员养老金部分，此部分针对不同的主体又可以分成两类，分别是对于企业职工设置的厚生养老金以及对于公职人员设置的共济养老金。基于此，当国民达到一定年龄后，即可享受国民养老金（即基本养老金），但对于雇员养老金，需要在未来结束劳动关系后才可享受。

而在法国，关于退休与养老保险待遇之间的关系，在实践中采取以下方式，劳动者在达到62岁时开始领取部分养老保险金，继续工作至67周岁时，可以领取全部的养老保险金，享受完整的养老保险待遇，这与日本等国家关于养老保险待遇的规定如出一辙。

（四）重构超龄就业关系之可行性

从目前制度来分析，我们国家目前的养老保险待遇可以分成两部分，第一部分是基本养老保险待遇，第二部分是企业年金部分。2018年2月1日开始实施的《企业年金办法》中明确了企业年金作为补充养老保险制度，将原来的“五险一金”升级为现在的“六险二金”，

企业年金是我国所创制的一项对于基本养老保险进行补充的制度，具体

是指企业与劳动主体通过自愿的方式，筹集企业年金，补充养老保险金。通过对企业年金制度的发展，我们完全可以建立一种类似于上述其他国家的养老保险与劳动关系协调的关系，即当劳动者达到领取养老保险待遇的条件之后，开始享受养老保险待遇，与此同时，如果劳动者与用人单位建立新的劳动关系，那么劳动者可以基于此领取劳动报酬，享受类似于正常劳动者的相关劳动权利，劳动者与用人单位之间的劳动关系受劳动法调整，如工资、工时以及劳动保护等问题均受劳动法规制，对于是否仍然需要缴纳养老保险，则不做强制规定，可以不缴纳，也可以继续缴纳，但此时仅缴纳企业年金部分，以后在此劳动关系结束时，按企业年金标准再发还给劳动者。

而且，社会保险征收机关变为税务部门，可作为劳动关系与社保关系脱钩的基础。在此之前，社会保险的征收部门是社会保障局，多少与主管劳动人力的行政部门有所纠缠，但是根据 2018 年 3 月 21 日中央印发的《深化党和国家机构改革方案》规定，为降低征纳成本，理顺职责关系，提高征管效率，为纳税人提供更加优质高效便利服务，将省级和省级以下国税地税机构合并，具体承担所辖区域内各项税收、非税收入征管等职责。为提高社会保险资金征管效率，将基本养老保险费、基本医疗保险费、失业保险费等各项社会保险费交由税务部门统一征收。未来税务部门作为社保的征收主体，这将有助于斩断劳动关系与社保关系两个独立的法律关系之间的关联，铺平上述制度构建的通路。

六、结语

超龄就业现象随着国民健康水平的提高以及社会经济的发展正在变得越来越普遍，但是法律在调整超龄就业时，却存在一些问题，即相关的法律法规存在法律冲突，具体来说既存在立法层面的冲突，同时也存在司法层面的冲突，由于这些法律冲突的存在，其他社会冲突也随之而来，其中比较典型的冲突包括“同案不同判”以及一些具体的劳动纠纷。对于超龄就业问题，在国家层面立法和地方层面立法存在冲突，从而导致在相应的法律适用时产生了一些问题，对于如何解决这一问题，可以通过统一立法及出台相应的配套实施规定的方式予以解决。其实这一问题已经通过各种方式在予以解决了，在理论界以及实务界也已经逐渐形成主流观点，即以是否开始享受养老保险待遇为标准，判断是否构成劳动法律关系，再进一步解决案件具体纠纷。虽然这是一个有效的解决方法，但是仍然有其不足之处，这样做仅是一个权宜之计，不宜作为长久的解决方案，而且此种“社会保险标准说”仅仅是缓解了超龄就业引发的法律问题的表面症状，造成超龄就业法律冲突的真正原因是我国相关制度的缺陷。

针对造成超龄就业法律冲突的制度缺陷，本文所述的制度改革建议，总结起来是这样的：对于不同种类的超龄就业现象，适用不同种类的解决方案，对于目前还没有开始享受基本养老保险待遇的劳动者，适用弹性退休制度，在其达到法定最低退休年龄后，可以与用人单位进行协商，选择退休或者重新签订一份新的有固定期限劳动合同，如果劳动者选择办理退休手续，那么其就开始享受养老保险待遇；而对于已经开始享受养老保险待遇的劳动主体，需要协调其与用人单位之间新建立的劳动关系以及其社保关系，此时，用人单位应当向当地社保部门申报，停发该劳动者的基本养老金，但其他几类社保待遇不变。通过对退休制度以及与社保制度之间协调问题进行调整，对立法冲突问题进行解决。因为对超龄就业相关立法是建立在上述两项制度的基础上的，所以厘清了制度中存在的问题，立法问题也就得到了解决。上述两项改革完成后，我国现有的立法冲突问题也就迎刃而解了。具体来说，对立法的修改建议是规定当劳动者达到法定最低退休年龄时，其可以与用人单位协商解除劳动合同，办理退休手续，开始享受基本养老保险待和其他的养老保险待遇。对于中央的立法冲突，仅需将《劳动合同法》第44条第2项以及《实施条例》第21条的内容统一规定为“达到法定最高退休年龄，劳动合同终止”即可，而地方各级的立法冲突，需要依据上述两条制度修改建议，对立法进行规范，最终达到规范劳动市场、维护社会稳定的目的。

最后，提出“重构超龄就业关系”的可能，从立法思想上分析我国对劳动关系和社保关系之间的协调问题，当前我们的思路还是局限在养老保险金和劳动报酬只能领一份，因为养老保险金存在的目的就是替代劳动报酬来维持劳动者生活，这种思路已经不能适应现代社会的要求。所以本文在最后一部分尝试在我国构建一种新的劳动关系与社保关系协调共存的模式，即参照国外经验，将养老保险待遇分成两部分，当劳动者满足领取基本养老保险待遇的条件时，可以开始享受基本的养老保险待遇，此时劳动法律关系不受影响，劳动者继续与用人单位维持劳动关系，受劳动法律法规规制，当劳动者结束此劳动关系时，可享受剩余的养老保险待遇。通过这样的制度设计，改变当前我国养老保险关系与劳动关系冲突的现状，这将有利于提高人民群众的生活质量，促进社会经济发展。

经济法学理论的哲学思辨

——记刘文华先生中国经济法学思想

付大学

内容摘要 经久不衰的经济法学思想应是对经济法理论的哲学思辨。中国经济法不同于西方经济法，中国经济法是中道之法、合作之法与和谐之法，不走极端、提倡合作与促进和谐是中国经济法应有旨趣。矛盾论是研究中国经济法的基本工具：中国经济法是平衡协调社会基本矛盾的应然结果，是探赜对立统一哲学思想解决经济发展问题的必然产物。分合论与纵横统一论是中国经济法的理论精髓：只合不分走老路，只分不合走歧路；只纵不横是计划，只横不纵是自由。

关键词 经济法 中合和 矛盾论 分合论

作为中国经济法学学科开创者之一，刘文华先生的经济法学思想经得起不同经济发展阶段与社会发展实践的检验。在不同时期，他的思想对我国政治、经济和社会发展也有重要的指导价值。刘老师经济法思想具有极强生命力的缘由在于，其根植于哲学基本范畴之中，是对经济法学基本理论的哲学思辨，尤其是对马克思哲学原理在经济法理论研究中的应用达到了炉火纯青的地步。

作者单位：天津工业大学人文与法学院。

基金项目：本文是中国法学会部级法学研究课题“我国反公地资源的识别与法律治理研究”（CLS2017D103）阶段性成果。

一、“中”“合”“和”在经济法理论研究中的应用

刘老师认为经济法本身就是中道之法、合作之法与和谐之法，经济法学理论建构与研究应该体现中、合与和思想。

（一）经济法是中道之法

经济法的理论建构要走中庸之道，不能走极端。无论是从经济法的产生、经济法法域，还是从法益角度，经济法都表现出作为中道之法的特性。

其一，从经济法产生角度，中西方国家走中庸之道是经济法产生的历史原因。刘老师在论证中西方经济法起源时，就指出中西方国家走中庸之道才产生经济法，若各自走“高度计划”和“放任自由”两个极端道路时是不可能产生经济法律制度的。自由资本主义时期无法产生经济法，是因为过分强调市场与自由，走了完全放任自由的极端。在政府仅作为“守夜人”的情况下，政府没有对经济进行调控和规制的机会，不可能产生公私混合的法律关系。社会主义计划经济时期也无法产生经济法，是因为过分强调政府与计划，走了高度集中管制的极端。在政府作为“包办人”的情况下，个人的日常生活、生老病死等都是由政府全部负责，没有市场与私人自治的空间，也不可能产生公私混合的法律关系。完全“放任自由”与过度“私有化”导致了经济危机的周期性爆发，表现为：一方面大企业的生产过剩，而另一方面劳动者因失业丧失购买力，出现了某些商品过剩而劳动者无力购买的“反公地悲剧”（也可称为“过度私有化的悲剧”）。政府的“高度计划”与过度“公有化”导致了“吃大锅饭”的低效率，表现为：一方面企业生产力不足、产品匮乏，而另一方面劳动者互相推诿、劳动积极性不足的“公地悲剧”（也可称为“过度公有化的悲剧”，有人又将“公地悲剧”称为“大锅饭悲剧”）。两种极端制度都给各自社会带来了致命缺陷，上演着不同的“悲剧”。因此，现代资本主义国家与社会主义国家相互汲取了对方一些优点，同时使用市场与政府两只手，兼顾了自由与计划，

取得了各自经济发展与成就。资本主义国家增加政府干预、体现政府作用，而社会主义国家减少政府干预、突出市场作用，从不同方向促成了各自经济法的产生。国内一些有影响力的经济法教材忽视了这个理论规律，忽视了社会主义国家经济法产生的历史原因，将西方经济法产生的个性作为所有经济法产生的共性，刘老师对此观点提出了明确的批判。[1]刘老师还指出，有人提出经济法古已有之，使经济法成为无源之水、无根之木，最终导致经济法的虚无主义。一些经济法学者的错误观点就是不了解经济法是中道之法所致。

其二，从法域角度，经济法既不是公法，也不是私法，而是体现中庸之道的公私混合法。经济法既不同于纵向的行政法，也不同于横向的民法，而是纵横统一法。一些法律关系不是非公即私、非私即公，也不是“恺撒的归恺撒、上帝的归上帝”，而是公私的交叉领域，这些“灰色地带”恰恰是经济法的调整范围。作为经济法调整对象的经济关系，“纵”不包括非经济的管理关系、国家意志不直接参与或应由当事人自治的企业内部管理关系；“横”不包括公有制组织自由的流转和协作关系以及其实体权利、义务不受国家直接干预的任何经济关系。[2]如此界定清晰地划分了经济法与行政法、民法的界限，经济法绝不是民法学者所定位的“经济行政法”，也不是行政法学者所主张的“就是一种行政法”。基于中道之法的哲学理念，刘老师科学地界定了经济法的理论范围，充分体现了公与私、纵与横之间的中庸思想——“位于中间，不离两边，不走极端”。

其三，从法益角度，经济法既不突出公有利益至上，也不强调私有利益占优，而是平衡协调各方利益，追求各方主体利益最优化，或言之社会公共利益最大化，刘老师称其为“平衡协调法”。除了“私法体现个人本位”与“公法应体现国家本位”之外，刘老师较早就提出经济法应体现社会本位，作为市场主体的企业要承担一定的社会责任。社会本位本身就包含个人利益和公有利益的兼顾，当二者冲突时则以卡尔多－希克斯效率来衡量哪个优先，而不是主观臆断。具言

[1] 参见刘文华：《中国经济法“干预论”之批判》，载《首都师范大学学报》（社会科学版）2017 年第 6 期。

[2] 参见潘静成、刘文华：《经济法（第 3 版）》，中国人民大学出版社 1999 年版，第 49～50 页。

之，如果一项制度给一些人增加的福利能够弥补给另一些人造成的损失，总体而言福利大于损失，那么这项制度就符合卡尔多－希克斯效率，就是可推行的制度。近年来，经济学界争论火热之话题——产业政策和竞争政策谁优先问题，若从经济法视角思考可能是一个伪命题。必须结合具体的案例来判断二者哪个优先，若某个事项执行产业政策所带来的法益更优，则产业政策优先；若某个事项执行竞争政策所带来的法益更优，则竞争政策优先。经济法学者很少对二者关系争论不休。显然，经济法的这种法益衡量方式，是一种不走极端的中庸之道。

（二）经济法是合作之法

刘老师指出："当今世界和我们国内都应提倡'合、和'法的主旨思想是所有成员和组织，都要对社会负责，在共担社会责任的前提下，协调发展。"[3]利用经济法理念处理合作各方之间的争议能够有效促进与维护合作。

其一，国内合作方面仅以政府与社会资本合作为例。公私合作伙伴关系（PPP）在我国称为政府与社会资本合作，就是推行政府（或公共部门）与私人（或社会资本）之间的合作，原来全部由政府提供的公共产品或公共服务调整为由社会资本提供，通过政府付费或使用者付费等方式使提供者获得一定的收益。尽管我国 PPP 不是真正的 PPP，一些学者提出了质疑，笔者也提出了自己的看法，[4]但它是政府（行政机关）与企业（市场主体）之间的一种合作，不是民法和行政法所能解决的问题。PPP 恰恰是经济法的主要研究领域，通过经济法律相关制度的构建来促进公与私之间的合作共赢。然而，现有制度却没有从经济法角度来构建合作与争议解决制度，导致 PPP 中真正私人主体参与的不多，其发展前景令人担忧。

如 PPP 合同的争议解决问题，根据行政诉讼法等相关规定，PPP 合同争议应纳入行政审判庭审理，是一种行政案件。对于提供公共产品的企业来说，

---

[3] 刘文华：《经济法路向何方？》，载《河北工业大学学报》（哲学社会科学版）2017 年第 1 期。

[4] 参见付大学、林竹芳：《论公私合作伙伴关系（PPP）中"私"的范围》，载《江淮论坛》2015 年第 5 期。

若与政府发生争议只能进行“民告官”的行政诉讼，显然对市场主体而言是不公平的，因为行政诉讼让人怀疑能否公平保护“私”一方的利益。然而，若将 PPP 合同争议界定为一个民事争议，又产生民事审判庭“能否维护社会公众的公共利益”的疑虑。作为行政案件或民事案件都无法周严地保护 PPP 的这种公私混合利益。原国务院法制办 2017 年 7 月 21 日公布的《基础设施和公共服务领域政府和社会资本合作条例（征求意见稿）》中规定，PPP 合同争议可以申请仲裁，显然否定了“PPP 合同争议是行政争议”观点，但有意回避了给此类争议定性的问题。从经济法角度，PPP 争议恰恰是以经济法理念所建立的“经济审判庭”应该存在的价值，现在看来全部取消经济审判庭是一个错误做法，才导致了目前 PPP 合同争议无所适从的原因。

其二，国际合作方面仅以“一带一路”国际合作为例。众所周知，正因为合作能给世界带来前所未有的繁荣，世界范围内才成立了无数的各种合作组织，而经济法恰恰为各种合作提供法律环境（如财税法、金融法等）。中国倡导的“一带一路”国际合作组织就是一个典型例证。2017 年 5 月在北京召开的首届“一带一路”国际合作高峰论坛，无不是中国领导人的合作思想在世界范围内的推广，会对世界格局产生重大影响，也会造福于各参与国国民。“一带一路”国际合作法律制度的具体构建离不开经济法理论的指导，如金融法理论为“一带一路”国际合作提供金融制度支持。从经济法理论方面而言：一方面，“一带一路”法律制度构建不能仅保护个体利益（如参建企业的企业利益至上），而忽视各参与国的整体利益；另一方面，“一带一路”法律制度构建不能仅保护我国的国有利益，而忽视其他国家利益。这两种做法都会导致“一带一路”国际合作的失败。“一带一路”国际合作中融资、建设、运营等都需要经济法律制度的调整。

（三）经济法是和谐之法

从法律主体角度，经济法将“人”抽象为特殊部分的社会人，[5] 如消费者

---

[5] 参见〔日〕丹宗昭信、伊从宽：《经济法总论》，吉田庆子译，中国法制出版社 2010 年版，第 156 ～ 157 页。

和经营者、雇佣者和劳动者、竞争者和垄断者等，从而泯灭他们之间的个性，主要目的在于实现各群体特殊社会人之间的和谐相处。如通过《消费者权益保护法》实现消费者与经营者之间的和谐；通过《反不正当竞争法》与《反垄断法》实现竞争者与垄断者之间的和谐；通过《劳动法》和《劳动合同法》等实现雇佣者和劳动者之间的和谐。

从内容构成角度，经济法两大部分市场规制法和宏观调控法都是要实现我国经济与社会、政府与市场、整体与个人之间的和谐。市场规制法的主要目的就是要实现整个市场运行的和谐，从微观角度矫正市场的残酷性，避免“丛林法则”过于血性。宏观调控法的主要目的就是要实现整个经济、社会的和谐，从宏观角度纠正市场的盲目性，避免“二八定律”肆意妄为。市场规则与宏观调控共同发力，实现整个国家的和谐与稳定。

从法域立论角度，经济法是和谐之法。经济法立论从不否认民商法的存在，也不否认行政法的存在，并认为它们都有独特的调整领域与调整方式，是整个法律体系中不可或缺的部分。经济法学者从不高傲地漠视其他法律部门存在的价值，也从不轻视各个法律部门对整个法治建设的意义。经济法立论既不蚕食其他法律领域，也不画地为牢、固守己见，而是对各种问题进行跨学科跨部门研究并持积极与开放态度。真正的经济法学者对之前的“大经济法”思想一直给予批判态度，认为那种思想是对经济法的莫大曲解。

二、矛盾论在经济法理论研究中的应用

任何社会都充满着不同的矛盾，大大小小的矛盾构成社会基本矛盾体系，是促进社会发展的基本动力。据此，刘老师提出社会基本矛盾论，并认为社会整体利益和社会个体利益是贯穿人类社会始终的一个基本矛盾，到了现代社会更表现为多对矛盾和矛盾方面，如国与民、统与分、政府与市场等，前项为左边系列矛盾方面，后项为右边系列矛盾方面。左边系列矛盾方面，一般地说多体现着社会整体利益、意志和行为；右边系列矛盾方面则多体现着社会个体

利益、意志和行为。[6]我国在改革开放之前的社会主义计划经济时期过分强调“左”方面的矛盾，导致经济发展乏力，积贫如疾；而西方自由资本主义时期过分强调“右”方面的矛盾，导致经济危机周期性爆发。然而，两大系列矛盾方面都是相互联系、相互制约、相互转化的，都是既对立又统一的关系。我国计划经济时期和西方自由资本主义时期都强调了对立，而忽视了统一，导致经济社会发展都出现了不同的严重问题。

（一）矛盾论在经济法产生理论中的应用

经济法恰恰是在平衡社会基本矛盾及其矛盾方面应运而生。刘老师主要列举了以下三个方面。[7]

其一，无形之手与有形之手两只手的协同并用。只有两只手并存、共同地调节社会经济生活时，经济法才能够产生。只有一只手，或虽有两只手，但只对立不统一时，都不会产生、形成经济法的。

其二，纵向经济关系与横向经济关系的平衡结合。横向经济关系和纵向经济关系是两类不同的经济关系，两者相互对立，相互制约，有不同，有区别，但它们又必须相互联系，相互转化，相辅相成，甚至相反也可相成，所以又必须看到它们是统一的一面，即纵横统一。[8]只有一类经济关系，或两类经济关系极度失衡，都不可能产生现代经济法。只有当两种经济关系要素并存、结合与统一时，才能产生现代经济法。因此，刘老师认为“纵横统一说是经济法的理论基础”。

其三，公法与私法在一定范围与程度上相互渗透和相互转化，是现代经济法产生、形成的法律上和法学上的原因。德国法哲学家拉德布鲁赫也注意到

[6] 参见刘文华：《经济法本源论——“社会基本矛盾论”是解释和解决经济法系列问题的基础理论》，载《经济法治论坛》2003 年 12 月刊。

[7] 参见刘文华：《经济法本源论——“社会基本矛盾论”是解释和解决经济法系列问题的基础理论》，载《经济法治论坛》2003 年 12 月刊。

[8] 参见刘文华：《中国经济法基础理论》，法律出版社 2012 年版，序言第 5 ～ 8 页。

这个问题，他指出，“即使是在我们这个时代所实现的法律生活的深刻变化，也是以最清楚的形式表现在公法和私法的关系中，表现在双方的重新相互渗透中——在一个新的法律领域的产生过程中——就像经济法和劳动法，人们既不能将之归入公法也不能将之归入私法”[9]。公法与私法相互融合就是矛盾统一一面的结果，二者若只有对立就不可能产生公私混合领域。

（二）矛盾论在经济法解决现有经济问题中的应用

新时期的供给侧结构性改革就是解决供给质量、结构调整、要素配置等方面的矛盾，需要经济法平衡协调一些矛盾，因而经济法应被赋予新的历史使命。

其一，从供给质量方面，需要经济法律制度促进供给多元化，提升供给质量降低供给成本。我国兴起的共享经济就是供给侧改革的一个重要表现，共享经济满足了社会公众多样化需求，降低了供给成本。经济法要因势而变，调整传统的监管方式，以适应共享经济的需求。经济法的相关法律，如《产品质量法》、《消费者权益保障法》、《反不正当竞争法》和《反垄断法》等要为共享经济中的产品质量、消费者权益保护和市场竞争秩序提供相应的法律保障。

其二，从结构调整方面，需要经济法律制度引导经济结构的调整。供给侧改革要推动市场供给端提供绿色环保的产品与服务供给，以粗放型发展方式为集约型发展方式。需要财税法、金融法、产业政策法和发展规划法等促成绿色供给的形成。以环境保护税法为例，该法不仅仅是对排污企业征收税款，而是促使高能耗、高污染企业退出市场。从金融法律制度而言，金融服务多向绿色环保企业倾斜，对落后产能减少资金支持。

其三，从要素配置方面，需要经济法律制度保障市场主体的权益。需要经济法主体制度通过制度性变革来推动政府简政放权、转变职能，明确社会中

[9]〔德〕拉德布鲁赫:《法学导论》，米建译，商务印书馆 2014 年版，第 88 页。

间层主体的独立性，完善产权、社会分配等制度来保证市场主体的权益；[10]通过推行政府的“权力清单”制度，划清政府与市场的边界，保障市场在资源配置中的基础性地位。

可见，供给侧改革中的一系列矛盾离不开经济法的调整，只有多项经济法法律制度的协同作用才能取得供给侧改革的成功。

三、分合论在经济法理论研究中的应用

天下万事万物，合久必分、分久必合，是一个普遍的规律。大到一个国家的发展进程，小到一个具体财产制度，甚至个体与个体之间的关系，都体现着分合规律。从国家角度，我国的发展史就是一个各民族、各地域之间的分合史。从财产角度，我国财产制度中私有财产是“分”，集体所有和国家所有是“合”，体现“合”的财产制度在我国占绝对主导地位。从人与人的关系角度，在个体与个体的关系中单身与独居是“分”，家庭与合居是“合”，“合”是人与人关系的主流。分合规律成为客观事物存在和发展的普遍属性。就整个法律体系而言，从奴隶社会的诸法合一，发展到近代社会的诸法分立，再到现代社会诸法的再度融合，就是分合论规律的生动体现。

刘老师将分合论应用到经济法基本理论研究中，他认为作为纵横统一的经济法，纵是合，横是分；国家调控是合，市场调节是分；计划是合，市场是分。所有经济领域，不管是动态的，还是静态的，都是分中有合、合中有分、分合并存、分合并行。刘老师指出，在改革开放前我国经济落后主要是因为经济体制“合得太久了，分得太晚了”。在一定意义上说，经济体制改革就是在保持必要的社会整体“合”的前提下，实现社会个体的“分”的要求，诸如企业扩权让利、农田承包到户。但同时国家也保持必需的集中，壮大国有企

[10] 参见刘志云、刘盛：《供给侧改革背景下的经济法：挑战与回应》，载《政法论丛》2017年第4期。

业，实现规模经济。通过经济体制改革，使分合得当，协调发展。“只合不分走老路，只分不合走歧路”，不能再片面地只分不合，或只合不分，不可再走极端。[11]

分合论是刘老师经济法理论的一个重要精髓，其贯穿于经济法理论的始终。刘老师指出，与苏联一样，我国经济改革初期也曾出现“综合经济法”，将具有独立部门法地位的民商法、行政法和劳动法等都纳入综合经济法之中，这样的“合”没有价值，对经济法理论发展造成了损害。这种经济法理论为政府全方位介入经济生活寻找借口，是学术研究和学科发展不可取的。刘老师的经济法理论中，从经济法的产生、经济法律关系到法律责任都体现了他所倡导的分合思想。从经济法产生角度，在诸法合一时代不可能产生经济法，但过分强调公法与私法的分立也不会产生经济法。经济法是公法与私法从分到合的产物，没有公法与私法的融合就不可能有经济法。从经济法律关系角度，主体上涉及个体、群体、政府之间的分与合的问题，不能只重视个体与政府，而忽视特定群体及其利益的存在；客体上涉及私有财产、共有财产和公有财产的分与合问题，不能因公私财产二分法而忽视共有财产的治理；内容上涉及权利与权力的分与合问题，权利与义务的统一对应问题。从法律责任角度，经济法中法律责任条款一般会同时包含民事责任、行政责任和刑事责任，这三种责任既相互独立，又相互融合于一个条款之中，是分合论的典型表现。

四、结语

刘老师的经济法理论中蕴含着丰富的哲学思想，不可能浓缩在一篇短文之中，本文仅仅提炼很微小的一部分，只是管中窥豹。如他所提出的责权利效责相统一思想、“上下”思想、“上中下”思想、“竞与争（同向为竞、异向为争）”思想、法律调整对象思想、国企改革思想等都为经济法学后生们挖

[11] 参见刘文华：《经济法理论在求实、创新中行进》，载《商丘师范学院学报》2012 年第 7 期。

掘他的思想提供了丰富的宝藏。

刘老师对经济法研究现状有深深的忧虑，不仅仅是对年轻研究者知难而退的忧虑，更多是对许多经济法研究缺乏哲学支撑而丧失说服力的忧虑。刘老师一直建议，经济法学研究者要从哲学范畴中寻找灵感、从哲学理论中寻找支撑、从哲学思维中寻找突破。

快递末端投递法律关系的类型化研究

——以快递服务合同为基础

刘亦艾

内容摘要 综合人物访谈、问卷调查、案例整理等多种社会调查方式，笔者考察了以上海市闵行区、浙江省丽水市、江苏省苏州市、山东省潍坊市等为代表的华东地区快递末端投递的现实情况。在调查结果的支持下，本文以快递服务合同为基础，确定了快递服务合同下多方法律主体的基础权利义务关系，进而联系我国市场中主要存在的 8 种快递末端投递模式，综合分析各类末端投递模式中各主体间的法律关系。在明确各类快递末端投递模式中各主体间法律关系的基础上，本文以类型化的思维方式展开了相应的司法裁判策略。笔者所称的裁判策略，指在司法实践中，法官可结合个案事实，将本文的类型化结论，直接应用于分析快递末端投递模式中各主体间的法律关系与相应的法律适用过程中。最终，本文从完善相关规范性法律文件、加强有关行业自律和企业合规建设三方面，提出了具有针对性与可行性的几点建议，望对治理我国快递末端投递环节中产生的民事纠纷有所裨益。

关键词 快递末端投递 快递服务合同 类型化分析 裁判策略

作者单位：华东师范大学法学院。在社会调查与论文撰写过程中，华东师范大学法学院狄子淳、张弘、张健、薛云鹤、葛思彤等给予了巨大帮助，在此致谢。

一、导论

（一）研究背景与意义

近年来，我国快递行业蓬勃发展，已成为现代服务业乃至国家整体经济发展的一支重要力量。“快递末端投递”，亦称“最后一公里配送”，指快递企业最终将货物配送到客户手中的过程，是快递企业与收件人接触的末端环节。

然而，在快递网点迅速扩张的表象下，快递末端投递服务差、效率低等弊病也日益显现，仅2016年5月，用户针对快递末端投递服务的申诉就高达5707件，占申诉问题总量的45%。[1]在末端投递环节，作为最能直接体现寄递收三方主体自由意志的法律凭证，快递服务合同并未起到该有的作用。在许多场合里，因快递服务合同表现形式的特殊性，其签订过程甚至都没有体现民法中的“意思自治”原则。司法实践方面，在众多因“快递服务合同”或“快递末端投递环节”产生的民事纠纷中，面对“加盟代收”“智能代收”等性质各异的诸多代收模式，法院的裁判常常有偏离同案同判原则的表现。发挥法的安定性作用是建设社会主义法治国家的应有之义，而快递末端投递环节众多纠纷的出现与司法实践中“同案不同判”的做法极大地扰乱了快递服务市场的秩序，这无疑是对法治国家法律稳定性的一种挑战。为提出司法裁判策略以规范司法实践，进而改善我国快递末端投递现状，以广泛社会调查为基础的学理分析实有必要。

（二）文献综述与研究内容

“快递末端投递”作为快递服务过程中最为棘手的环节，相关研究近年频频出现。

[1] 参见郑佳宁：《从结束开始：快递末端投递法律问题再审视》，载《大连理工大学学报》（社会科学版）2016年第37期。

整体而言，国外关于“快递末端投递”问题的研究多集中于“投递模式创新”方面而较少重视法律结构层面上的分析。如李梅源在《Comprehensive Thinking about the Last one-Hundred Meters Issue of Express Delivery Industry》一文中对已经得到实施的德国 DHL 的 Packstation 和美国 Amazon 的公共储物柜模式等做了较为详细的介绍。[2]这些研究或许对我国快递末端投递新型模式的建构有所帮助，但于本文而言并无裨益。

再观国内研究。在中国知网数据库，由其同义关键词“快递最后一公里”检索得到的相关文献由 2013 年的不足百篇到 2015 年的 378 篇与 2016 年的 383 篇，在 2017 年这一数量更是达到了 512 篇。尽管如此，可以发现，对快递末端投递环节的研究多着眼于非法学视角（如物流业、工商管理等领域）。而从法学角度出发的研究，则大部分立足于立法论，许多尚未穷尽规范，便就快递市场中迫在眉睫的问题提出自己所设想的一套立法规制建议，如学者白芳艳在《我国快递业法律规制研究》一文中就对我国快递末端投递提出了一揽子立法建议。[3]除此之外，现有法学相关研究主要集中在对“快递末端投递模式”与“快递服务合同”的割裂式分析之上，少有学者合二者为一，在快递服务合同的基础上对各种快递末端投递环节进行综合性的法律分析，而二者的紧密联系注定使这种综合性的分析不可或缺。

具体而言，关于“快递末端投递模式”的法学研究，主要集中在对快递末端投递模式中快递企业一方多个主体间法律关系的梳理上，目前这方面的研究涉及“直营连锁模式”“加盟连锁模式”“智能快递箱模式”。在此方面，中国政法大学郑佳宁教授有较为翔实的阐释，如在《从结束开始：快递末端投递法律问题再审视》一文中，她对我国市场中现有的“快递末端投递”情况作出了四种模式的界定，并逐一对其进行了法律结构上的定位。文章明确了在各种模式下，快递企业和可能存在的代理人这几方民事主体间的相对地位与责任承担

[2] 参见杨聚平：《以客户为中心“最后一公里”配送模式研究》，对外经济贸易大学 2014 年博士学位论文。

[3] 参见白芳艳：《我国快递业法律规制研究》，甘肃政法学院 2017 年硕士学位论文。

方式。以此为代表，“快递末端投递模式”方面的研究至今不仅未能涵盖现有的常见末端投递模式，其对所研究模式的法律关系分析也不够全面，如在责任承担方式上，现有研究几乎没有对投递方各主体间的内部法律关系有所讨论。

关于“快递服务合同”，目前，为保障收件人在快递服务活动中作为消费者的权益，将其视为“为第三人利益合同”的观点已被普遍认可。由此出发，谈及快递用户视角下之权利保障的文章，其侧重点主要由保价条款等格式条款的效力认定问题所引出，强调诸如快件限额赔偿方式问题等有关收件人权益保护的方面，如杨立新教授在《确定快递服务丢失货物赔偿责任的三个问题》一文中将保价条款认定为格式条款，并主张在快递服务货物丢失纠纷中适用可预期损失规则，还认为确定快递企业赔偿责任应当适用过错推定原则。[4] 此外，有关对收件人的一般权益保护方面的研究数量也不少，如刘丹妮（2016）[5]、付玲玲（2015）[6]、万李虹（2014）[7]等人就针对一般性的快递投递问题（快递丢失、快件损害、延误等）如何赔偿提出过相似的见解。而除此二者之外，真正从对快递服务合同的概况及其性质着手，分析合同相关主体间法律关系的研究尚属不多，比较全面的目前仅有栾静《快递服务合同的法律关系研究》一文。

真正做到在快递服务合同所确立的相关主体间法律关系的基础上对快递末端投递各模式进行法律关系层面上探讨的，除郑佳宁教授有所涉及外，几乎就没有了。而对于郑佳宁教授的研究而言，她的不足主要在于研究所涉末端投递模式种类过少，且因缺少实证研究，其法律关系构建、责任承担分析等皆建立在一种脱离现实情况的理想情境之上，在现实针对性方面有所不足。

现实生活中的快递末端投递民事纠纷往往不是简单围绕“快递企业”“寄件人”“收件人”这三方主体产生的，不同末端投递模式将会给快递服务活动增加不同的“新主体”。以“送货上门”投递类型为例，这种投递类型中有一

---

[4] 参见杨立新：《确定快递服务丢失货物赔偿责任的三个问题》，载《中国审判》2010 年第 12 期。

[5] 参见刘丹妮：《快递丢失与损毁赔偿责任法律分析》，湖南师范大学 2016 年硕士学位论文。

[6] 参见付玲玲：《快递服务合同的赔偿责任》，华东政法大学 2015 年硕士学位论文。

[7] 参见万李虹：《快递服务合同违约责任研究》，西南政法大学 2014 年硕士学位论文。

种模式为“直营连锁模式”，在此模式中，除有快递企业总公司参与外，还可能有快递企业的子公司、分公司或是子公司的分公司参与。现实生活中的快递末端投递类型及某一类型下之模式，林林总总，从其投递模式外观来看，常见的就有 8 种之多。而在这些末端投递模式中，并非所有模式的法律关系都清楚明白，如在“用户自取类型”下的菜鸟驿站代收模式中，菜鸟驿站网点在快递服务活动中的法律地位便不够清晰。

此外，在快递末端投递环节下各主体间法律关系被厘定清楚后，现实操作中时常存在的某一主体违法、违规投递的情况还会使具体的投递方式产生归类困难、责任承担方式不清的问题。以“门卫模式”为例，此模式是基于收件人委托门卫等主体进行快件代收的一种委托合同关系。若在某次末端投递环节中，门卫同意快递企业工作人员的请求“替收件人”签收了快件但收件人本人并未对此进行过委托，那究竟是将之视为“送货上门”类型还是“用户自取”类型中的“门卫模式”呢？我们发现，表面上处于二者之间的这种情况实际仍属于“送货上门”类型，只不过在此过程中快递企业一方存在有违规投递的问题。既然既有研究已将收件人定位为快递服务活动中的消费者，那么对其权益保护所进行的研究就应该从现实情况出发，更为全面与彻底，而非仅停留在对快递服务合同分析并得出快递企业与快递寄收双方法律关系的层面。

由此可见，对快递末端投递环节中各主体间法律关系的分析，既要求明晰“快递服务合同”的性质及其下三方主体间的基础法律关系，又需要在快递投递外观层面区分不同快递末端投递模式，最终对不同模式下各主体间的法律关系做类型化的分析。以对快递服务合同的研究为基础，展开不同模式下相应主体间法律关系的类型化分析，是本文的主要研究内容。在此基础上，针对我国快递末端投递民事纠纷提出类型化的裁判策略，是本文的另一研究部分。

二、关于“快递服务合同”“快递末端投递环节”的现实问题

快递末端投递环节出现的纠纷与申诉类型多样，各种类型中寄递收三方

主体间的法律关系虽皆基于各快递企业与寄件人签订的快递服务合同，但不同末端投递模式所涉主体与相应主体间的法律关系又因各自模式特点、新设法律关系而有所不同。有鉴于此，若意欲在快递服务合同的基础上，就各末端投递模式展开法律关系的类型化分析，必先对快递服务合同与快递末端投递环节的现实情况有一个较为全面且现实的了解。因此，围绕快递服务合同，笔者就其利益相关三方（快递企业、寄件人、收件人）对快递服务合同的了解情况与快递末端投递中三方可能遭遇的问题展开社会调查，以得到三方关于快递服务合同的具体态度与快递末端投递环节的现实问题，同时对法院处理相关案件的裁判情况做一个梳理与总结。

这里的社会调查以四种方式进行，分别为实地考察、实地调查与访谈、问卷调查与案例整理，其中案例主要来源于中国裁判文书网与北大法宝的快递纠纷相关案例。调查结论如下。

（一）各主体对快递服务合同认识、重视程度低

快递服务合同，因其表现形式的特殊性（以“快递运单”的形式存在）而被大多数人所忽视。本组开展的问卷调查结果显示：在“快递服务合同”部分，多数民众（60%）不知道寄件人与快递企业间存在“快递服务合同”，大多数民众（82%）认为自己没有或仅有时有过和快递企业签订“快递服务合同”的经历。但大多数寄件人（91%）都表示自己在寄件时会填写快递企业出具的“快递运单”。无论是寄件人还是快递企业工作人员，认识到在快递服务活动中有“快递服务合同”存在的均为少数，而知晓自己在寄件过程中有签订过“快递服务合同”的，更是少之又少。但实际上，91% 的民众都表示自己在寄件过程中填写过“快递运单”，这意味着绝大多数民众根本不知道“运单”的合同性质或是法律凭证的属性，遑论通过该合同明晰并维护自己的权利、依法履行义务。实践中，各方主体对快递服务合同的缺乏认识使得对该合同重视的前提几乎丧失殆尽，这很好地解释了实践中各主体间矛盾始终激烈、快递纠纷数量居高不下的事实。除此之外，从一些裁判案例中可以看出多数民众对快递服

务合同主体是认定不清的（如“重庆江津法院判决彭夏诉游敏快递服务合同纠纷案”[8]）。问卷调查还显示，大多数寄件人在寄件过程中对快递保价事项等格式条款不理解且快递企业工作人员对此亦不予详细告知（见表 1）。

表 1　以往寄件中，快递服务人员是否会主动向寄件人说明何为保价、保价与否对快件丢失损毁后的相应赔偿情况差异？

选项	小计	比例
是	65	16.17%
否	265	65.92%
有时有、有时没有	72	17.91%
本题有效填写人次（人）	402	

所幸，在问卷调查的末尾，许多民众表示希望对“快递服务合同”以及末端投递环节各主体间法律关系有进一步的了解与认识。如在开放性展望部分受访者填写“这些是不是属于格式条款”“希望相关部门向广大用户普及快递服务合同的条目”“寄件时向寄件人要详细说明双方的应该承担的义务和权利”等问题或建议。

（二）各主体对快递末端投递模式下主体间法律关系认识不清

快递末端投递模式下各主体间法律关系，是建立在快递服务合同法律关系基础上的，包含可能存在的加盟合同、委托合同等法律关系在内的一种常常是复合式的法律关系。其中，主体资格与地位、各主体的具体权利义务应为法律关系的应有之义，同时，以此为基础，各主体间责任承担方式也应当作为法律关系的必要延伸内容被一并考虑。问卷调查结果显示，受访者虽表示对送货上门和各种自取模式都有一定程度的了解，但对于其中典型的“便利店模式”“智能快递箱模式”等末端投递模式下发生损害赔偿责任时的责任承担方式，可以说是一概不知。在我们给出的五个可能承担方式的选项中，每个选项

[8] 参见李亮：《快递服务合同纠纷被告主体资格的确定》，载《人民法院报》2012 年第 9 期。

被选的次数都相近，足见大部分民众是“知此模式、用此模式”，但完全不清楚“此模式究竟为何物”。（见图 1）在日常末端投递过程中，因较少出现损害，这种认识缺乏对快递服务活动的正常进行并无大碍，而一旦发生实际损害，各方对自己权利义务及责任承担方式的认识匮乏便成了引发相关纠纷的导火索。

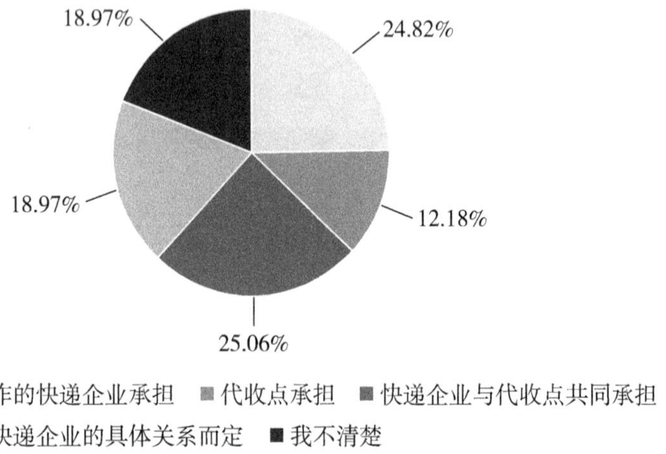

图 1　设想若您的快递经您同意被投递到智能代收点（如智能快递接收柜），当快递发生丢失损毁等问题时，您认为赔偿责任的承担方式是？

（三）快递末端投递中出现的民事纠纷多

民事纠纷是社会生活中产生的一种矛盾，这种矛盾的产生，源于不同的民事主体，对同一民事权利或民事权益所持有的不同看法或主张，[9] 区别于单纯指争执不下的事或不易解决之事的纠纷一词，快递服务活动中的民事纠纷，各方主体就某一权利义务相关事宜产生意见分歧进而导致的纠纷。调查报告显示，超半数（54%）民众在寄件或收件经历中，有过和快递企业及其工作人员争执或发现自己的快件有或大或小的破损甚至丢失，这表明因快递服务活动而产生的现实纠纷确实存在且基数不小、占比较高，而快递末端投递环节作为快递企业与收件人直接接触的最终环节，更是容易出现纠纷。案例分

[9] 参见柴发邦：《中国民事诉讼法学》，中国人民公安大学出版社 1992 年版，第 13 ~ 15 页。

析报告显示，借助“北大法宝”案例搜索引擎，截至2018年3月19日以“快递”作为标题关键词进行精确匹配，共搜索到1篇公报案例、14篇经典案例以及1445篇法宝推荐案例，其中，包含有快递末端投递相关问题的主要是运输合同纠纷和财产损害赔偿纠纷。经过法庭渠道调解或判决解决的民事纠纷数量已经如此众多，更何况无法获悉的通过私力救济解决的快递末端投递相关民事纠纷。

（四）快递末端投递中因投递不规范而致的潜在民事纠纷多

无论是问卷调查中显示的广泛存在的诸如派件员“拒绝二次投递”“将快件投递至未经收件人同意的违规代收点”等违规违约行为，还是访谈中快递从业人员提供的“先投递至某一点，后通知收件人自取”等不自知违约的投递行为，均表明，快递从业人员在多数情况下并未认识到自己的投递行为是一种违规违约行为，而大多用户都有经历或耳闻过派件员的上述行为，只不过一般都对这种行为持默许态度。这种违规违约行为，在快件服务活动良好完成、未引发民事纠纷的情况下，仅仅是一种“非常规行为”而不会引起争端，可一旦产生人身或财产损害事实，这些由不规范的末端投递行为所致的“潜在纠纷”极易转化为需要解决的“实在纠纷”。因此，快递末端投递的各主体都需要明晰末端投递模式下各方的法律关系，在寄递双方知晓自身权利义务的前提下，尽量做到合规合约投递，以减少潜在的民事纠纷。

（五）快递末端投递民事纠纷的解决策略不一致

民事纠纷，一般来说，可以通过当事人自己、社会及国家三种渠道获得解决。通过调查阶段翔实的案例研究，我们发现快递末端投递的运输合同纠纷和财产损害赔偿纠纷，都涉及物品的丢失、损毁或者延误，相关的争议由此产生，并在裁判上存在差异，主要体现在快递服务中的相关主体责任承担方式认定与快递企业所提供的快递单背面的限制赔款额度条款的法律效力认定两方面。就前者而言，分歧主要源于快件损害节点难以确定与相关主体法律地位不明确。如在“刁某诉某快递有限公司财产损害赔偿纠纷案”中，法院认为：“被告在投递原告的快递物品时，没有按照快递上明确注明的地址和收件人进行投递，在未与快递单上注明的收件人联系，更未经快递单指定的收件人同意的情形下将快递交由收件人所在单位门卫签收，从而导致原告的邮递物品丢失，对原告损失的发生存在明显过错，应当对原告因上述身份证等物品丢失造成的损失承担赔偿责任。”但从学理上看，此处门卫的签收快件行为究竟属于无权代理还是一种无因管理尚值得商榷，其是否需要和快递公司一同承担责任也需要进一步的思考。有关快递末端投递的民事纠纷多通过当事人自身或社会渠道解决，仅少数损害特别严重的才会寻求公力救济。大多数快递服务活动相关主体都对末端投递下主体间法律关系不了解，即无法依据法律与约定行使自身权利或要求对方履行义务，因此，无论采取上述三种渠道中的哪一种，都会存在纠纷解决所依裁判策略不一致的问题。

（六）其他

依据本组调查结果，在快递服务活动过程中，还存在诸如快递从业人员专业素质低、民众维权意识弱、维权手段认识缺乏等问题，并且在实地调查中不难发现部分快递企业的承诺条款已明显落后于法律法规（未保价的赔偿情况、赔偿责任的一年期等快递企业所列“服务承诺”条款落后于《快递暂行条例》）。此外，还存在快递工作人员专业素质不高的问题，表现为对待用户就快递服务合同等提出的合理问题不配合回答、不提供保价等。而在实地调查与访谈中，我们发现许多时候因派件员工作量实在太大而无法保证工作质量，这一点在问卷调查的结果中亦有体现。

调查结论所载有关快递服务合同与快递末端投递环节的现实问题表明，从快递服务合同出发，以合同所确定的寄递收三方法律关系为基础，分析总结各种快递末端投递模式下各主体间法律关系，并从法律关系层面对快递末端投递做类型化分析，无论对解决末端投递环节引发的缺乏裁判统一性的民事纠纷而言，还是从满足用户对快递服务合同内容及各末端投递模式法律情况的了解需求来看，都确有必要。

三、快递服务合同下寄递收三方基础法律关系

快递服务活动，总体上分为快递企业从寄件人手中收下快件、快递企业将快件快速运输至收件人所在地区、快递企业将快件递送至收件人手中三个环节，这里的“快递企业”、“寄件人”和“收件人”包括基于其他法律关系而进行相关代理活动的主体。其中最后一个环节是我们所称的“快递末端投递”环节。而快递服务合同，作为利益相关三方法律关系的基础，统摄快递服务活动的全过程。因此，研究寄递收三方的基本法律关系，其实就是研究快递服务合同下的三方民事法律关系；理解快递服务合同，是确认三方法律关系的基础，亦是进行末端投递下各主体间法律关系类型化分析的前提。

（一）快递服务合同及其性质概述

虽然名为快递服务合同，但实践中，该合同并不是以一种传统的列明双方权利义务并要求当事人在底部签名的协议形式存在的。大多情况下，快递企业往往通过要求寄件人填写“快递运单”的方式与之缔结合约。因此，正面需要寄件人填写寄送快递相关信息、反面列有快递企业预先拟好的“快递服务条款”内容的快递运单，是实践中快递服务合同的主要存在形式。也正因如此，大多数寄件人甚至快递服务工作人员虽都有在寄件活动时填写快递运单的经历，却并没有认识到快递运单的合同属性，这直接影响了收件人对运单背后服务条款的阅读情况（可从调查结果中看出）。

我国的《合同法》并未将快递服务合同纳入规范体系，因此，对它的研究常常始于将它与运输合同和服务合同进行的比较。我国《合同法》第288条规定：“运输合同是承运人将旅客或者货物从起运地点运输到约定地点，旅客、托运人或者收货人支付票款或者运输费用的合同。”对于服务合同，周江洪教授认为：“一般指全部或者部分以劳务为债务内容的合同，又称为

提供劳务的合同或服务提供合同。”[10]从以上定义来看，快递服务合同兼采运输合同与服务合同的特有属性，有学者据此将之定义为“寄件人与快递服务组织签订的，约定由快递服务组织快速寄收、运输、投递快件，按承诺时限递送到收件人处或指定地点并获得签收，同时寄件人或者收件人支付运费的服务合同”[11]。该表述既涵盖以上两种合同的特性，又融合快递服务活动特有的“时效性”特点，可以作为快递服务合同的定义。

快递服务合同有四个主要特征：第一，快递服务合同主体是寄件人与快递企业；第二，快递服务合同的客体是快递企业提供的一种高效、便捷的快递服务；第三，快递服务合同是一种双务有偿合同，因此，合同对双方主体的要求均较高；第四，快递服务合同是一种特殊的格式合同，其特殊性在于“快递运单”的表现形式与格式条款的背页列举。对快递服务合同主要特征的把握，在确认合同主体与权利义务方面都有着较大意义。

关于快递服务合同性质，讨论多集中在其是否为“为第三人利益合同”。为第三人利益合同，粗糙地看，可定义为“当事人为第三人设定了合同权利，由第三人取得利益的合同”[12]。有学者对此做了更为具体的划分，即将其区分为不真正为第三人利益合同（广义的为第三人利益合同）和真正为第三人利益合同（狭义的为第三人利益合同），二者关键差别在于“第三人可否依该合同取得对债务人的直接请求权，即第三人是否享有独立债权”[13]。具体而言，若将快递服务合同认定为真正为第三人利益合同，那么一旦在快递服务活动中发生了快件丢失损毁等损害情形，向快递企业请求赔偿的主体将由寄件人扩展至包括收件人在内的寄收双方，这是对收件人权益的极大保障。虽然目前学界对“快递服务合同是否是真正为第三人利益合同”的观点尚有争论，但基于保障

[10] 周江洪：《服务合同研究》，法律出版社 2010 年版，第 14 页。

[11] 栾静：《快递服务合同的法律关系研究》，天津商业大学 2013 年硕士学位论文。

[12] 崔建远：《合同法》，法律出版社 2007 年版，第 36 页。

[13] 叶金强：《第三人利益合同研究》，载《比较法研究》2001 年第 4 期。

消费者权益、解决民事纠纷[14]、维护信赖利益[15]、符合立法目的解释[16]等理由，绝大多数学者对此仍持肯定意见，即将快递服务合同认定为真正为第三人利益合同。

因此，当快递企业不能依约完成快递服务时，收件人有权直接向快递企业行使请求权而无须借助寄件人，收件人所行使的请求权具体包括给付请求权、给付受领权和债权保护请求权。[17]

（二）快递服务合同法律关系的主体

快递服务合同法律关系，因快递服务合同“为第三人利益合同”的性质，应当是一种因快递服务合同的存在而产生的不仅限于合同当事人的法律关系，这种民事法律关系的主体包括寄件人、快递企业与收件人。将法律关系的主体从合同当事人扩大到包括受益人在内，无论是出于厘清快递服务活动中利益相关三方关系，还是为了更好讨论后续末端投递环节中三方主体间的法律关系，都很重要。

寄件人，即在快递服务活动中完成将快件交至快递企业手中并与之完成快递服务合同缔约的一方主体。实践中，存在“名义寄件人”与“真正寄件人”的区分，[18]二者在绝大多数情况下为同一人，仅在部分情况下，出现在快递运单“寄件人”一栏的“名义寄件人”不是快递服务活动中真正的寄件人，这需要具体情况下进行更为详细的认定。而作为快递服务合同下法律关系的主

[14] 参见苏号朋、唐慧俊：《快递服务合同中的消费者权益保护》，载《东方法学》2012 年第 6 期。苏号朋、唐慧俊从理论与司法实践出发，将快递服务合同认定为真正为第三人利益合同，不仅会促进快递服务的进一步发展，也会使得快递服务纠纷的解决更为便捷。

[15] 参见栾静：《快递服务合同的法律关系研究》，天津商业大学 2013 年硕士学位论文。栾静认为收件人作为第三人对合同享有信赖利益，其对合同享有的权利应该得到保护。

[16] 参见周洋：《快递行业消费者权益定位与法律救济》，载《重庆社会科学》2012 年第 8 期。周洋认为，《合同法》第 64 条的规定过于模糊、宽泛，从法律条文的完整性考虑应该将快递服务合同认定为真正为第三人利益合同。

[17] 参见苏号朋、唐慧俊：《快递服务合同中的消费者权益保护》，载《东方法学》2012 年第 6 期。

[18] 参见栾静：《快递服务合同的法律关系研究》，天津商业大学 2013 年硕士学位论文。

体的，应当是“真正寄件人”。

收件人，即在快递服务活动的最后环节对由快递企业递送的快件进行查验与签收的主体。虽然在末端投递环节，收件人常常委托第三人而不是由自己完成上述收件活动，但作为快递服务合同的利益第三人，享有给付请求权等实体权利的，只有收件人本人。

相比于寄件人与收件人，快递企业作为快递服务合同下法律关系的主体，其性质认定稍显复杂。首先，除一般快递企业外，从事快递服务提供业务的邮政企业（EMS：中国邮政速递物流），同样可作为上述法律关系的主体。此外，在实践中，并非所有的快递企业网点均由快递企业本身的工作人员运营，完成快递运输、投递任务的，也常常不是相应快递企业的正式职工而可能是另一独立法人的员工。针对我国快递市场的这种“特许加盟”情况，学者多主张，加盟企业与快递企业是一种民事委托关系，只要是以某一快递企业的名义提供服务的，则应由该快递企业向寄件人或收件人承担责任，被特许经营者应依据其与快递企业的内部加盟协议进一步主张权利。[19]

（三）快递服务合同下法律关系的内容

基于快递服务合同，寄件人、收件人与快递企业三方就合同约定事项享有相应的权利，承担相应的义务。在将快递服务合同认定为真正为第三人利益合同的基础上，学界对此的研究已较为成熟、全面，经笔者梳理，总结如下。[20]

1. 寄件人的权利与义务

根据合同的相对性，作为快递服务合同的当事人，寄件人的权利主要是相对于快递企业而言的。寄件人主要享有对快递企业的给付请求权与对快递企业的损害赔偿请求权。其中，寄件人对快递企业享有给付请求权并非指在快递服务活动中寄件人可请求快递企业向自己为给付，而是指寄件人可以请求快递

[19] 参见栾静：《快递服务合同的法律关系研究》，天津商业大学 2013 年硕士学位论文。

[20] 参见苏号朋、唐慧俊：《快递服务合同中的消费者权益保护》，载《东方法学》2012 年第 6 期。

企业向收件人为给付。在承担义务方面，由于寄件人还与收件人之间存在一个买卖合同，因此其针对快递企业与收件人双方，主要履行以下几项义务：第一，告知义务，寄件人应向快递企业准确告知收件人和所需寄送物品的基本情况；第二，寄件人应向快递企业交付快件并接受验视；第三，寄件人须按照国家相关规定对所需寄送的物品进行包装；第四，某些情况下（如寄付快递服务合同中），寄件人负有支付快递服务费的义务；第五，寄件人有在将快件交寄后及时通知收件人，并将快递服务组织名称和运单编号告知收件人的义务；第六，在快递服务组织履行完毕递送交付义务前，寄件人有协助收件人查询、督促的义务。

2. 收件人的权利与义务

如上所述，收件人虽然不是快递服务合同的当事人，但因此合同的真正为第三人利益合同性质，收件人在快递服务合同下同样享有权利。虽然学界针对“是否能为第三人设定义务”有较大的争议，但笔者认为，权利与义务应当是对等的，为更好地实现自身权利，收件人同样也因此需要承担部分相应的义务。同时，由于收件人存在与寄件人签订的买卖合同，除相对于快递企业外，其权利还指向寄件人。具体而言，收件人的权利可分为三种，即前面已提及的给付请求权、给付受领权与债权保护请求权。给付请求权指的是收件人享有的在快递服务活动中，直接请求快递企业按照合同约定快速及时且完好无损地将快件交付给自己的权利；给付受领权则指债权人有接受债务人给付，即受领快件的权利；债权保护请求权，是在快递服务活动未能正常完成的情况下，收件人有基于两种请求权基础，[21]分别向寄件人与快递企业行使债权保护请求权以寻求救济的权利。关于收件人的义务，笔者认为其主要承担一种配合的义务，即尽量配合派件员做到合法合理签收，配合寄件人使其了解快件的配送情况。

3. 快递企业的权利与义务

相比寄收双方，快递企业因只缔结了一份合同，即快递服务合同，其所

[21] 参见智图：《论利他合同受益第三人之给付请求权》，载《法学》2005 年第 2 期。

具有的权利与义务要更为简单。同时，考虑到寄收双方的消费者地位，对快递企业权利的重视要明显小于对其义务的强调，这也是《快递条例》《快递业务操作指导规范》等对快递服务行业规范化的要求。快递企业主要享有三项权利，即收取快递服务费用、拒绝返还快递服务费用、拒绝向收件人交付快件的权利。上述三项权利的行使并非无条件的，可被认为是“附条件的权利”，以第三项权利为例，仅当快递企业未收到快递服务费用，或快递服务合同被认定无效或被撤销时，快递企业才有拒绝向收件人交付快件的权利。栾静在《快递服务合同的法律关系研究》一文中，将快递企业的合同义务主要依据快递服务活动的环节差异划分为三类，即收寄环节中的义务、运输环节中的义务与投递环节中的义务。收寄环节中，快递企业有依据相关法律与标准对快件进行验视并对符合收件条件的快件进行收件的义务；运输环节中，快递企业主要有在从分拣到运输的全过程中妥善保管快件并将快件运送到指定地区的义务；投递环节中，快递企业需要承担的义务相对更高，要求也更高，也正因如此，调查中才显示现实生活中派件员往往在这一环节表现出极不规范的投递行为，并且也正是在这一环节，收件人最容易感到自己的给付请求权与受领请求权受到了侵害。例如，快递企业有按照约定将快件递送给收件人并获得签收的义务，但实际上许多派件员会基于各种理由，不经收件人同意就仅将快件投递到收件人所在以外之处。再如，根据《快递业务操作指导规范》的规定，“快递企业应当对快件提供至少2次免费投递”，当收件人未能及时收取快件的，快递企业有免费再次为其配送的义务，但调查显示，实践中，收件人多未意识到此点，派件员的违规行为也很少会被指出。此外，快递企业还承担及时通知收件人领取快递并提醒他们当面验收的义务。

（四）其他合同相关问题

围绕快递服务合同展开的问题绝非上述列举可涵盖，诸如对以保价条款为代表的快递服务合同中的格式条款的效力认定与对收件人在各阶段所能获取的权益保护具体方式研究等问题的讨论，近些年来从未沉寂。如周洋主张对快递行业消费者权益进行事前保护并对快件投递不当、遗失等情况下的法律救济做了分类讨论；杨立新教授也通过对快递服务合同中格式条款的解释来进一步细化快递企业损害赔偿责任的承担方式。这些都是快递服务合同研究领域内极富争议同时亟待解决的问题，但并非本文研究的重点。

从以上对快递服务合同的概述以及快递服务合同下三方主体间法律关系的梳理总结中，不难发现，当快递服务活动中的主体被简单抽象为“寄件人”“收件人”“快递企业”时，三方的法律关系其实是比较清晰的，但真实的快递服务活动，特别是涉及其最后环节即快递末端投递环节时，虽然“寄件人”的身份基本无可置疑，但“收件人”与“快递企业”却并没有那么简单。当加盟、代理等关系出现在末端投递环节中时，各主体间的法律关系在加盟、代理等合同的基础上复合化了。另外，调查显示，就代理而言，此阶段的代理关系不仅有合法代理，亦存在违法代理的情形，再加上代理本身内部又具有可能会影响到责任具体承担方式的模式多样性，意欲解决快递末端投递环节的民事纠纷、为司法审判提供统一性的裁判策略，只关注快递服务合同下寄递收三方主体基础法律关系的明确，仍然是远远不够的。

四、快递末端投递现有模式的介绍

在对快递末端投递多种模式下各主体间的法律关系做类型化分析之前，必须对现有的末端投递操作模式先有一个大致的了解，因此，经广泛的社会调查，依民众的认知情况，笔者选取了目前一些常见的末端投递模式作为本文的研究对象。经整理，根据实践中快递末端投递模式的操作外观差异，笔者将这些末端投递环节分为两大类型，即送货上门类型与用户自取类型。同样以模式外观作为区分标准，笔者将这两种投递类型中的具体投递模式进一步做了如下概况总结。

（一）“送货上门”类型

送货上门类型，亦称“直送”类型，由来已久，是最传统的一种末端投递方式。在改革开放前，邮政寄递包裹采用的即送货上门模式，其具有点对点、（收件人）被动式、（快递员）责任主义的特点。根据国家邮政局的统计，送货上门模式的用户满意度是所有模式中最高的，图2是2017年用户满意度调查表。[22]但由于送货上门的高时间成本和进入难题（小区、公司等物业设置了进入门槛），当前真正意义上的送货上门服务已经大大缩减，且业务范围主要集中在邮政业（信函、报刊），地域范围主要是农村偏远地区，因此许多本属于“送货上门”类型的投递模式多在经收件方同意后改为“自取”类型。“送货上门”投递类型中的具体投递模式如下。

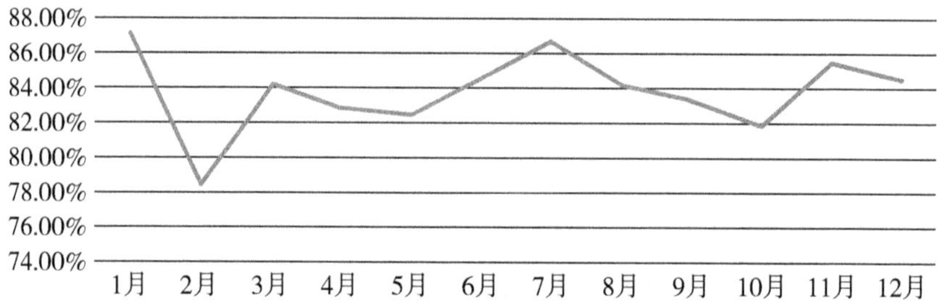

图2 2017年送货上门用户满意度

1. 加盟连锁模式

加盟连锁模式在法律上被认定为一种商业特许经营模式。[23]加盟者通过与被加盟者签订连锁经营合同取得加盟者身份，而在这种加盟合同关系中，两方主体均为相互独立的法人因而不具有行政隶属或企业隶属的关系。在实践中，规模较小辐射面积较小的一级加盟网点通过中转（二级加盟网点）与快递企业签订协议。目前为止，全国范围内除邮政EMS和顺丰速运外，其余快递企业基本上都选择了连锁加盟模式。据国家邮政局2017年不完全统计，仅北京、上海、广州三座城市一级加盟网点总数已达1700家以上，可见其规模之

[22] 中华人民共和国国家邮政局：《2017年用户满意度调查表》，载 http://www.spb.gov.cn/sj/tjxx_1/，2018年3月10日访问。

[23] 参见郑佳宁：《我国快递行业发展的“潘多拉之盒”——快递加盟连锁经营模式之法律问题探讨》，载《河南社会科学》2016年第24期。

大、范围之广。

2. 直营连锁模式

国内的快递企业中，目前只有邮政与顺丰建立了直营网点。与加盟连锁网点不同，直属网点大多不具有独立法人地位，其工作人员全部是公司直属员工。但实践中，出于快递企业经营规模扩张的需要，快递企业总部与其下各地经营网点多存在总公司—子公司—分公司的关系而非共属一体。由于设立直营网点需要大量资本，即使快递巨头顺丰公司也无法做到如同加盟模式般“无死角全覆盖”，也因此，加盟连锁模式占据了绝大部分快递市场。

3. 众包模式

在“互联网+”共享经济的浪潮中，也有不少创新者开启了众包快递的尝试。如人人快递、同城快递等电子商务平台，在高校中也有菜鸟网络推出的“菜鸟裹裹”电子平台。作为发包方的快递企业、接包方、收件人可共享一个众包社区平台，收件人既可以是服务对象也可以是参与主体，平台注册用户可以是使用快递服务的客户、众包接包方，也可以是快递企业。当快递客户在平台上提出快递服务需求时，可以由快递企业自身来满足，也可由众包接包方来满足。具体做法是当快递企业在网上发布快件投递任务时，若出行者行程路线与之匹配则可以接单配送，使人人都可以成为自由快递人并获得一定报酬。一旦有市民运送员接受了投递任务，则在收件人的授权之下相当于运送员完成了快件的签收活动。这种众包模式在理论上具有快速性、安全性、自由性的特点，同时还能利用社会闲散资源实现低碳、绿色的快递业发展。但因为在实践中产生了诸多责任分配问题，目前多被各地政府叫停，2015 年之后一度火爆全国的人人快递销声匿迹。但考虑到我们的调查显示，尚有部分民众对此有所了解，且其与“共享经济”潮流的暗合使它仍然具有在未来“死灰复燃”的可能性，我们仍决定对其进行研究。

（二）“用户自取”类型

“送货上门”类型下，收件人时常不方便收件的特性导致配送效率低下，难以适应现代爆炸式增长的快递配送业务量，因此“用户自取”类型应运而生。根据“用户自取”类型中模式外观差异，笔者将其分为四种类型，下面逐一介绍。

1. 智能快递箱模式

智能快递箱模式指电商或快递企业利用物联网智能终端为收件人提供代收服务。到目前为止，智能代收模式发展尚不成熟，还停留在快递箱、快递柜阶段，其运作存在诸多弊端，如对收件人而言，快递柜由于其规格的固定性无法存放大件物品，且一个柜子只能存放一个快件，按柜计价，对于客户而言性价比较低；而对于投资者而言，快递柜的设置需要较大规模的启动资金才能实现网点的全覆盖，因此只有大城市中的部分小区、写字楼中才会出现。要想收回投资成本都需要漫长的时间，遑论盈利。

2. “门卫”模式

在社区或写字楼等居民密集地区，快递企业从原始的门卫代收发展出了非专业的合作模式。电商企业或快递企业同社区或写字楼的物业公司合作，将商品配送至物业公司指定的地点，业主再到物业指定的地点自取快件，这种与非专业物流机构合作的模式极大提升了投递的效率，降低了快递的成本，且操作方便，双方不涉及信息系统对接、代收货款这些深层次的合作。需要注意的是，虽然在表面上“门卫”模式为快递企业与以门卫、物业为代表的第三方进行合作，但实质上这是一种收件人与第三方的合作关系，即第三方作为收件人的代理人替其完成快件的签收与保管任务。

3. “便利店”模式

笔者所言“便利店”模式，为一种第三方主体的商事代理模式，即第三方主体以营利为目的，与快递企业一方建立正式的合作关系，由第三方代快递企业进行末端的投递任务。便利店是位于人口聚集区附近，以经营即时性商品为主，采取自选式购物方式，以满足便利性需求为第一宗旨的小型零售店。[24]第三方主体经常为便利店，故笔者将之命名为“便利店”模式。实践中，多表现

[24] 参见郑怡宁：《快递企业与便利店协作运营下的利益分配研究》，北京交通大学 2015 年硕士学位论文。

为在某末端区域中，快递企业与便利店合作，由客户选择“送货上门”或前往就近的便利店进行自取，如果顾客选择去便利店自取，则快递企业将快件配送到顾客指定的便利店，由便利店向收件人提供快递的存储、代收货款、退换货等服务。一般附属寄存与提取功能的便利店都会提供24小时取件服务，并且提供线上支付或刷卡支付等方式代收货款。由于功能相对复杂，这种模式下便利店需要完成与快递企业信息系统的对接，相比于物业代收模式经济成本较高。

4.“摊点”模式

“摊点”模式多见于人流较为密集而收件人所处单位、小区等有较高的人员准入要求性质的地域，许多高校为其典型代表。因高校对快递从业人员进入校园的活动多有限制，在末端投递环节，常常存在派件员无法送货上门而只能在校外找寻空地进行“摆摊”，并联系收件人至“摊点”自行取件的情况。

5.菜鸟驿站模式

共享经济模式下，为了进一步提高资源利用率以获得规模效益，代收点不再只为一家快递企业服务。2013年5月，菜鸟驿站计划启动。菜鸟网络牵头，建立了面向社区和校园的物流服务平台，为网购用户提供包裹代收服务。到目前为止，几乎所有的快递企业都已经和菜鸟驿站签约，由菜鸟驿站完成最后一公里的配送服务。然而由于巨大的物流量，菜鸟驿站无法完成配送，因此都是通过收件人自取的方式完成出仓。

以上快递末端投递的两大类型与八大模式，虽在运营特点外观上均有差异，但从各主体间的法律关系角度来看却有共同之处。而一些似乎“貌合”的末端投递模式，在主体间法律关系上反而却可以说有些“神离”。具体到某一末端投递模式，现实情况的复杂性与其中违规违约的操作，更使相应民事纠纷各有千秋，因此从法律上对不同末端投递模式下主体间法律关系进行类型化分析，实有必要。

五、各末端投递模式下主体间法律关系的类型化分析

在快递服务活动中，寄件人与收件人间签订的基础合同与寄件人与快递

服务组织签订的快递服务合同共同组成了一个复合法律关系。[25]类似的，在快递末端投递环节中，各主体之间的法律关系同样是一种复合式的法律关系。在不同末端投递模式下，各主体以收寄人买卖合同与寄递收快递服务合同为基础，结合其他可能存在的各式合同，共同处于一个由多个合同所约束的复合性法律关系网之中。正如申卫星教授所言，“法律关系是一个内容复杂的综合体”，[26]对各末端投递模式下主体间法律关系进行类型化分析，就是找出各末端投递模式中存在的合同关系，并在原有基础合同之上对各主体间法律关系进行修正与明确。需要注意的是，“送货上门”类型中的直营连锁模式，其下主体间的法律关系非单纯以合同关系为依据，还包括各公司间的组织关系。

针对快递末端投递环节内可能出现的合同种类或公司关系，笔者进行研究、梳理与总结，共归纳出六种主要类型。分别为总公司—子公司—分公司关系，加盟合同关系，劳务合同关系，租赁、承揽关系，商事委托合同关系与民事委托合同关系。每一种法律类型下，各主体间特殊法律关系借以产生的法定基础、相关主体间的权利义务以及快递企业对收件人人身、财产损害责任的形态，是本部分研究的重点内容。同时，针对每一种法律类型下现实中常见的某一方违规违约的行为，也会做部分讨论。进而，笔者将在裁判策略部分分析每种末端投递模式对应哪一种或哪几种上述合同、公司关系，并从法官的立场出发，在快递服务合同所确定的各主体间基础法律关系的基础上做修正性表达。

（一）总公司—子公司—分公司关系

快递企业要想将业务范围拓展至全国市场，就需要完善的全国性寄递网络资源，连锁经营似乎是目前看起来成本最小的运营模式。而连锁经营又分两种类型，一种是由总公司在各地区划分经营范围，设立子公司或分公司的直营连锁模式，另一种是由众多市场经营主体与快递企业签订特许经营合同形成的

[25] 参见栾静：《快递服务合同的法律关系研究》，天津商业大学2013年硕士学位论文。

[26] 申卫星：《对民事法律关系内容构成的反思》，载《比较法研究》2004年第1期。

加盟连锁模式。直营连锁模式所需的巨额启动资金、高昂的管理成本和冗长的汇报周期使市场上绝大多数快递企业望而却步，但也不乏迎难而上者，如顺丰公司和中国邮政速递物流股份有限公司（EMS）。选择直营连锁模式是因为它本身具有独特优势，如总部直接管理，有助于总部获取最有效的市场信息和用户反馈，能够提升服务质量；总部拥有直接控制权，便于管理，各分店能够充分执行和体现总部的发展理念；可避免各分公司之间因为利益冲突而失控，较好地统一调动与分配资源，统一决策、统一开发和整合渠道；在新技术、新产品的开发和推广、信息和管理现代化等方面易于发挥整体优势；总部的有力支持能保证分店良好的社会效益与经济效益，可起到积极的带动示范作用。

EMS 国企的特殊性质，使得对其进行分析的结论不具有普遍适用性，因此这里的讨论和分析以顺丰速运为例。顺丰公司在全国 300 多个县级市都设有营业网点，同时旗下拥有 34 个分公司，独自建立了覆盖全国包括边疆在内所有区域的寄递网络。考虑到在直营连锁模式下虽有“子公司”存在的可能但在现实中这种组织模式并未被快递企业所采纳，这里也仅讨论“总公司—分公司”的法律关系。顺丰速运的管理结构清晰明了，因此与消费者之间的法律关系也最为简易，如下图所示：

总公司 ——→ 分公司 ——→ 营业点 —快递合同→ 寄（收）件人

图 3

“总公司—分公司”的组织关系来源于公司出于市场因素自主设立分公司的行为。《公司法》第 14 条第 1 款规定：“……分公司不具有法人资格，其民事责任由公司承担。”根据该规定，分公司不是真正意义上的公司，只是总公司为了方便对地方事务管理而下设的分支机构。并且分公司发生的利润与亏损要与总公司合并计算，即“合并报表”，也即分公司需要承担总公司的所有债务。分公司下设的营业点又是派出机构，同样不具有法人地位。因此顺丰公司本质上只有一个法人，所有的派出机构只不过是该法人的办事机构而已，其依法行使代理权而产生的法律后果由总公司承担。尽管分公司不是独立法人，不独立承担民事责任，但我国《民事诉讼法》及相关司法解释却明确将它列为民事诉讼主体。我国《民事诉讼法》第48条第1款规定："公民、法人和其他组织可以作为民事诉讼的当事人。"而《最高人民法院关于适用〈中华人民共和国民事诉讼法〉的解释》第52条进一步将"其他组织"明确为"合法成立、有一定的组织机构和财产，但又不具备法人资格的组织"，包括"（五）依法设立并领取营业执照的法人的分支机构"。这里的分支机构即包括我们所说的分公司，因此分公司可以独立作为民事诉讼的当事人。《关于人民法院执行工作若干问题的规定（试行）》第78条第1款规定："被执行人为企业法人的分支机构不能清偿债务时，可以裁定企业法人为被执行人。企业法人直接经营管理的财产仍不能清偿债务的，人民法院可以裁定执行该企业法人其他分支机构的财产。"据此，虽然分公司不能独立承担民事责任，但在执行公司债务时，仍应优先执行分公司的财产，不足再执行总公司的财产，即总公司对分公司债务承担补充清偿责任而非连带责任。

就消费者和顺丰公司的权利义务而言，由快递服务合同做出约束，寄件人在给付相应对价后，有权要求其总公司及每一个下属营业点履行债务，而快递服务合同作为真正为第三人利益合同，使得收件人也有向每一个营业点请求债务给付的请求权。但一般快递服务合同会对寄收双方的请求权行使对象进行更为具体的说明和约定，通常为快件交付的营业点和离收件人最近的营业点，因此一旦出现快件毁损、灭失、延误等情形，寄件人和收件人可以要求相应营业点承担赔偿责任，必要时可以顺丰总公司或最近的分公司为被告，提起民事诉讼，要求顺丰公司依法承担赔偿责任。

在现实中，"总公司—子公司—分公司"的法律类型常在直营连锁模式、部分智能快递箱模式与摊点模式中出现。

（二）加盟合同关系

《快递业务经营许可管理办法》规定，快递经营主体取得快递业务经营许可必须满足以下四个条件：第一，具备企业法人资格；第二，符合法定的注册资本；第三，取得快递业务经营许可并提供快递服务；第四，具有相适应的服务能力和管理能力。其中对于法人资格和注册资本的要求将许多小微经营者排除在快递市场之外。根据从事快递经营活动地域范围的不同，可以将企业注册资本划分为三个标准：经营范围在省、自治区、直辖市以内的，企业的注册资本不得低于人民币 50 万元；经营范围跨省、自治区和直辖市的，企业的注册资本不得低于人民币 100 万元；经营国际快递业务的，企业的注册资本不得低于人民币 200 万元。[27]这对于一些白手起家的经营者来说已经是相当高的门槛，足以令其望而却步。而许多快递企业为了扩大运输的地域范围，又迫切需要和这些小微经营者合作以获得足够的人力资源，因此加盟连锁模式便成了大型快递企业同小微经营者合作的纽带。除却资金需求量小，加盟管理模式还有管理成本较小、回报周期较短、扩张速度快等优势。对于小微经营者，能够有效地帮助处于发展初期的经营主体克服资金缺乏、管理经验不足等困难。而对于快递企业而言能够实现品牌的迅速扩展，提升品牌效应，在短时间内实现全国性的寄递网络建设与完善的同时迅速回笼资金，因此加盟管理可以说是现代商业较为成功的双赢模式。目前市场上业务量较大的快递企业中绝大部分都使用该模式运营，较为典型的有“四通一达”，即圆通、申通、中通、百世汇通以及韵达快递。

加盟者与被加盟者之间加盟连锁的合同关系来源于双方所签订的加盟合

---

[27] 根据《快递业务经营许可管理办法》第 6 条，申请经营快递业务，应当符合《中华人民共和国邮政法》第 52 条的规定，具备下列条件：“（一）符合企业法人条件；（二）在省、自治区、直辖市范围内经营的，注册资本不低于人民币五十万元，跨省、自治区、直辖市经营的，注册资本不低于人民币一百万元，经营国际快递业务的，注册资本不低于人民币二百万元；（三）有本办法第七条、第八条、第九条规定的与申请经营的地域范围相适应的服务能力；（四）有严格的服务质量管理制度，包括服务承诺、服务项目、服务价格、服务地域、赔偿办法、投诉受理办法等，有完备的业务操作规范，包括收寄验视、分拣运输、派送投递、业务查询等制度；（五）有健全的安全保障制度和措施，包括保障寄递安全、快递服务人员和用户人身安全、用户信息安全的制度，符合国家标准的各项安全措施，开办代收货款业务的，应当以自营方式提供代收货款服务，具备完善的风险控制措施和资金结算系统，并明确与委托方和收件人之间的权利、义务；（六）法律、行政法规规定的其他条件。”

同，即一种快递行业领域内的特许经营合同。需要注意的是，与“总公司—分公司”关系不同，加盟连锁合同关系中，加盟者与被加盟者是两个独立的民事主体，加盟者一般是独立法人而非被加盟者的分支机构。在加盟连锁模式下，加盟者与被加盟者相互之间的权利义务由加盟合同进行规定与约束。通常情形下，被加盟者会在运输网络、人员培训、组织结构以及经营管理等方面为加盟者提供支持，不仅赋予加盟者开展快递业务的资格（许可），也帮助加盟者尽快接入快递运输网络开展运营，而加盟者的义务一般是给付相应的对价。同直营连锁模式（即“总公司—分公司”模式）一样，在加盟连锁经营模式中，基层的加盟者通常也会在其经营地域范围内设置一定数量的末端网点，以满足日常生活中快件末端揽收和派送的需求。

乍一看所谓的加盟连锁模式即为法学上的商业特许经营的一种，以特许经营合同作为纽带，其核心是品牌等无形资产的许可使用，[28] 与一般的特许经营没有什么区别。但由于快递行业的特殊性，这种模式中各主体之间法律关系有一定复杂性，主要体现在加盟者之间所具有的横向分工关系之中。一次完整的快件寄递活动包括收寄、分拣、运输和投递四个缺一不可的环节，一般由至少四个不同的加盟者完成，如果出现快递的损坏、延误、丢失等问题，加盟者则因彼此之间缺乏一致性利益而相互推诿扯皮，这就导致消费者维权困难，快递服务质量下降。同时，横向分工关系还使得各加盟商形成一个紧密相连的商业共同体，一旦加盟者中有退出者，对其他环节和网络体系的加盟者产生的负面影响将难以估量，甚至可能造成大面积快递服务系统瘫痪的严重后果。故此处对各主体间权利义务关系与责任承担方式进行详细梳理。

1. 快递系统内部关系：以一次快递投递工作从寄出到投递为例。寄件人将快件交付于某个基层投递与收寄站点（加盟商 1），此加盟商代理快递企业与寄件人签订快递合同。之后加盟商 1 将快递移交上级地级市揽收中心（加盟商

[28] 参见刘瑶、朱明侠、王皓：《转换型特许经营模式的发展与启示》，载《现代管理科学》2015 年第 7 期。

2）入库，将寄件的风险和义务也转交给加盟商2。加盟商2在收件后将快件交付地级市分拨中心（加盟商3）分拣。分拣完毕后加盟商3交付运输商（加盟商4）进行转集包扫描，开始运往收件人所在地。这四个步骤全部处于总部下属地级市分公司的监管过程中，分公司对加盟商的运营行为进行信息跟踪、信息披露和技术支持。待快件送至收件人所在地级市，则以上过程逆向进行。先由当地分拨中心（加盟商5）进行卸车扫描，然后发往当地揽收中心（加盟商6），最后发往离收件人最近的收寄站点（加盟商7），由加盟商7最后完成投递，同样这个过程也由总部下属地级市分公司监管。当然中间的任何加盟商都有可能被替换成总部下属的分公司。所有加盟商之间通过与总公司签订合同而对总公司负有债务，它们通过与总公司的权利义务关系而形成一个网状结构，彼此之间却不存在直接的权利义务关系。一旦与客户产生违约纠纷，则各个加盟商或被加盟商仅就自身与客户确定的权利义务关系承担自己责任而不会相互牵连，在依法承担连带责任的情况下，先行赔付的连带责任人有权向有过错的一方追偿。对连带责任的讨论和分析见外部关系部分。

2. 快递系统外部关系：由于加盟合同实质上是快递领域相应快递企业与加盟商签订的特许经营合同，快递企业允许加盟商使用其商标、字号或者快递运单经营快递业务，并收取一定加盟费用，故快递企业须为此承担相一致的风险，体现为寄件人在向加盟商交付对价后有权请求快递企业履行相应义务。又因为快递合同为真正为第三人利益合同，所以收件人也享有对快递企业的请求权，这毋庸置疑。同时，因为加盟商以自己的名义与快递客户签订快递服务合同，因此其作为合同主体，同样享有一定权利、承担相应义务，在快递服务提供过程中造成损害的，也要依法承担民事责任。《快递暂行条例》第19条将快递企业与加盟商的责任形式进行了明确："两个以上经营快递业务的企业可以使用统一的商标、字号或者快递运单经营快递业务……用户的合法权益因快件延误、丢失、损毁或者内件短少而受到损害的，用户可以要求该商标、字号或者快递运单所属企业赔偿，也可以要求实际提供快递服务的企业赔偿。"这条规定明确了快递企业与加盟商应承担连带责任，但现在的问题是，"实际提供快递服务的企业”其指向并不明确，考虑到各个加盟商共同使用同一商标、字号，如果发生快件毁损、灭失、延误等违约行为，寄件人与收件人能否要求快递服务过程中所有联系环节的加盟商承担连带责任？（即上文从加盟商 1 到 7），抑或仅仅与寄收双方当事人有直接联系的站点需要承担连带责任？（加盟商 1 和加盟商 7）学者郑佳宁认为：“法定的连带责任实际上已经明确了加盟者与被加盟者较为严苛的责任承担形式，为了实现快递经营主体和快递用户之间的权利义务之平衡，不宜对加盟者与被加盟者之间的连带责任做扩张解释，以免矫枉过正。”[29]笔者不同意这种观点。《快递暂行条例》规定“可以要求实际提供快递服务的企业赔偿”而非“要求寄件站点与收件站点的企业赔偿”，考虑的是中间环节作为该快递服务过程中不可缺失的部分，其加盟商对快件延误、丢失等损害可能存在过错，因而也有必要承担一定风险。对消费者而言，在大部分情况下，他可以选择寄件站点与收件站点加盟商作为被告，而在少数情况下，当寄收站点的加盟商无力承担相应民事责任时，他可以选择将中间环节加盟商作为被告从而获得权利救济。因此，从最有利于消费者角度考虑，将寄件站点与收件站点之间所有环节的加盟商（加盟商 1 到加盟商 7）连同快递企业作为连带责任人较为妥当，也较为符合现实需求。

现实中，加盟合同的法律关系一般为加盟连锁模式采纳、应用。

（三）劳务合同关系

劳务合同关系主要对应众包快递模式。

在经历过一段时间的野蛮生长和重新洗牌后，众包行业内主要形成了以“闪送”等企业为中心、以“中介”形式为主的运营模式。具体而言，“闪送”等只是作为信息发布的平台，用户在平台上发布快递信息，“闪送员”在平台上抢单，并送达后与平台基于预先设定的比例进行分成。但不同于普通的快递

---

[29] 郑佳宁：《我国快递行业发展的“潘多拉之盒”——快递加盟连锁经营模式之法律问题探讨》，载《河南社会科学》2016 年第 3 期。

企业，闪送员与闪送平台之间事实上并未签订任何劳动合同，而闪送员与用户之间又通过平台建立起了一个劳务合同关系，这使得快件在运送过程中的丢失、损害责任承担变得较为特殊、复杂。以下，笔者将以平台运营方和平台运送员之间的内部关系为讨论核心，进而从用户视角出发厘定各方的权责义务。

1. 平台运营方与运送员的内部关系

以闪送平台为例，注册成为其运送员的流程主要分为三步。首先，扫描二维码下载闪送员 App；其次，在 App 内报名闪送员并上传证件资料；最后，参与站点培训，在获得证件后开始接单。整个流程似乎并未涉及任何合同的签订，但在第二步的报名界面内，实际上系统会要求运送员报名者同意一个名为《闪送员服务协议》的文件。现有判例一般认定双方通过签署该合作协议所建立起来的是劳务关系而非劳动关系，"闪送平台向朱先生提供闪送信息，朱先生向客户提供闪送服务并收取闪送费用，闪送平台从中抽取一定的信息费，朱先生可自行掌握工作时间，其工作报酬并不是按月从闪送平台领取，故双方之间的关系不符合劳动关系的特征"[30]。基于此，双方关系适用《合同法》而非《劳动法》的规定，应当遵循意思自治原则，因此双方权责划分需具体考察各平台类似《闪送员服务协议》的规定。

《闪送员服务协议》规定，平台方有权合理调配取送任务、有权变更服务要求、有权向相关部门提供运送员的资料。而对于运送员而言，其条文更多以义务为主，包括必须严格遵守平台方的服务要求、必须严格按照平台方要求完成取送任务、必须反馈任何可能对平台造成不利的问题、不得与其他类似平台签订类似协议等。

在关于快件丢失和损毁问题上的责任承担方式，《闪送员服务协议》规定"乙方（即运送员）如在取、送货过程中因乙方原因造成货物丢失毁损，乙方应承担全部赔偿责任，如甲方先行向用户进行了赔付，乙方应立即补偿甲方向

[30]《快递员送货途中摔伤算不算工伤？律师：建议适时出台相关行业规范》，载 https：//baijiahao.baidu.com/s?id=1599860983129881786&wfr=spider&for=pc，2018 年 9 月 1 日访问。

用户先行赔付的金额。甲方有权直接扣除甲方账户中代乙方收取的取送服务费，作为乙方对甲方向客户进行先行赔付的补偿”，即在运送员取走用户的快件后，所有风险就转移到运送员身上，平台方最终不承担任何损害赔偿责任。

2. 平台运营方与运送员的外部关系——用户视角

以闪送平台为例，根据其与用户事先签订的协议，“闪送服务平台本身不提供物品配送服务，仅对用户发布的配送需求信息予以推送，由在平台注册的服务人员自主接单并完成配送服务”，即事实上用户是以该平台为中介与具体的运送员达成了一个劳务合同，运送员将指定物品在指定时间内运送到指定地点，换取用户支付的劳务报酬。当运送员在运送途中非因不可抗力等造成货物损毁的，用户有权要求其承担赔偿损失等违约责任。

对于平台，用户在快件丢失损毁时理论上是无法要求其进行赔偿的，但为了扩大市场、打消消费者的顾虑，平台一般都会在协议中为自己附加义务，即在情况属实时替运送员先行赔付，“因闪送员过错导致的递送物品的损毁或丢失，用户可以向闪送申请，经闪送确认该损失属实的，闪送代闪送员向用户先予赔付，同时，用户将向闪送员索赔的权利让与闪送”。因此，众包模式下，运送员相当于在收件人的授权下替收件人在快递网点代收了快件，运送员成功取件后，快递企业便不再承担任何责任，而由众包平台与运送员承担相应的责任。

（四）租赁、承揽合同关系

这一合同关系对应部分第三方智能快递柜模式。第三方智能快递柜模式不同于自营快递柜模式（由快递企业自身或其分公司运营智能快递柜），由于快递企业另外与智能快递柜实际运营方签订有租赁合同和承揽合同，这一模式的主体由普通的寄递收三方转变为包括实际运营方在内的四方，在权利义务的配比和责任承担上具有较强的特殊性。以快递企业为例，其在快件投入前和投入后均需承担额外的告知与注意义务，在便利性增强的同时加重了自身的运营风险；而对于增加的实际运营方而言，其亦需对合同相对方之外的用户承担一定的信息保护义务。以下，笔者将以快递企业和快递柜运营方为整体，首先分析其对外部的寄件人、收件人等用户的权责义务，其次再分析其内部基于多种合同关系而构建的权责体系。

1. 外部探讨——从用户视角出发

（1）快递企业

a. 投入阶段：在得到收件人允许的情况下，快递企业可将快件放入第三方存放柜以履行投递义务。这既是其基于市场效率和便利性而拥有的权利，同时也表明了其额外的法律义务，即需提前征得收件人的同意。否则，快递企业就需根据《合同法》第 107 条[31]对私自改变投递地址导致的快件延迟、损坏灭失等承担赔偿损失等违约责任；同时，也可能因侵犯消费者自主选择权和公平交易权而承担侵权赔偿责任。

b. 投入后待取阶段：当获得收件人的许可、快递企业将快件放入第三方储物柜等待用户自取时，快件依然处于“未签收状态”，快递企业的投递义务仍未完成，否则，就会增加收件人在当面签收模式下享有的验货签收权利因快递柜环节的加入而丧失的风险，这将使得用户处于极为不利的地位。[32]

基于此，快递企业在投入后待取阶段依然存有保证储物柜本身能够正常、安全取件的义务。对物而言，在非因不可抗力、货物本身自然属性或收件人逾期等而产生货物损毁的情况下，快递企业需对由于储物柜本身错误、故障而导致快件无法取出、损坏灭失等问题向快递用户承担损害赔偿责任。[33]根据《智能快件箱投递服务管理规定（暂行）》第 11 条，“使用智能快件箱进行快件投递服务过程中，快件发生延误、丢失、损毁等服务质量问题的，经营快递业务的企业应当按照与用户的约定依法解决”，虽然没有明确快递企业对快件的损

[31]《合同法》第 107 条：当事人一方不履行合同义务或者履行合同义务不符合约定的，应当承担继续履行、采取补救措施或者赔偿损失等违约责任。

[32] 参见郑佳宁：《从结束开始：快递末端投递法律问题再审视》，载《大连理工大学学报》（社会科学版）2016 年第 4 期。

[33] 参见郑佳宁：《从结束开始：快递末端投递法律问题再审视》，载《大连理工大学学报》（社会科学版）2016 年第 4 期。

害有法定的赔偿义务，但基于“快递服务合同”，在收件人签收快件之前，快递企业对快件均负有保证其安全、完整的义务。以顺丰为例，《顺丰运单条款》第 13 条第 1 款规定，顺丰对任何一件快件的责任，包括但不限于遗失或损毁，仅限于实际直接损失且不超过本条款和第 13 条所规定的限额；对人来说，若第三方快递柜在正常使用期间因其结构瑕疵造成他人人身损害，或因防护不足等导致用户信息泄露，且快递企业对选用该第三方智能快递柜存有过错、未及时采取补救措施，则快递企业需根据《侵权责任法》第 16 条[34]、《快递暂行条例》第 44 条[35]对此承担民事与行政责任，包括赔偿医疗费、罚款、责令停业整顿直至吊销其快递业务经营许可证等。

（2）第三方智能快递柜的运营方

在收取件活动出现异常，即快件发生延误、丢失、损毁等服务质量问题时，需考查用户是否有权向快递柜运营方主张损害赔偿。根据《智能快件箱投递服务管理规定（暂行）》和《快递暂行条例》，最为直接的规定为“使用智能快件箱进行快件投递服务过程中，快件发生延误、丢失、损毁等服务质量问题的，经营快递业务的企业应当按照与用户的约定依法解决”，即我国法律并未为快递柜运营方明确设立连带的赔偿责任。在实践中，丰巢等第三方快递柜物品发生丢失时，其一般也明言“不负有赔偿责任”，仅负责向用户提供监控录像，配合警方调查。[36]为此，部分实务工作者意图通过认定快递柜运营方与

---

[34]《侵权责任法》第 16 条：侵害他人造成人身损害的，应当赔偿医疗费、护理费、交通费等为治疗和康复支出的合理费用，以及因误工减少的收入。造成残疾的，还应当赔偿残疾生活辅助具费和残疾赔偿金。造成死亡的，还应当赔偿丧葬费和死亡赔偿金。

[35]《快递暂行条例》第 44 条：经营快递业务的企业有下列行为之一的，由邮政管理部门责令改正，没收违法所得，并处 1 万元以上 5 万元以下的罚款；情节严重的，并处 5 万元以上 10 万元以下的罚款，并可以责令停业整顿直至吊销其快递业务经营许可证：（一）未按照规定建立快递运单及电子数据管理制度；（二）未定期销毁快递运单；（三）出售、泄露或者非法提供快递服务过程中知悉的用户信息；（四）发生或者可能发生用户信息泄露的情况，未立即采取补救措施，或者未向所在地邮政管理部门报告。

[36]《智能快递柜方便了谁？未经本人同意使用快递柜属违约》，载 http://tj.sina.com.cn/news/m/2016-05-09/detail-ifxryhti4028304.shtml?from=tj_cnxh，2018 年 9 月 1 日访问。

用户间存在保管合同关系的方式建立用户向快递柜运营方要求赔偿的通道，[37]即主张当用户同意将快件放入第三方智能快递柜时，实际上就是客户以快递企业为代理人与快递柜运营方签署了一个保管合同，该合同自快件放入快递柜时正式成立生效，之后若快件丢失，则用户可根据《合同法》第374条关于保管合同的规定[38]向快递柜运营方要求赔偿损失。但这一观点忽视了两个问题。首先，保管合同成立的前提是转移占有，收件人在取得快递之前并没有建立自己的占有，因而无法以之为标的订立保管合同；其次，一旦认定用户与快递柜运营方之间成立保管合同，则同时也意味着快递企业已经完成了快件的投递工作，收件人在没有检验快件的情况下“被迫”完成了签收，若用户在取出快件时发现存在问题，则无法向要快递企业索赔，这将使得用户处于极为不利的法律地位。综合以上，应当承认在我国目前的法律规定下，在第三方智能快递柜模式中，仅凭借快递柜运营方和快递企业间签订的租赁与承揽合同，用户尚无法直接向快递柜运营方要求赔偿，而仅能以快递企业为对象主张权利。

2. 内部探讨——快递企业与智能快递柜运营方

第三方智能快递柜的实际运营者与快递企业之间存有租赁合同和承揽合同。这里的租赁合同，指的是智能快递柜的所有人将快递柜交付快递企业使用、收益，快递企业作为承租人支付租金的合同。而这里的承揽合同，指的是快递柜所有方作为承揽人，按照快递企业的要求，在快件投递完成后通过系统生成密码并向收件人发送取件信息，并对快件的投递、提取的过程进行实时监控，同时，向经营快递业务的企业传输关于快件状态的相关信息，[39]由快递企业作为定作人给付相应报酬的合同。

[37]《包裹放快递柜后丢失自己负责还是快递负责？律师竟这样说！》，载 https://www.50yc.com/information/hangye-cangchu/11913，2018年9月2日访问。

[38]《合同法》第374条：保管期间，因保管人保管不善造成保管物毁损、灭失的，保管人应当承担损害赔偿责任，但保管是无偿的，保管人证明自己没有重大过失的，不承担损害赔偿责任。

[39] 参见郑佳宁：《智慧物流终端的法律困惑——私法视域下智能快件箱之属性探究》，载《内蒙古社会科学》（汉文版）2016年第4期。

基于租赁合同，第三方作为出租人负有交付能够正常使用的智能快递柜并及时修缮的义务，同时也具有收取租金的权利；相应地，快递企业作为承租人负有及时缴纳租金且依约使用的义务，同时也具有使用收益的权利。以修缮为例，根据《合同法》第220条、[40]第221条[41]的规定，在快递柜出现故障而无法使用时，快递企业有权要求其在合理期限内履行维修义务，或在其拒不履行的情况下代为履行而事后进行追偿。

基于承揽合同，第三方作为承揽人负有向收件人发送取件信息、监控全过程并反馈给快递企业的义务，而快递企业也依约具有协助并支付报酬的义务；权利与义务具有对称性。在实践中，当第三方在其因管理不当或设备故障而导致无法完成约定职责时，根据《合同法》第262条关于承揽合同的规定，[42]快递企业可以要求快递柜实际运营方承担维修、减少报酬、损害赔偿等违约责任。

同时，除了以上法定权利义务之外，双方根据《智能快件箱投递服务管理规定（暂行）》第4条签订的书面合同中对责任承担等另有规定的，应当在坚持合同相对性原则下予以遵循。

（五）商事、民事委托合同关系

为促进快递行业持续健康发展，优化快递末端投递环境，降低快递企业发展经营网络、布局设点的成本，2019年3月2日修改的《快递暂行条例》第14条规定："企业事业单位、住宅小区管理单位应当根据实际情况，采取与经营快递业务的企业签订合同、设置快件收寄投递专门场所等方式，为开展快递服务提供必要的便利。鼓励多个经营快递业务的企业共享末端服务设施，为

---

[40]《合同法》第220条：出租人应当履行租赁物的维修义务，但当事人另有约定的除外。

[41]《合同法》第221条：承租人在租赁物需要维修时可以要求出租人在合理期限内维修。出租人未履行维修义务的，承租人可以自行维修，维修费用由出租人负担。因维修租赁物影响承租人使用的，应当相应减少租金或者延长租期。

[42]《合同法》第262条：承揽人交付的工作成果不符合质量要求的，定作人可以要求承揽人承担修理、重作、减少报酬、赔偿损失等违约责任。

用户提供便捷的快递末端服务”，以此推动第三方主体与多家快递企业建立合作签约，为快递企业提供代送服务，为收件人提供包裹暂存、代收、退换等服务，通过送货上门或收件人自取的模式，完成快递包裹最后一公里的配送服务。其中，当第三方主体的服务具有营利性、反复性、长期性等商事活动特点时，其与快递企业或收件人一方所签订的为商事委托合同，委托事项分别为代快递企业完成最后一公里的配送服务或代收件人完成快件的签收保管事宜。这种情况下收件人一方多为企业事业单位，双方之间是一种有偿委托合同关系。当第三方主体仅仅出于方便收件人的目的，无偿替收件人签收并保管快件时，双方之间多是一种无偿委托合同关系，不属于商事委托，此时收件人多为零散的自然人或小区住户。此部分主要讨论商事委托合同关系。

因为第三方主体既可与快递企业签订商事委托合同又可与收件人一方签订商事委托合同，二者委托事项及相应的权利义务差异较大，故对此进行分类讨论。当快递企业选择某第三方主体并委托其进行代送服务时，快递企业与第三方主体如“便利店”“菜鸟驿站”等直接建立商事委托合同关系，合同主体为快递企业与第三方主体，其中快递企业为委托人，第三方主体为受托人，委托事项主要为第三方主体在其配送范围内替快递企业完成快件的最后配送服务，包括送货上门和用户自取两种类型，当然还包括配合用户完成快件退换、快件寄存等服务。作为交换，快递企业提供稳定的报酬给第三方主体。此时快递企业与第三方主体的权利义务关系依我国《合同法》，在意思自治原则下自行协商。另外，根据《合同法》第406条规定：“有偿的委托合同，因受托人的过错给委托人造成损失的，委托人可以要求赔偿损失……”在快件经快递企业投递到第三方主体后，至客户取件前这段时间，若快件发生丢失、损坏等情况，因快递企业作为委托人有选任和管理上的注意义务，收件人与寄件人有权向快递企业行使债权保护请求权以寻求权利救济，同时，快递企业有权依照委托合同向有过错的第三方主体追偿。

当收件人选择某第三方主体并委托其进行代收服务时，双方建立商事委托合同关系，委托事项为第三方主体在收件人快件到达时替暂时不方便签收的收件人签收快递并提供一段时间的保管服务直至收件人亲自取走快件。区分第三方主体究竟是为快递企业提供代送服务还是为收件人提供代收服务的重要依据为第三方主体是否签收快件。提供代送服务时，第三方主体只不过作为快递企业在最后一公里范围内配送的延伸，最终仍由收件人进行快件签收，因此在快件被签收之前快递企业都需要根据快递服务合同承担保证快件安全到达收件人处的义务；提供代收服务时，替收件人进行快件签收乃其委托合同的内容，在收件人亲自取货之前，快件已是“被签收”状态，因此一旦第三方主体代收了快件，快递企业即不对之后快件的损害承担任何民事责任。根据《合同法》第406条规定：“有偿的委托合同，因受托人的过错给委托人造成损失的，委托人可以要求赔偿损失……”第三方主体在签收快件后，因保管不善或其他过错造成快件损毁，都需要对收件人承担相应的民事责任。

快递企业由于高校、小区管理规定等无法完成亲自送货上门的配送而以委托合同的方式通过第三方主体完成快件的末端投递无可厚非，收件人因工作、学习时间与配送员不一致无法亲自签收而委托第三方主体完成快件的签收活动也属正常，但现实存在的问题是，在缺少当事人合意，即收件人并未授意第三方主体进行代收活动的情况下，“便利店”“菜鸟驿站”等第三方主体存在无权代理收件人进行代收的违法行为。我国《快递暂行条例》第25条规定：“经营快递业务的企业应当将快件投递到约定的收件地址、收件人或者收件人指定的代收人，并告知收件人或者代收人当面验收。收件人或者代收人有权当面验收。”在未经收件人同意的情况下，常有快递企业出于便利擅自将快件投递在第三方主体并授意其进行快件的签收，这种行为违反了《快递暂行条例》和快递服务合同所规定的投递义务，不仅是一种违约行为因而需要对收件人承担违约责任，更是一种违法行为而应承担行政责任。根据我国《合同法》第107条，快递企业履行合同义务不符合约定的，应当承担继续履行、采取补救措施或者赔偿损失等违约责任。“签收”是快递企业将快件损毁风险转移给收件人的关键节点，第三方主体在未经收件人委托或授权的情况下擅自签收快件，侵犯了收件人对快件的给付受领权，当收件人的包裹因其无权代理行为而发生延误、丢失、损毁等情况时，第三方主体需要依法承担侵权责任。

现实中，上述现象主要存在于“菜鸟驿站”的服务活动中。“菜鸟驿站”作为阿里巴巴旗下第三方代收机构，与市面上主要的快递企业都确立了合作关系，由其提供快件代收服务着实是一种节省时间和空间资源的高效手段，但是这种服务必须建立在获得收件人本人的委托或授权的前提下，否则便是一种侵权行为。据笔者研究，当收件人在淘宝网购物并选择收件地址时，平台确实会显示附近的“菜鸟驿站”并向用户确认是否需要由其进行代收，但问题在于即便用户并未选择这一收件地址时，快件仍会由菜鸟驿站签收。

与商事委托合同关系类似的，是第三方主体与快递企业或收件人之间确立的民事委托合同关系。民事委托合同多是一种无偿委托合同，主要是第三方主体意图方便快递企业或收件人，其自身并不以此为营利手段。我国《合同法》第406条规定：“……无偿的委托合同，因受托人的故意或者重大过失给委托人造成损失的，委托人可以要求赔偿损失……”因此除非第三方主体存在故意或重大过失，其对快件的损毁等不需要承担违约责任。实践中，民事委托合同关系多存在于企业事业单位的门卫、小区物业与快递企业或收件人之间。

商事委托合同关系主要对应第四部分中的“便利店模式”和“菜鸟驿站模式”，民事委托合同关系则主要对应“门卫模式”。

六、裁判策略（Referee strategies）提出

裁判，是指立场中立、处于居中调停角色的某个主体，对某一纠纷中双方行为进行评价并判定胜负的活动，而具体到本文这一部分的裁判，指的是在某一快递相关民事纠纷中，法官就纠纷适用法律并做出判决的过程。既然要提出裁判策略，首先应该清楚此部分的策略所针对的“问题”。如前所述，现实中存在大量快递末端投递相关纠纷，市场中存在的末端投递模式又多种多样，所涉及的法律关系也相当复杂，这就使得在不同地点、不同时间就同一类型民事纠纷进行裁判的法官所作出的判决相差甚远，这是裁判存在问题的表现。在

清楚问题所在后，第二个需要明确的是问题存在的原因。本文的主要研究内容为对快递末端投递中各主体间法律关系进行类型化分析，而司法裁判的过程，本身也是以类型化的思维方式解决具体个案的争议。法官使用抽象的法律条文涵摄具体个案，其类型化处理体现在将个案事实类型化。具体来说，这个过程包含两个部分。首先，法官需要将个案事实中体现出的综合社会关系类型化为某一种或几种法律关系，继而，法官要在现有法律规范体系中寻找处理这些法律关系的条文依据以进行裁判。面对快递末端投递民事纠纷，法官在司法裁判中的类型化处理方式之所以有“同案不同判”的表现，原因也在于两方面：一是限于自身寄递经验、对快递市场的了解或对工商管理模式不甚清楚，法官难以从市场中存在的纷繁复杂的末端投递模式中正确类型化出与之相匹配的法律关系；二是由于快递相关法律法规的零散分布，即便法官清楚末端投递中各主体间具有怎样的法律关系，也未必能够综合现有法律规范体系，得出一个最为规范的裁判结果。针对上述两点原因，笔者在本文第四部分和第五部分分别研究了市场中既有快递末端投递模式的外观特征和这些末端投递模式所可能涉及的法律关系。在此部分，笔者打算通过综合二者，提出一个根据末端投递模式外观区分不同类型法律关系并以此为基础明确快递末端投递中一般民事责任承担方式的裁判策略，以解决“同案不同判”的裁判难题。需要注意的是，本文是基于快递末端投递法律关系、在实体法意义上就“裁判策略”进行分析与总结，而非在诉讼法意义上探究法官如何“有策略（skills）地引导裁判过程的进行”。

（一）法律关系的类型化分析

首先是明确具有不同外观的各种快递末端投递模式，其主体间分别存在哪一种或哪几种法律关系。在本文第四部分，笔者依据操作外观对快递末端投递作出的两大类型、八种模式的区分。其中，“送货上门”类型包括以下三种模式。

1. 加盟连锁模式。这种模式中，除寄件人、收件人和快递总公司外，其余所有承担具体运输、配送业务的都是具有独立法人地位的加盟商，而这些加盟商与快递总公司通过签订加盟合同而产生加盟合同法律关系。

2. 直营连锁模式。这种模式中，从总公司到具体承担运输、投递任务的公司，均同属于一个法人。以顺丰速运为例，在各个环节中，每个工作人员都是顺丰速运的直属员工，营业网点和顺丰总公司为“总公司—分公司”的法律关系。

3. 众包模式。这种模式中，各主体所涉及的法律关系主要是市民运送员分别与众包平台和收件人建立的两个短期劳务合同关系。

“用户自取”类型包括以下五种模式。

1. 智能快递箱模式。这种模式可以根据快递箱经营主体的不同进一步分为两类。第一类智能快递箱模式的经营主体是快递总公司的分公司或加盟商，因此其与快递总公司的法律关系可参照上面“总公司—分公司”关系或“加盟合同关系”。第二类智能快递箱模式的经营主体是有别于快递服务中快递企业或加盟商的独立的快递箱所有者。快递企业通过租赁合同和承揽合同与快递箱所有者建立起合同关系，通过快递箱所有者来实际运营智能快递箱，故二者间为租赁合同关系与承揽合同关系。

2. “门卫”模式。这种依靠“门卫”“物业人员”进行送件、收件的模式一般都是不收费的，它们与快递企业或者与收件人之间是民事委托关系（无偿委托关系）。

3. “便利店”模式。“便利店”模式与“门卫”模式非常相似，差异仅在于“门卫”模式是“门卫”“物业人员”等出于方便特定区域市民等目的为其无偿提供代送、代收服务，而“便利店”模式则是便利店等出于营利的目的与特定快递企业或收件人订立长期的商事委托合同关系，按照合同约定进行帮助用户寄件、取件、退换快件等服务。

4. “摊点”模式。这种模式，在法律关系上与“直营连锁模式”或“加盟连锁模式”没有区别，即快递配送员所属组织与快递总公司属于“总公司—分公司”关系或加盟合同关系。

5. 菜鸟驿站模式。虽然表面上看菜鸟驿站模式相比其他末端投递模式要为特殊，但实际上它只是一种特殊的“便利店”模式，即菜鸟网络牵头，和多家快递企业或收件人合作，建立起长期稳定的商事委托合同关系。

（二）法律适用的类型化分析

在以上部分，笔者针对本文第四部分依投递外观对现有市场中快递末端投递模式所做的八种区分，以第五部分研究的结论，分别总结了每种末端投递模式中所可能涉及的主体间特殊的法律关系。这是裁判策略提出的第一步，接下来，需要明确在这些末端投递模式及相应法律关系下，究竟如何适用法律以统一、妥善解决快件损毁的责任问题。

1. 直营连锁模式与“总公司—分公司”法律关系。在这种模式下，因为快递总公司与实际承担快递服务任务的分公司实际上是公司与下设机构的关系，因此根据“快递服务合同”，寄件人和收件人可同时向快递总公司与任何实际承担快递服务任务的分公司行使对快件的给付请求权、给付受领权与债权保护请求权。快递总公司为独立法人，可成为民事诉讼的被告，而根据《民事诉讼法》第 48 条与《最高人民法院关于适用〈中华人民共和国民事诉讼法〉的解释》第 52 条的规定，分公司作为“其他组织”也能依法成为民事诉讼的被告，因此一旦出现快件毁损、灭失、延误等情形，寄件人和收件人可以快递总公司或最近的分公司为被告，提起民事诉讼，要求快递总公司依法承担赔偿责任。需要注意的是，根据《公司法》第 14 条规定，快递分公司不承担民事责任，但依据《关于人民法院执行工作若干问题的规定（试行）》第 78 条规定，在执行总公司财产前应优先执行实际存在过错的分公司的财产，不足再执行总公司的财产，即总公司对分公司债务承担补充清偿责任而非连带责任。

2. 加盟连锁模式与加盟合同法律关系。加盟连锁模式为法律上商业特许经营的一种，以特许经营合同作为纽带，核心是对品牌等无形资产的许可使用。一次完整的快件寄递活动从收寄、分拣，到运输、投递，由至少四个不同的加盟者完成。从用户视角来看，所有实际参与快递服务某一环节的加盟商都与快递企业使用相同的商标、字号，因此寄件人和收件人可基于“快递服务合同”

向所有相关加盟商与快递企业行使三项基本请求权。根据《快递暂行条例》第19条规定，当快件因延误、丢失、损毁而使用户受到损害的，“用户可以要求该商标、字号或者快递运单所属企业赔偿，也可以要求实际提供快递服务的企业赔偿”。该规定明确了与快件运输、配送实际联系的加盟商和快递企业的连带责任，根据第五部分对“实际提供快递服务企业”的解释，笔者认为，寄件人与收件人可选择从寄件站点到收件站点之间所有环节的加盟商与快递企业其中之一或多个作为民事诉讼的被告，这些与快递运输、配送有实际联系的所有企业都应根据《快递暂行条例》第19条对快件的损毁承担连带责任，在某一企业依法承担连带责任的情况下，先行赔付的连带责任人有权向有过错的一方追偿。

3.众包模式与劳务合同关系。众包模式在几年前兴起，但在近两年几乎销声匿迹，对这种模式法律关系的探讨是为了服务于未来的共享经济时代。这种模式下市民运送员与两方主体订有劳务合同。首先是运送员与众包平台之间通过《众包服务协议》签订劳务合同，再是运送员通过众包平台与收件人间接签订一个劳务合同，这种模式下，运送员相当于在收件人的授权下替收件人在快递网点代收了快件，因此自运送员成功取件后，快递企业便不承担任何责任。因为用户与众包平台之间并无直接法律关系，因此，当运送员在运送途中非因不可抗力等造成货物损毁的，用户应要求运送员承担赔偿损失等违约责任而非众包平台。然而，在现实中，为了吸引用户、扩大市场，众包平台一般都会对外明示自己的附加义务，即在情况属实时替运送员先行赔付，同时，用户将向运送员索赔的权利让与平台。

4.智能快递箱模式与租赁、承揽合同关系。如前所述，智能快递箱模式可能涉及的法律关系有“总公司—分公司”关系、加盟合同关系和租赁、承揽合同关系三种。当这种模式受前两种法律关系调整时，具体责任承担方式参照前文，不再赘述。根据现有法律法规，当智能快递箱的实际经营主体为独立于快递企业的第三方时，就收取件活动出现异常，即发生快件延误、丢失、损毁等服务质量问题时，用户无法向第三方智能快递箱的运营方寻求赔偿，而只能要求具有配送义务的快递企业承担民事责任。首先，根据“快递服务合同”，快递企业有将快件配送至收件地址的义务，若未经收件人同意便将快件投入快递箱，快递企业则须承担违约责任。同时，因只有在收件人取出快递箱中快件后才算完成签收，当快递企业将快件投入快递箱后，其仍须依照“快递服务合同”对快件的安全负有保证义务，若在此阶段快件出现损毁，其同样构成违约。上述两种违约情况下，快递企业须根据《合同法》第 107 条对履行合同义务不符合约定所导致的快件延迟、损坏灭失等承担赔偿损失等违约责任。至于快递企业与第三方智能快递箱主体之间的权利义务，则需依照双方所签订的租赁、承揽合同来具体确定。

5. “便利店”模式与商事委托合同关系。这种模式下因为与第三方主体签订商事委托合同的主体既可以是快递企业也可以是收件人，因此需要分类处理。当快递企业选择某第三方主体并委托其进行代送服务时，依据双方签订的有偿委托合同与《合同法》第 406 条规定，当第三方主体因过错给快递企业造成损失的，快递企业可以要求赔偿损失。对收件人来说，在快件经快递企业投递到第三方主体后，至其取件前这段时间，若快件发生丢失、损坏等情况，因快递企业作为委托人有选任和管理上的注意义务，收件人与寄件人均有权向快递企业行使债权保护请求权以寻求权利救济，同时，快递企业有权依照委托合同向有过错的第三方主体追偿。当收件人选择某第三方主体并委托其进行代收服务时，第三方主体替收件人进行快件签收乃其委托合同的内容，在收件人亲自取货之前，快件已是“被签收”状态，因此一旦第三方主体代收了快件，快递企业即不对之后快件的损害承担任何民事责任。根据《合同法》第 406 条规定，第三方主体在签收快件后，因保管不善或其他过错造成快件损毁，都需要对收件人承担相应的民事责任。

6. “门卫”模式与民事委托合同关系。快递末端投递环节中第三方主体与快递企业或收件人之间的民事委托合同关系与责任承担方式大体参照“便利店”模式，只不过因《合同法》第 406 条规定中对无偿委托合同主体的要求，相对有偿委托合同要更低，因此除非第三方主体存在故意或重大过失，其对快件的损毁等不需要承担违约责任。

7.“摊点”模式。这种末端投递模式无非直营连锁模式或加盟连锁模式在“用户自取”类型下的变形，因此各主体间法律关系与责任承担方式与上述二者无异。需要特别注意的是，由于“快递服务合同”要求快递企业必须将快件配送至实际收货地址处，因此除高校、小区等有明确规定禁止配送员进入该区域完成末端投递的情况外，若快递企业希望采取“摊点”模式要求用户自取快件，须提前征得收件人的同意，否则即构成违约而应依法承担相应责任。

8.菜鸟驿站模式。菜鸟驿站模式本身属于“便利店”模式的特殊情形，因此其中各主体权利义务与责任承担方式参照“便利店”模式。需要特别注意的是，针对现实中常常存在的“菜鸟驿站”违法代收现象，若由此发生快件的延误、毁损等现象，寄件人与收件人有权依照“快递服务合同”与《合同法》《侵权责任法》等法律法规，要求快递企业承担违约责任，要求菜鸟驿站承担侵权责任。

通过对市场中常见的八种快递末端投递模式进行法律关系的类型化分析和相应法律适用的类型化分析，笔者基本解决了司法实践中法官面对快递末端投递民事纠纷所面临的两大难题，即难以从快递末端投递个案事实中抽象出一种或几种法律关系，和难以在既有的零碎快递相关法律法规中寻得合适的法律依据以进行司法裁判。在司法实践中，根据本文结论，结合个案事实，对快递末端投递模式中各主体间法律关系和相应法律适用进行类型化的分析与裁判，即本文针对快递末端投递民事纠纷繁多的现象所提出的裁判策略。

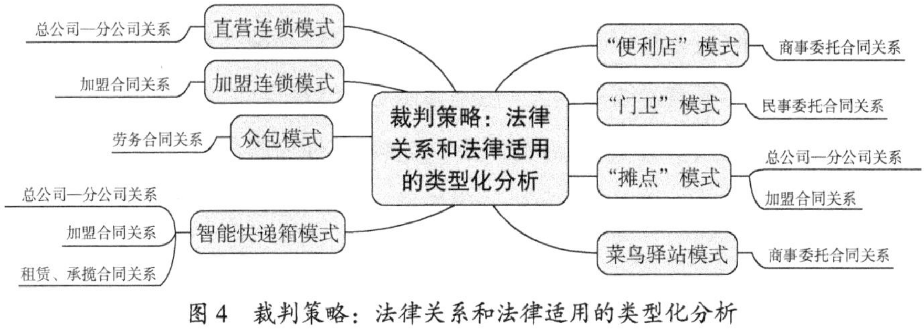

图4 裁判策略：法律关系和法律适用的类型化分析

七、对策建议

我国快递行业近年发展迅猛且势头不减，相伴而来的诸多现实问题也一并映入眼帘，其中快递末端投递逐渐成为纠纷频发、争议诸多的一个环节。本文将快递末端投递环节存在许多纠纷的原因归于市场中存在众多快递末端投递模式，而法学领域对这些末端投递模式究竟属于什么具体法律关系却缺少完好的认知，再加上对“快递服务合同”这一决定快递末端投递环节各主体间基础法律关系的合同缺少重视，各方都不清楚自身的权利义务及相应的责任承担方式，因此纠纷频发，即使在司法实践中也存在不一样的裁判结果。首先，这种现象源于法律法规对快递末端投递相关活动规制的缺失，至少是不完整的，致使各方在纠纷产生前后都缺少直接、显明的法律依据；其次，法律法规无法取代市场的运作，快递行业虽然发展迅速，但却极少有能够对市场发展进行自发控制的行业自律规定；最后，快递企业内部也需要加强企业合规建设，否则很难要求快递从业人员自行根据抽象的法律法规或行业自律规定及时合理地调整自身行为。

（一）完善《合同法》《快递暂行条例》等规范性文件

1. 将快递服务合同作为有名合同列入我国《合同法》中

我国快递行业近年发展迅猛且势头不减，但各快递末端投递模式下多主体间的法律关系，却因缺少快递相关法律的直接规定而始终存在不确定性，特别是作为快递末端投递活动进行基础的快递服务合同，始终未被作为有名合同纳入《合同法》。既有研究的做法一般是参照对“运输合同”“承揽合同”的规定来理解快递服务合同，然而，快递服务有其特殊性因而不能完全套用“运输合同”等合同类型。对此，笔者建议将快递服务合同作为有名合同纳入我国《合同法》中。

2. 在《快递暂行条例》中明确智能快递柜运营方的信息保护责任

快递末端投递环节对收寄双方个人信息的保护在近年成为社会热点问题而被广泛讨论，并在十三届全国人民代表大会一次会议上被反复提出，[43]而相关法律法规对此的规定却显得较为单薄，尤其是对智能快递柜模式下实际运营方的法律规制实属不足。在收取件活动正常进行时，快递柜运营者基于承揽合同而掌握用户的个人信息，理应附随保护其个人信息免遭泄露、出售或非法提供给第三方的义务。但根据《智能快件箱投递服务管理规定（暂行）》和《快递暂行条例》，我国法规目前仅对快递企业的信息安全责任予以明确，而尚未对更加直接的快递柜运营方设定相应义务。在此，笔者主张应当在《快递暂行条例》中明确快递柜运营方的信息保护责任，在未经授权的情况下严禁将用户信息出售、泄露或非法提供给第三方，当其不法行为导致用户信息利益受损时，应当承担损害赔偿责任，以此加强对互联网环境下信息的保护力度，更加公平合理地配置该种模式下快递企业和快递柜运营方的信息保护义务。

3. 明确“经营、承揽合同关系”中智能快递柜经营者与快递企业的连带责任

根据“连带法定”原则，在我国法律法规尚未就某些主体之间负有连带责任做直接规定之前，相关主体间不承担连带责任。这就使得部分末端投递法律关系中涉及的主体责任承担方式至今仍有不明确之处。如在“租赁、承揽法律关系”中，我们无法根据现有法律法规确定智能快递柜的运营者是否需要与快递企业对快递用户承担连带赔偿责任。笔者以为，智能快递柜经营者虽只是提供快递柜与相关的服务而并未就保管事宜与快递企业和用户达成协议，但毕竟其作为快递柜的所有者，又对其所经营事务十分熟悉，理应负有一定的注意义务、承担一定的经营风险。为降低交易风险，最大限度地保证用户的债权能得到充分、及时的实现，笔者主张，智能快递柜的经营者仍然应当与快递企业对外承担连带责任，无过错一方可在先行赔付后向过错一方行使追偿权。

---

[43]《两会速递：人大代表呼吁加快个人信息保护法立法进程》，载 http://www.jx.chinanews.com.cn/news/2018/0316/16583.html，2018 年 9 月 1 日访问。

4. 明确商事委托合同关系中第三方主体的连带责任

如前所述，在商事委托合同关系中，当快递企业选择某第三方主体并委托其进行代送服务时，对收件人来说，在快件经快递企业投递到第三方主体后，至其取件前这段时间，若快件发生丢失、损坏等情况，因快递企业作为委托人有选任和管理上的注意义务，收件人与寄件人均有权向快递企业行使债权保护请求权以寻求权利救济，同时，快递企业有权依照委托合同向有过错的第三方主体追偿。然而，当快递企业因为经营不善难以在短期内提供可被收件人所接受的赔偿，或快递企业住址距收件人所在地较远而收件人根据“原告就被告”的民事诉讼管辖规则不得不前往较远地提起诉讼的情况下，能否从保护消费者权益的角度，允许收件人在本地直接向商事第三方主体提起诉讼？根据连带法定原则与合同相对性原则，第三方主体就快件的损害不对收件人承担民事责任，但这对收件人来说是极为不利的。商事第三方主体不同于一般民事主体，其出于营利目的和快递企业合作为收件人进行末端投递，理应承担高于一般民事委托合同的责任与注意义务，因此笔者建议在《快递暂行条例》中明确商事委托合同关系中第三方主体就快件损失所应承担的连带责任。

5. 明确“实际提供快递服务企业”的主体

在本文第五部分对加盟合同关系的讨论中，留下了一个不明确的地方，即哪些加盟商需要对快件的延误、损毁等承担连带责任。《快递暂行条例》第19条规定：“两个以上经营快递业务的企业可以使用统一的商标、字号或者快递运单经营快递业务……用户的合法权益因快件延误、丢失、损毁或者内件短少而受到损害的，用户可以要求该商标、字号或者快递运单所属企业赔偿，也可以要求实际提供快递服务的企业赔偿。”针对“实际提供快递服务的企业”之范围大小，笔者提出了不同于郑佳宁教授的看法，即“从最有利于消费者角度考虑，将寄件站点与收件站点之间所有环节的加盟商（加盟商1到加盟商7）连同快递企业作为连带责任人较为妥当，也较为符合现实需求”，而郑佳宁教授则持将“实际提供快递服务的企业”限定在寄件人和收件人所在地即快递服务的首尾两端加盟商的观点。对法律条文的解释结论取决于解释者的立场，但最终如何统一法律适用，或许还需要《快递暂行条例》对此予以明确。

（二）加强快递末端投递环节行业自律

并非所有对快递末端投递的规制都需要借助法律，在现代市场中，行业组织应承担更多更重的规制责任。具体来说，如众包平台制定的关于其与市民运送员和收件人之间的"服务协议"，并没有具体法律法规对此予以规制也不适合界定得太严格，但由于快递末端投递与公民日常生活息息相关，对此也不能完全放任，因此就需要行业组织制定相关行业准则，使"服务协议"尽可能兼顾平台和收件人的利益，如在运送员损毁快件的情况下由资金较为雄厚的平台先行向收件人进行赔偿等。再如，针对菜鸟驿站无权代收的现象，在目前没有具体法律法规对此予以规制的情况下，如果行业组织不订立相关准则，很容易使菜鸟驿站因依附于阿里网络而一家独大、造成垄断，即便是无权代收也让人束手无策。

（三）加强企业合规建设

由本项目社会调查结果可知，快递从业人员的专业素质普遍较弱，对相关法律法规甚至企业规章的执行情况较差，这直接导致了快递企业一方对快递服务合同的轻视甚至忽视，间接造成了快递服务活动各方对快递服务合同的认识不足与对各方权利义务及法律责任承担方式的模糊认知。这种情况一方面可能是企业内部缺少相关人员培训要求或从业规章所致。另一方面，快递企业内部已制定的规范与章程是否得到准确的传达、为员工所理解亦是一个关键问题。此外，快递从业人员对待规范的执行态度同样影响业务的正常进行。因此，有必要对此做进一步的研究，有针对性地采取措施以提升企业合规性，结合企业自身实际情况建立、更新、完善企业内部章程，使之更具有操作性和执行性，并进一步加强现有规范对不良快递服务工作的惩治力度。

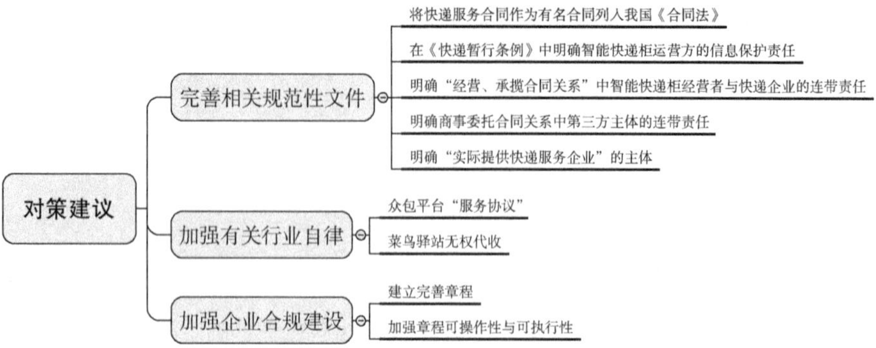

图5　规范快递末端投递的三类对策建议

八、结语

在我国，快递行业并不是一个崭新的行业，但却因电子商务的出现和繁荣而在最近几年迎来了蓬勃的发展。在繁荣的背后，却也存在乱象。我们认为，中国作为世界上最大的发展中国家，在建设社会主义现代化强国的步伐中，更应关注快递末端投递这一纠纷频发的领域。在考察以上海市闵行区、浙江省丽水市、江苏省苏州市、山东省潍坊市等地为代表的快递末端投递现实情况的基础上，本文以快递服务合同为基础，确定了快递服务合同下多主体的基础权利义务关系，进而联系我国市场现有主要末端投递模式，综合分析了各类复杂的快递末端投递模式中各主体间的法律关系。以法律关系、法律适用类型化的思维方式为指导，本文展开了相应的裁判策略，并最终从法律规范、行业自律、企业合规三个角度提出具有针对性与可行性的几点建议，望对治理我国快递末端投递环节中的疑难问题有所裨益。

《企业合规论丛》稿约

《企业合规论丛》是在华东师范大学法学院支持下，由华东师范大学企业合规研究中心创办、独立编辑并公开出版发行的学术集刊。

《企业合规论丛》初创于2018年，现包含“专题研讨”“论文争鸣”“判解研究”等栏目。

欢迎海内外专家学者、优秀学子、司法实务工作者惠赐稿件，论文来稿原则上在8000字以上，案例分析来稿原则上在5000字以上，并只接收电子邮箱投稿。来稿请以“作者姓名+文章标题”为邮件名称。收稿邮箱：qyhglc@163.com。

来稿请附摘要（300字之内）、关键词（5个以内）及作者个人简介（包括姓名、单位、职务或职称、地址、联系电话、电子邮箱）。关于引证规范，请具体参见尾页所附之引证体例。

《企业合规论丛》实行匿名审稿制，编辑部收到稿件起三个月内向作者通报审录结果，每稿必复。

《企业合规论丛》崇尚学术自由，严守学术规范。一旦发现作者一稿多发、抄袭或者存在其他严重学术不端行为的，本刊将向其所在单位、主管机关、学术团体及新闻媒体通报情况，并保留追究其法律责任的权利。

为了扩大本刊及作者知识信息交流渠道，除非作者在来稿时声明保留，否则视为同意《企业合规论丛》拥有以专有方式授予中国法制出版社对已刊作品纸质图书的出版权，以非专有方式向第三人授予已刊作品电子出版权、信息网络传播权和数字化汇编、复制权，以及向《中国社会科学文摘》《高等学校文科学术文摘》和中国人民大学书报复印资料等文摘类刊物推荐转载已刊作品的权利。

《企业合规论丛》编委会

《企业合规论丛》注释体例

一、文中注释一律采用脚注，全文连续编号。

二、非直接引用原文的，注释前加“参见”；引用非原始资料时，请注明“转引自”。

三、引用同一文献的，如果两个注释并非相邻，分别列出完整的文献信息；如果两个注释相邻，则采用“同上注，第 × 页”。

四、注释及参考文献范例。

（一）著作、教材类：

[1]《马克思恩格斯选集》(第 4 卷)，人民出版社 1972 年版，第 24 页。

[2] 龚祥瑞:《比较宪法与行政法》，法律出版社 1985 年版，第 255 页。

[3]佟柔主编:《中国民法》，法律出版社 1990 年版，第 67 ~ 75 页。

（二）论文类：

[1]苏永钦:《私法自治中的国家强制》，载《中外法学》2001 年第 1 期。

[2]王利明:《隐私权的新发展》，载《人大法律评论》2009 年第 1 辑。

（三）文集类：

[1]龚祥瑞:《比较宪法学的研究方法》，载《比较宪法研究论文集》(第一集)，南京大学出版社 1993 年版，第 55 页。

（四）译作类：

[1]〔古希腊〕亚里士多德:《政治学》，吴寿彭译，商务印书馆 1983 年版，

第 54 页。

（五）报纸：

［1］张志铭:《现代化与中国律师制度的发展》，载《光明日报》2003 年 9 月 23 日。

（六）古籍类：

［1］(清）沈家本:《沈寄簃先生遗书》甲编，第 43 卷。

（七）辞书类：

［1］《新英汉法律词典》，法律出版社 1998 年版，第 24 页。

（八）网络资料类：

［1］郑成思:《“入世”、知识产权保护与民商法的现代化》，载 http://www.iolaw.org.cn/showNews.asp?id=243，2009 年 6 月 19 日访问。

（九）英文类：

［1］L.Fuller, *The Morality of Law*, Robert Gilpin, revised edition, New Haven: Yale University Press, 1969, p.143.

［2］Joseph Raz, *Legal Principles and The limits of Law*, 81 Yale Law Journal (1972), p.839.

［3］H.L.A.Hart, *Jhering's Heaven of Concepts and Modern Analytical Jurisprudence*, in Eaasys in Jurisprudence and philosophy, London: Oxofrd University Press, 1983, pp.269–270.

（十）英文以外的外文文种：依照该文种注释习惯。

图书在版编目（CIP）数据

企业合规论丛. 第 3 辑 / 华东师范大学企业合规研究中心编. —北京：中国法制出版社，2019.11

ISBN 978-7-5216-0648-5

Ⅰ. ①企… Ⅱ. ①华… Ⅲ. ①企业法—研究—中国 Ⅳ. ①D922.291.914

中国版本图书馆 CIP 数据核字（2019）第243294号

策划编辑 / 王雯汀　　责任编辑 / 王雯汀　　封面设计 / 杨泽江

企业合规论丛·第 3 辑

QIYE HEGUI LUNCONG · DI-SAN JI

编 者 / 华东师范大学企业合规研究中心
经 销 / 新华书店
印 刷 / 北京京华虎彩印刷有限公司
开 本 / 710毫米×1000毫米　16开
印 张 / 20.75
字 数 / 304千

版 次：2019年11月第1版 / 2019年11月第1次印刷
书 号：ISBN 978-7-5216-0648-5　　定价：79.00元

北京西单横二条2号
邮政编码：100031　　传　真：010-66031119
网　址：http://www.zgfzs.com　　编辑部电话：010-66060794
市场营销部电话：010-66033393　　邮购部电话：010-66033288
（如有印装质量问题，请与本社印务部联系调换。电话：010-66032926）